上海鲁迅研究

总第106辑 左联成立九十五周年纪念

上海社会科学院出版社
SHANGHAI ACADEMY OF SOCIAL SCIENCES PRESS

目　录

左联成立95周年纪念

从《国际文学》谈鲁迅与萧三的跨国革命文缘 …… 郭家玉（1）
枷锁与自由
　　——美联盟员参与的革命活动 ………… 乔丽华（10）
中华艺术大学：中国左翼文艺运动的重要
　　阵地 ………………………… 何　瑛　顾依雯（28）
隐身幕后的战斗者
　　——鲁迅与《太白》半月刊 …………… 霍四通（39）
以圣徒般的心态走近这座文化宝藏
　　——关于左联研究的几点思考 ………… 刘运峰（57）
左翼文学理论的勃兴之时
　　——读《革命文学论文集》 …………… 李　浩（62）

鲁迅作品研究

鲁迅"所遇见的六个文学团体"考 ………… 黄艳芬（71）
论日本狂言对《故事新编》的影响 ………… 赵献涛（87）
手的变形与梦的断片
　　——《弟兄》中的自虐倾向与生命能量 … 刘景琦（95）
鲁迅抄录古籍之《梦书》 ………………… 秦　硕（108）

鲁迅生平研究

鲁迅西安之行向教育部请假了吗？ ………… 王鹏程(120)
鲁迅儿时的玩具 …………………………… 吴仲凯(131)

鲁迅与同时代人研究

私人学术偏好与经验传递
　　——解读鲁迅开给许世瑛的书单 ………… 陈艺璇(142)
"越轨"的笔致与女体的"寓言"
　　——以萧红《生死场》《呼兰河传》《红玻璃的故事》
　　　　为言说中心 ……………………… 郭艺璇(155)
正解与误读
　　——再谈鲁迅评梅兰芳 ……………… 黄培莉(168)

馆藏一斑

"我们是同志"
　　——读馆藏胡也频手稿 ……………… 丁佳园(177)

读书杂谈

晚年鲁迅书画时光
　　——《鲁迅上海生活志》撷英 ………… 张　洪(187)
在鲁迅的书海里寻珍探宝
　　——《何巧云论文选》序 ……………… 陈漱渝(191)
《鲁迅导读：思想与文学》与鲁迅研究的大众化写作
　　实践 ………………………………… 林　苗(197)

鲁研名家谈

鲁迅小说叙事研究的多维透视
　　——以王富仁《鲁迅小说的叙事艺术》为
　　　　中心 ………………………………………… 周　茹（204）

纪念

想起了温文尔雅而又怒目金刚的吉田旷二先生 … 王锡荣（220）
蒋畈精神　薪火相传
　　——关于王琳的几件旧事 ……………………… 丁亦舟（224）

灯下漫笔

岁末年初 ……………………………………………… 北　海（231）

鲁迅文化实践与研究

日常里的鲁迅先生
　　——《鲁迅上海生活志》编辑记 ……………… 施晓燕（240）
秦川旧雨化新霖
　　——《国立西北大学、陕西教育厅合办暑期学校讲演集》
　　　影印出版始末 ………………………………… 姜彩燕（248）
回忆浙江省鲁迅研究会成立前后 ………………… 竹潜民（261）
鲁迅设计之"花"
　　——鲁迅与"花"之二 ………………………… 王晓东（270）

上海鲁迅纪念馆研究与纪事

上海鲁迅纪念馆2024版馆标设计解析 …………… 包明吉（280）

"纪念鲁迅《呐喊》出版百年诵演"研究 …………… 向敏艳(287)
博物馆美育活动的设计与实践
　　——以"手不释书——《永乐大典》装帧技艺体验活动"
　　为例 ………………………………………… 朱辛颖(296)

综述

站在先进文化这一边:陈望道与鲁迅专题学术研讨会
　　综述 ……………………………………… 卞文娅(303)
探寻"原色"鲁迅
　　——"鲁迅如何经典?"学术研讨会暨2024年浙江省鲁迅
　　研究会年会会议综述 …………………… 关琳琳(308)

编后

………………………………………………………(317)

《上海鲁迅研究》投稿须知

………………………………………………(322)

Contents

In Memory of the 95th anniversary of the League of Leftist writers of China's establishment

Discussion on the Cross border Revolutionary Literary
　　Friendship between Lu Xun and Xiao San from
　　International Literary ·································· Guo Jiayu(1)
Chains and Freedom
　　— Revolutionary Activities Involved by the League
　　　　of Leftist Artist of China ······················ Qiao Lihua(10)
University of China Art: An Important Base for the
　　Chinese Left Wing Literary and Art Movement
　　　　·· He Ying　Gu Yiwen(28)
The Invisible Fighters behind the Scenes
　　— Lu Xun and *TaiBai* Fortnightly ············ Huo Sitong(39)
Approach the Culture Treasure with a Saintly mindset
　　— Several Thought on the Study of the League
　　　　of Leftist writers of China ················· Liu Yunfeng(57)
At the Rise of Leftist Literary Theory
　　— Read *the Collection of Revolutionary Literature
　　　　Essays* ··· Li Hao(62)

Research on Lu Xun's Work

Research on "Six Literary Groups Encountered" by
　　Lu Xun ·· Huang Yanfen(71)
Discussion on the Influence of Japanese boastful talk

on *Old Tales Retold* ·················· Zhao Xiantao(87)
The Deformation of Hands and the Fragments of Dreams
 — The Self Abuse Tendency and Life Energy in
  Brother ·························· Liu Jingqi(95)
Lu Xun's Copying of Ancient Book *Book About*
 Dream ································ Qin Shuo(108)

Research on Lu Xun's Life
Did Lu Xun Request Leave from the Ministry of Education
 during His Trip to Xi'an? ············ Wang Pengcheng(120)
Toy in Lu Xun's Childhood ················ Wu Zhongkai(131)

The Study of Lu Xun and His Contemporaries
Personal Academic Preferences and Experience Transfer
 — Interpretation of the book list given by Lu Xun
  to Xu Shiying ························ Chen Yixuan(142)
The Writing Style of "Deviant" and the Fable of Female Body
 — Centered on Xiao Hong's *The Field of Life and*
  Death、*The Story of HuLan River* and *The Story*
  of Red Glass ······················ Guo Yixuan(155)
Correct Interpretation and Misunderstanding
 —A Further Discussion on Lu Xun's Critique
  of Mei Lanfang ···················· Huang Peili(168)

Collections of Shanghai Lu Xun Museum
"We are Comrades"
 — Reading the Manuscripts of Hu Yepin which collected
  by the Shanghai Lu Xun Museum ······ Ding Jiayuan(177)

Book-Reviews
Lu Xun's Painting and Calligraphy Time in his Later Years
 — Select the Essence from *Lu Xun's Daily Life in*

Shanghai ·················· Zhang Hong(187)
Searching for Treasure in Lu Xun's Sea of Books
— Preface to the Essay Collection of He
Qiaoyun ···················· Chen Shuyu(191)
Introduction to Lu Xun: Thought and Literature
and the popular Writing Practice of Lu Xun
Research ························· Lin Miao(197)

Scholar Reviews
Multidimensional Perspective on the Narrative Research
of Lu Xun's Novels
— Centered aroud Wang Furen's *the Narrative Art of
Lu Xun's Novels* ···················· Zhou Ru(204)

Memorial
Remembering Mr. Hiroji Yoshida Who Combined Schloar's
Grace with Warrior's Awfulness ········· Wang Xirong(220)
Passiong on the Spirit of Jiang Fan from Generation to Generation
— Several Old Stories about Wang
Lin ··························· Ding Yizhou(224)

Articles under the Lamplight
At the End of the Past Year and the beginning of the New Year
························· Bei Hai(231)

Lu Xun's Culture and Practice
The Everyday Lu Xun
—Editor's note of *Lu Xun's Daily Life in
Shanghai* ···················· Shi Xiaoyan(240)
Anicent Rains of Qin Chan Nourish New Growth
— The Chronicle of the Fascimile Publication of *the
Lecture Collection of the Summer School Co-organized*

by National Northwest University and Shaanxi
  Education Department ⋯⋯⋯⋯⋯⋯⋯⋯ Jiang Caiyan(248)
Recalling the Establishing of Zhejiang Province's
  Lu Xun Research Association ⋯⋯⋯⋯⋯⋯ Zhu Qianmin(261)
Second of Lu Xun and "Flowers"⋯⋯⋯⋯⋯⋯ Wang Xiaodong(270)

Research and Chronicle in Shanghai Lu Xun Museum

Analysis of the Shanghai Lu Xun Museum's 2024 Edition
  Logo Design ⋯⋯⋯⋯⋯⋯⋯⋯⋯⋯⋯⋯⋯⋯⋯ Bao Mingji(280)
Research on "the Recitation and Performance which
  Commemorate the 100th Anniversary of Lu Xun's
  Call to Arm Publication"⋯⋯⋯⋯⋯⋯⋯⋯ Xiang Minyan(287)
Design and Practice of Art Education Activities in Museum
  — Taking "Bound to Books:A hand on Journal
    into the binding technique of the *Yongle*
    Encyclopedia" as an example ⋯⋯⋯⋯⋯ Zhu Xinying(296)

Summary

Standing on the side of advanced culture:A Summary
  of the academic seminar on Chen Wangdao and
  Lu Xun ⋯⋯⋯⋯⋯⋯⋯⋯⋯⋯⋯⋯⋯⋯⋯⋯⋯ Bian Wenya(303)
Exploring the "Original Color" of Lu Xun
  — summary of the the Academic Seminar on
    "Why Lu Xun still Matters" and the 2024
    Zhejiang Lu Xun Research Association Annual
    Meeting ⋯⋯⋯⋯⋯⋯⋯⋯⋯⋯⋯⋯⋯⋯⋯ Guan Linlin(308)

Editor's Notes ⋯⋯⋯⋯⋯⋯⋯⋯⋯⋯⋯⋯⋯⋯⋯⋯⋯ (317)

Notice for Submission of *Shanghai Lu Xun Research* ⋯⋯ (322)

左联成立 95 周年纪念

从《国际文学》谈鲁迅与萧三的跨国革命文缘

郭家玉

萧三晚年在《我为左联在国外作了些什么》一文提到："此外，出新刊物，改名为《国际文学》，用英、法、德、俄、西五种文字经常出版。中文的也出了两期。第二期发表了高尔基在苏联第一次作家代表大会上的报告、《苏联的文学》及注释和闭幕辞。这本刊物后来丢了。但幸而北京鲁迅博物馆还存有一本，上海又存有另一本，即第一号。"[①]

文中所提的上海即上海鲁迅纪念馆，其实上海馆两期都有收藏，《国际文学》第一号出版于 1935 年 1 月，《国际文学（第一次苏联作家代表大会专号）》出版于 1935 年 8 月，均为鲁迅当年所收藏，系上海鲁迅纪念馆二级文物。

《国际文学》第一号开本尺寸为 250 毫米×169 毫米，当属于小 16 开本，封面为黄绿色，中文书名"国际文学"，下标拉丁文"GUOZI WENXYO"，下一行括号注"（汇刊）"，封面下方白黑双圆圈内有一个工农挥锄的徽标，署"苏联外国工人出版社"。扉页注明"一九三五年一月印行"，扉页背面一页是整幅高尔基像。底页有中文和英文说明，可知国际文学为不定期刊，每期预定 15 万—20 万字，每期铜版印制国际作家照像、风景、绘画、戏剧、电影等画片。定价为 15 法郎，发行地址有两个，一是苏联，莫斯科，尼考里斯基街7号(Moscow．Nikolskava 7)；一是中国及美国欧洲各处：巴黎拉辛街24号。

《国际文学(第一次苏联作家代表大会专号)》，也即中文版第二期，开本尺寸为248毫米×173毫米，开本、封面与第一期大致相同，但出版社署名"国家文艺出版局"，扉页书"国际文学汇刊(第一次苏联作家代表大会专号)"，注明"一九三五年八月印行"，扉页背面一页是第一次苏联作家代表大会会场的照片(说明为"大会会场一隅")。本册中刊有多幅关于大会的照片插图，留下了这次大会的宝贵镜头。

这两册泛黄的刊物，作为20世纪30年代左翼文化运动的重要遗存，不仅承载着鲁迅与萧三跨越国界的革命友谊，更映射出中国现代文学与世界进步思潮的交融轨迹，值得介绍和研究。

一、《国际文学》的使命：搭建东西方对话的虹桥

《国际文学》第一期开篇之作《我们的任务》，署名"本刊同人"，这篇发刊词阐明其宗旨是推进中国与国际文化的交流：

> 同人等鉴于中国文艺和先进的国际文艺之间至今仍隔着一座"万里长城"：一方面国际文艺运动的潮流激变，国内读者界或只知其一二，语焉不详，或且不能不相信与事实全相违反的传述；一方面中国文艺界的真象从来就异常少有系统地给国际以明晰的观念(欧美各国的人们，遇着难懂的问题时动辄说道："呵，这是中国文字！"中国文学在国际间实也遭受了同样的命运！)。用特出版这个中文的国际文学汇刊，以期于沟通及联系中外文艺的任务内，尽一份子力量。②

接下来具体阐释《国际文学》的任务：首先是"和用英，法，德，俄诸种文字出版的《国际文学》杂志大致相同，它介绍国际有名作家的代表作品(小说，诗歌，戏剧……)，尽量从各该国文字直接译成中文。"而中文版《国际文学》的另一个重要任务自然是加强中

外文艺交流,一是:"介绍国际作家于中国问题的描写:小说,戏剧,电影等等,并加以批评(这种批评的文字译成各国文字送登本志英,德,法,俄文版及各国文学刊物),纠正一般外人对中国生活不正确的认识,同时奖励真实的传述。"二是:"发表中国作家的作品除在欧,美,苏联,日本侨居的中国作家外,并特约国内有名的作家投稿,使本志成为真正的国际刊物。同时介绍并批评中国各流派的文艺组织及其作品,并特约国内及国际有名的批评家作对中国文艺的批评,使中国文艺能直接和国际文艺运动发生交流。"

这篇纲领性文献,为刊物的发展指明了方向。在"中国文艺和先进的国际文艺之间至今仍隔着一座万里长城"的背景下,《国际文艺》期以沟通及紧密中外文艺,尽量将各国文字直接译成中文,力求"通顺而忠实",使读者在有可读的作品同时,欣赏到各国有名作家的作风。同时介绍各国经典理论、有权威的批评家,使"读者能够了然于世界文艺之新潮流,并认识文艺本身之作用与价值"。各国一般的文化状况、作家的日常生活和历史也是《国际文学》的组成内容之一,作家的成长历程将有助于读者知其为人。此外,国际作家关于中国问题的描写也是《国际文学》所需承担的"任务","纠正一般外人对中国生活不正确的认识,同时奖励真实的传述";最后,《国际文学》亦将刊发中国作家的文艺作品和文艺批评,使之能"直接和国际文艺运动发生交流"。

以《我们的任务》为蓝图,这册厚达164页的创刊号汇聚了22篇作品。栏目安排颇具匠心:设有"国际名著""中国文艺""文艺理论与批评""国际作家的自传和言论""国际文艺消息""编辑以后的几句话"6个栏目。其中"国际名著"栏目包括高尔基的剧本《叶戈尔·布莱权夫及其他》,法捷耶夫长篇小说《从乌台格最后来的一个》节录,肖洛霍夫的长篇小说《开起了的荒地》节录,以及安娜·则格尔思(Anna zegers)的《神父在天之灵》4篇社会主义典范文学作品。"中国文艺"专栏,发表了署名"方格"的短篇小说

《长发店的没落》,诗歌《印度洋的船上》;署名"埃弥"(即萧三)的诗歌《血书》《两个日本兵士》,叙事作品《东巴斯的"老乡"》。"文艺理论与批评"栏目尤其值得注意的是署名"康格"的《美报 New York Times 论中国文学》,这篇文章被认为是在西方较早地介绍和评价了鲁迅的短篇小说。在"国际作家的自传和言论"栏目中刊载有曹靖华译的《绥拉菲摩支序中文译本〈铁流〉》等。

第二期《国际文学》以第一次苏联作家代表大会为专号,收录了包括引言,时唐诺夫演说,高尔基关于苏联文学的报告,拉德科关于世界文学的报告及结论,易万洛夫、法捷耶夫和沙邦诺夫(远东边疆代表)三位作家的演说以及高尔基闭会辞在内的 8 篇文章。诚如《国际文学》第二期引言介绍,"一九三四年八月十七日到九月一日举行的苏联作家大会,不仅是在苏联,就是在全世界文学史上,也是第一次盛大的文学集会。"为期两周的苏联第一次作家代表大会于 1934 年 8 月 17 日在莫斯科工会圆柱大厅隆重开幕,出席大会的有 52 个民族的 591 位代表,内有两位未来的诺贝尔奖得主——诗人帕斯捷尔纳克和小说家肖洛霍夫。值此背景下,萧三以其雄浑的革命热情和深邃的文化眼光刊印第一次苏联作家代表大会专号,将中国左翼文学的精神与世界文学的命运紧密相连。

《国际文学》第二期收录了高尔基的两篇演讲稿,分别为《苏联的文学》和《闭会辞》。"劳动过程把直立动物变成了人并创造了文化的根本基础。"高尔基在《苏联的文学》中站在无产阶级立场,依据历史唯物主义的观点,提出了文艺领域里几乎所有主要的问题:艺术的起源为何?劳动在文艺上有什么作用?资产阶级文艺为何贫乏?社会主义文艺创作和批评的道路将走向何方?高尔基在会中给每个问题以切实的答案,也对苏联文学发展历程进行了深刻剖析与高度概括。尾篇《闭会辞》中高尔基又一次阐述了个人主义对文学创作的危害性、党员作家和非党员作家的团结,文学集体创作的方法以及苏联各民族文学艺术的发展等问题,跨越时间、跨越国际,时至今日,这些话语仍具有启迪意义。而收录这些文章的《国际文学》无疑是一座文化的桥梁,连接着革命理想与文学创作,承载着跨国思想的碰撞与升华。

二、莫斯科的星火:革命语境下的文人相知

萧三,原名萧子璋,笔名埃弥·萧、爱梅等,湖南湘乡人。1922年秋加入中国共产党,早在1928年,他在莫斯科东方大学任教期间,就开始从事文学活动。1930年他作为中国左翼作家常驻代表,出席了在苏联哈尔科夫举行的国际革命作家会议,并主编该会刊物《世界革命文学》的中文版。1934年,他出席了苏联作家第一次代表会议,并与高尔基会面,代表中国左翼作家联盟作了大会发言。经我党组织批准,他参加过苏联共产党、担任过两届苏联作家协会党委委员。在苏期间,他与鲁迅保持着密切的通讯联系,并通过文艺作品向全世界介绍了中国的工农红军。

20世纪30年代,世界左翼文学运动风起云涌。1930年,国际革命作家联盟在苏联哈尔科夫成立,鲁迅被推举为名誉主席。这一任命不仅是对鲁迅文学成就的肯定,更是对其革命文学立场的认可。鲁迅虽未能亲赴苏联,但他与萧三的书信往来,架起了中苏革命文学交流的桥梁。据《萧三佚事逸品》记载:"1930年11月,第二次国际革命作家代表会议在苏联哈尔科夫召开。苏联朋友希望萧三并通过他邀请几位中国作家来与会。那时候中国左翼作家联盟已于3月在上海成立。萧三立即与鲁迅联系,告知这一好消息。无奈当时客观环境恶劣,国民党封锁极严,鲁迅无法出席。鲁迅给萧三回信说:'由中国现代派作家出国去苏联,碍难实现。即请你作为我们的代表出席'……"[③]

会议结束后,"国际革命作家联盟"成立,萧三负责远东部的工作,并向其机关刊物《国际文学》组稿。作为《国际文学》主编,

他更化身"文学外交家",一方面将鲁迅、茅盾的作品译为俄语,另一方面引入马雅可夫斯基的阶梯诗、巴比塞的反战小说,构建起双向的文化输血机制。这是萧三的文学生命之始,多年后他在致郭沫若的信中写道:"我是你的成千成千(万)的最早的读者之一。说最早,因为我们都是五四运动初起时代开始自己活动的人(我的年纪比你只少五岁)——但是直到国外——苏联,我才决定拿文学作为终身的事业。"④

20世纪二三十年代,在中国革命进入低潮、中华民族处于救亡图存的关键时期,以上海为中心的中国左翼文化运动影响波及全国乃至海外。从黄浦江到伏尔加河,身在苏联的萧三积极参与左翼运动,在国际文化交流中发挥了桥梁作用。值得一提的是,萧三在此期间也始终与鲁迅保持密切联系,是向世界介绍鲁迅和中国左翼文学的重要人物。《国际文学》第一期的"国际作家的自传和言论"栏目中刊载有曹靖华译的《绥拉菲摩支序中文译本〈铁流〉》等。正如他在《我为左联在国外作了些什么》一文中提到:"现在我要报告一下,我作为左联代表在国外作的另一件事了,那就是宣传鲁迅。"⑤

在《国际文学》创刊伊始,由于通信不便,国内很多优秀的作品很难寄到萧三手中,紧急时萧三不得不拿出自己的作品以应急,这些作品让萧三在国际诗坛崭露头角,并获得了广泛赞誉。《国际文学》第一期"中国文艺"栏目中,萧三以笔名埃弥·萧发表诗作三篇。萧三在对诗歌大众化实践的历程中,对叙事诗予以高度重视,《国际文学》中所收录的《两个日本兵士》恰能体现他的理论旨趣。该诗叙写的是两个远离家乡来到伪满洲国的日本兵因怜爱一个中国小女孩而经常给她糖果吃,但这引起小女孩祖母的误解:"好歹毒的日本鬼子,想把我的孙女毒死!"引来很多人"指手画脚"地骂,一个"会说日本话的中国学生"了解了情况后,化解了这场误会。后来其中一个日本兵死在了战场,当另一个日本兵独自送糖果给小女孩时,面对满心忧伤的日本兵,有人提出疑问:"为什么你们要来打我们?为什么你们要来占满洲?"日本兵用两个问句以回应:"难道我们自己愿意?""知道我自己又能活多少日子?"全诗以此结尾,留给读者无限回味。此诗篇幅虽不长,但却蕴含着作者极为复杂的思考,因此在当时很多口号式的战斗诗中显得与众不同。诗人以此揭露出日本法西斯发动的侵略战争对中国人民以及中日两国人民友谊造成的极大伤害,同时对日本军民也造成了极大的伤害。诗歌的结尾诗人对孤独落寞的日本兵展现出的并不仅仅是悲悯,还有对日本法西斯的愤恨与谴责。这首叙事诗能充分运用诗歌的内在律,在质朴的语言与自由的形式中恰到好处地表现出诗人的诗情。在这里,诗人运用人物语言将不同的情绪汇集起来,老祖母对凶残日本兵的痛恨,对小孙女的疼爱,小女孩的天真无邪的欢欣,日本兵的无奈与悲伤……所有情绪之间的碰撞形成了抒情主人公复杂的诗情,亦体现了东方革命主义的浪漫基因。

这个时期是萧三创作的高峰期,他借鉴当时苏联的革命题材诗歌,汲取中国传统诗歌技法,践行着民族化、大众化的诗歌主张,创作出不少新诗佳作。这些创作经验后来得到毛主席的认同并影响了延安时期诗歌的创作,因此萧三这一时期的作品在一定意义上可以被视为延安时期诗歌的一个先声。这一时期,萧三还写出众多国际题材的诗歌,像《献给高尔基》《突击队员的微笑》《寄史密特》和《慕斯大林》等。如萧三的《东北工农歌》创作于1933年,这首诗由6小节组成,叙述了日本侵略者侵占东三省前后的历史事件。在语言、韵律、节奏等方面都具有中国传统民歌的典型特征,萧三巧妙地将传统民歌的形式赋予了新的内容,一改当时许多新诗"矫揉造作"和"构造潦草"的风格,以通俗朴拙的语言风格抒发着诗人的激昂与雄豪,这首诗可以代表萧三民歌类诗歌的最高成就。还有一首《梅花》,后来还曾得到毛主席的称赞。诗歌的性质鲜明,借梅花来隐喻那些短暂存在的朋党与教派,暗指革命事业应该如后劲深厚的植物,深深扎根、缓慢生长,静静等待春天降临。《梅花》里面还浸润着诗人惯常的写作习性,简单易懂、亲切感人。彼时的萧三处于千里之外的苏联,内心依旧是对于祖国母亲的绵绵情思,在民族危亡的多事之秋,故乡的一切都值得诗人深深牵挂。这种将自然意象政治符号化的手法,亦与同期鲁迅《无题·万家墨面没蒿莱》形成奇妙共振,于无声处共显革命强音。

萧三的诗歌,恰似一柄淬火的双刃剑:一面是"枪炮与玫瑰"的革命浪漫主义,另一面则是"信达雅"的匠心。当萧三在莫斯科高擎国际主义诗歌火炬时,鲁迅正以《摩罗诗力说》为蓝图,构建"别求新声于异邦"的译介体系。他翻译的《死魂灵》不仅是对果戈里讽刺艺术的致敬,更是借"俄国式幽默"映照中国社会的痼疾。虽未亲临苏联,但鲁迅《祝中俄文字之交》等文,与《国际文学》亦形成跨时空唱和。这种"译介即启蒙"的实践,与萧三的诗歌创作共同编织出左翼文学的经纬网:民族性恰在国际化过程中获得新生。

三、结语:文化的伟大远征

萧三对"第三世界文学"概念的早期建构,较法农的《全世界受苦的人》早20余年。这些泛黄纸页证明:文化对话的深度,从来与传播介质的新旧无关。今天重读这些泛黄纸页,我们惊觉:当萧三将鲁迅小说译为俄语时,他不仅在传递故事,更在构建"反抗压迫"的价值共同体;当刊物刊登劳工诗歌时,编者实则在缔造"第三世界文学"的雏形。而上海鲁迅纪念馆近年推出的《鲁迅图传》,以360余件文物图片再现"上海时期"的跨国交往,恰似为"雏形"塑形——真正的文化自信,从不是闭门造车,而是在对话中淬炼自身。

《国际文学》上1935年的油墨已褪作褐色云纹,当我们俯身凝视跨越几百页,恍若听见莫斯科郊外白桦林的簌簌声,看见东方文人在世界革命浪潮中执笔为旗的身影。鲁迅与萧三,这两位被时代洪流推向不同轨道的文化先驱,在《国际文学》的经纬线上编织出超越时空的精神图谱,在时间纤维中交织成东方文人的精神经纬。当我们的目光掠过这些战火洗礼过的文字,突然领悟:文化的伟大远征,从来不是单枪匹马的英雄传奇,而是无数文人以纸为舟、以笔为篙的集体远航。

注释:
①⑤ 萧三:《我为左联在国外作了什么?》,《新文学史料》1980年第1期。
② 萧三:《我们的任务》,《国际文学》1935年第1期。
③ 高陶:《萧三佚事逸品》,文化艺术出版社2010年版,第19页。
④ 许建辉:《读萧三致鲁迅的一封信》,2013年11月11日《文艺报》第8版。

枷锁与自由
——美联盟员参与的革命活动

乔丽华

中国左翼美术家联盟（简称"美联"）作为中国左翼文化界总同盟（简称"文总"）下面与中国左翼作家联盟（简称"左联"）等各团体先后成立的一个群众性组织，与其他各联的关系相当密切。时代美术社最早的3位发起人许幸之、沈叶沉和王一榴，也都是左联的发起人，同时夏衍、许幸之、沈叶沉等又参加中国左翼戏剧家联盟（简称"剧联"）前身艺术剧社的工作。1930年夏，美联的成立大会是在左联和中国社会科学家联盟（简称"社联"）联合举办的暑期文艺补习班召开的，此次成立大会"左翼作家联盟，社会科学家联盟，左翼剧团联盟，及上海反帝同盟均派代表参加"。1932年初，美联集会恢复组织，其召集人田汉代表文总和剧联发表演讲，此后丁玲亦作为文总和左联的代表对美联盟员的分工进行指导。1932年底，鲁迅去美联的公开活动阵地野风画会演讲，是由左联的楼适夷、叶以群等进行安排联络的，"野风画会"的招生广告刊登在左联和社联主编的《社会生活》周刊上。当然，鲁迅作为左联负责人，从时代美术社起就与左翼美术青年特别是一八艺社成员保持密切关系。美联党团成员江丰曾指出："上海一八艺社研究所与鲁迅建立联系是通过冯雪峰的关系，当时冯雪峰是代表'文总'（中国左翼文化总同盟的简称）负责领导美联的。"[①]另外，吴似鸿曾提到，野风画会开办时期，"左联和美联经常有联系，联

· 10 ·

系的人就是周起应(周扬)"。② 可以说,美联与左联的关系最为密切,此外,美联与其他各联的关系还表现在,一部分美联成员同时也是左联、社联或剧联成员,或在以上各联的领导下开展工作,如张谔曾与社联的艾思奇等共同开展工作,编辑刊物。刘芳松、李岫石等不少成员既是左联成员又是美联成员。另外,美联成员中有不少也参加过剧联的活动。

总之,美联本身的定位和性质决定了它通常需要在各联的支持下开展工作,当时党在文艺战线上的负责人如潘汉年、夏衍、冯乃超、凌鹤、冯雪峰、张眺、袁殊、洪灵菲、田汉、丁玲、周扬、楼适夷等都曾指导或支持过美联的工作。同时,美联盟员还在其他革命组织的领导下开展工作,参加实际的革命斗争。

一、美联与其他革命组织的关系

除左联等左翼文艺组织外,美联与中国共产党领导下的这些革命团体有较为密切的关系:

(一)上海反帝大同盟(简称"上反")

1929年8月1日,上海反帝大同盟成立,这是中国共产党领导下的反帝爱国群众团体,任弼时、潘汉年担任主要负责人。"上反"以反对帝国主义为根本宗旨,任何同意该宗旨的团体或个人皆可参加。盟内设党团组织,鄗楚一为第一任党团书记。

美联从成立之初就接受"上反"的领导。据于海回忆:

> 1930年秋后,正是"立三路线"时期,上海的各项革命活动,都要服从准备城市武装起义这一总任务,美联很快也划归"上反"(上海反帝大同盟)领导。我以美联代表的身份,参加了"上反"的常委会;回过头来,我又按照"上反"的指示,布置美联工作。……这个时期内,属于美术性的活动,是替各个群众团体画一些宣传画的稿子(油印的底稿)。参加这方面工作较多的有李岫石、季春丹(即力扬)。我有时遇到张眺,也

请他画几张。他们几个主要替"互济会"及"上反"画,我个人则专门供应上海总工会的宣传画稿。③

这一时期"上反"负责领导左翼文艺团体的是潘汉年。1931年后他离开文艺战线,美联与"上反"失去联系,组织工作陷入停顿。1931年"九一八"前后,洪灵菲负责"上反"的工作,开展工人运动,左联盟员孟超曾有如下回忆:

在那时候,灵菲除了写作之外,还在中华艺术大学担任着课程,教的大约是"文学概论""小说作法"之类。中华艺术大学是在党的领导之下,对知识分子作宣传教育工作的进步学校,他在那里也是为了革命工作,而不仅是简单的教书生活。不过,这学校也正如那时其他公开的左翼文化活动一样,不久也遭了封闭。一九三〇年左联(中国左翼作家联盟简称)成立,他在发起时就是组织委员之一。以后,他也曾参与过文总(中国左翼文化总同盟简称)的主要工作。

为了党的需要,他也曾暂时离开了文艺活动,而参加了更重要的党内或其他工作,他作过沪西区委的工作,江苏省委宣传部的工作,比较时间长久的,是全国反帝大同盟的工作。这一团体是在一九三一年"九一八"事变前后全国进步力量因愤于帝国主义加紧侵略而组织的,它比较有广泛的群众基础,对于革命运动曾起过不小的作用。灵菲一直在里面担任着主要的领导工作。他通过群众路线,把党的政策实现出来,更把这团体的原有的知识分子的组织基础推广到工人群众中间。他办了不少的工人夜校,他在这些夜校里都是亲自主持,或者亲自上课,因为夜校工作走上轨道,自然会成为工人运动的有力的辅助。④

在张眺的介绍下,于海、江丰、李岫石、刘芳松等都参加了洪灵菲领导的"上反"组织,开展工人工作,从中得到磨炼,学到不少革命的工作经验。江丰曾述及,1931年5月他被吸收进"上反"后,

"从此我开始与洪灵菲在我的老家杨树浦工人区开展工作。我们两人通过一年多的互相接触,我学到了不少革命工作的经验,特别是受到了觉悟的工人们的革命品质和无私无畏精神的熏陶,使我更坚定地走上为共产主义理想而奋斗的道路……"⑤于海大约在1931年9月参加"上反",在沪东一家纱厂工作,1931年底在张眺、洪灵菲的主持下举行了入党仪式,"入党后我被派到沪西作贫民工作,'一二八'淞沪战役之后不久,我又被调出来,协助成仿吾出版与发行一种以文言文为主体的灰色小报(报名可能叫《德言报》),宣传抗日救亡活动……"⑥

又据楼适夷《关于远东反战大会》一文,1933年8月远东反战大会召开前夕,负责筹备及接待工作的上海反帝大同盟组织遭到破坏,冯雪峰通知楼适夷,上级调他到"上反"接替刘芝明的职务:"因为原来的整个党团,几乎已全部破坏,省委重新组织了新的领导班子,但原在党团直接领导下的各种机构,到底还有多少保留下来,一时情况还不明了,我的首要任务,就得一一摸清这个情况。新的党团有左联的华蒂(叶以群),美联的周熙(江丰),还有一位湖南同志老熊,我忘记他的名字了。大概经过约一周的时间,我们重新把工作组织起来。"此时远东大会召开在即,就是在这一工作过程中,楼适夷与江丰于9月17日被捕。⑦

"上反"是当时开展实际革命斗争的重要组织,美联的不少骨干盟员都曾参加"上反"的工作,在实际的工人运动中得到锻炼,成为坚定的共产主义战士。

(二)中国革命互济会(简称"互济会")

1925年中国共产党在上海领导成立的一个革命团体,主要任务为营救被反动派逮捕的革命者,并筹款救济他们的家属。1929年12月改称中国革命互济会,并在各重要省市设有分会。共产党人邓中夏、黄励等先后任总会主任。1933—1934年间遭国民党反动派破坏。鲁迅等对互济会的工作曾热心赞助支持。左联盟员韩拓夫曾谈到互济会与美联盟员的情况：

  鲁迅先生在上海期间，我党是通过各种渠道和他联系的，首先是中国互济会的同志曾向鲁迅先生捐款，⑧宋庆龄同志也是互济会有力的支持者和捐款者。这个互济会，是我党领导的广泛的进步组织，是为着援救和援助一切因政治上的原因而遭受患难的人，具有国际的性质，中国互济会是分会。自中国自由运动大同盟成立后，曾一度展开了活动，但没有固定的办事机构，其中有一部分盟员参加了左翼作家联盟，后来另一部分人参加了社联和美联。由于帝国主义和国民党反动派的迫害，在李立三"左倾"路线形成后，到一九三〇年下半年，这个左派团体便无形解体了。⑨

美联与互济会的关系是非常密切的。美联成立初期，主要为上反和互济会及工会组织画宣传画。刘芳松提到张眺等与互济会的关系：

  1930年秋，耶林、岫石与我三人，在法租界斜桥租了一所亭子间住下，对外保密起来。由于岫石和我于这年夏天，都经耶林介绍，先后参加"左联""互济会""上海反帝大同盟"等党的外围组织，其中以参加"互济会"的活动较多。耶林有时在房内起草些文件。如一次起草上海互济会宣传大纲等。……那时他可能负责上海互济会的宣传工作。⑩

美联有不少盟员参加了互济会的工作。据黄山定回忆，陈铁耕曾在互济会担任工作。胡一川也曾为互济会工作，据他自述："还给互济会刻了一套木刻小册子共10幅，内容是暴露黑暗统治阶级的残酷行为……是准备当法国进步作家巴比赛到上海时散发的，还未着手印，原版于1933年7月我被捕时连同其它木刻板都被法国巡捕房搜去了。"

（三）**中国普罗世界语者联盟**（简称"语联"）

  "九一八"事变后，我国世界语活动走上了与民族解放救亡运动相结合的道路。1931年11月,由胡愈之、楼适夷、叶籁士、张企程、乐嘉煊、陈世德、覃净子等,在上海发起成立了中国普罗世界语者联盟,我国的世界语运动从此便主要在中国共产党的领导下广泛开展起来,曾出版了《中国普罗世界语者》世界语版会刊,并在工人群众中举办了世界语讲习班,加入了无产者世界语者国际组织,同日本、德国、英国、法国、西班牙等工人世界语组织和苏联世界语联盟取得了联系。该组织秘密出版的世界语版《中国普罗世界语通讯稿》,及时把中国共产党的抗日救国主张等情况,向全世界做了及时报道。

美联盟员参加世界语者同盟上海分部的详细情况不明,但还是有迹可循:其一,1932年7月13日春地研究所被查抄,于海等11人(包括一名暗探、一名世界语教师)被逮捕,当时"正是在讲授世界语的时候",是在教授世界语的课堂上;其二,陈铁耕曾创作木刻作品《世界语展览会的一瞥》;其三,顾洪干1932年去日本留学后,继续开展世界语活动。根据《留东新闻》第16号报道,1936年1月12日留日学生在神田召开的一次"艺术聚餐会"上,作为"世界语学会的代表顾洪干"等负责人,组织了"新文字学习会"。

二、美联盟员与示威游行活动(1930—1934)

美联盟员都投入实际的革命斗争中,走向十字街头,决不躲在象牙塔里搞所谓纯艺术。这是他们区别于普通画家的一个鲜明标记。时代美术社的宣言旗帜鲜明地提出"艺术是阶级斗争的一种武器"。美联成立大会通过的十大决议案的第一条就是"组织参加一切革命的实际行动"。最早加入美联的"一八艺社"成员们多数都是革命斗争的实践者:"一八艺社的同志们通过左联、美联的领导和客观现实的具体教育,在思想上更深地认识到:当全国人民过着黑暗生活的时候,从事美术创作的人,追求名利,出卖灵魂为少数人制作茶余酒后的消闲品,为旧社会粉饰太平,作传声虫,当麻醉剂是可耻的,一个进步的美术工作者,应该投身到反帝反封建的革命浪潮中去,通过美术作品进行宣传鼓动工作。"⑪春地美术研究所的成立宣言则写道:"艺术也如其他的文化一样,是跟着时代的巨潮而生长着演进的,所以现代的艺术必然地要走向新的道路,为新的社会服务,成为教养大众,宣传大众与组织大众的很有力的工具,新艺术必须负着这样的使命向前迈进。"

美联盟员与实际革命斗争的关系非常密切。飞行集会和示威游行是当时显示革命力量的重要方式,"它是地下党当时在上海市区宣传活动中采取的一种特有的形式,人数不多,三五人、七八人,或十多人,以飞快的动作集中于一个地方,向群众进行宣传,散发传单,高呼革命口号,又以快速的行动撤走,时间不长,来去如飞,故称它为飞行示威,又叫飞行集会。集会人数少一点,飞行人数多一些,但它不同于大的示威运动。示威运动的意义更大,集中活动的时间较长,规模更为广泛。它的开始总是涉及国家民族和广大群众利益的重大事件,人数上千上万,声势波及全国。飞行集会是各种中小型的宣传活动面临大的政治斗争即时组织的宣传方式。"⑫从1930年起,每年"五一""五卅"纪念日等来临之际,中共党组织都会组织大小规模不等的飞行集会或游行示威,这当中都有美联盟员的身影。

1930年"五一"纪念,刚组建起的左联等组织掀起规模宏大的示威运动,《左翼作家联盟"五一"纪念宣言》称这一天为"血光的'五一'""血战的斗争日",指出"一切的忍辱,一切的感情,一切的革命情绪,当然会在这天爆发的。我们不能幽禁于大会堂中作宗教的仪式,街头是我们的战场,口号代替我们的欢呼,我们以斗争来纪念'五一'!"由于参加"五一"示威活动及筹备"五卅"纪念集会,中华艺大于1930年5月24日被反动当局查封,并当场逮捕了师生36人。

1930年7月美联成立后,盟员们在"上反"的领导下走向街头投入革命活动:"这个时期,美联同其他一些左翼群众团体一样,经常的活动是写标语,撒传单,在有关的纪念日(例如十月革命节、广州暴动纪念日、纪念李卜克内西等等)参加所谓'飞行集会'式的游行示威。""在美联的领导下,一八艺社的同志们也同样经常走向街头去写标语和做其他宣传工作,也参加同年南京路八一反战示威游行。我们亲眼看到巡捕房的囚车停在南京路口,社员刘毅亚在高喊'打倒帝国主义'的口号声中被逮捕。"⑬1931年"九一八"事变及1932年"一·二八"事变,上海一八艺社社员在反战大同盟等组织下,散传单,贴标语。陈铁耕、江丰、陈卓坤、黄山定等编印《反帝画报》,送抗日救亡团体,反对蒋介石不抵抗政策。杭州一八艺社社员也以实际行动参加了一系列抗日救亡运动:"如到南京去请愿,调查西湖划船工人的生活,出版救亡画报,到杭州、绍兴等地区讲演、散发传单标语等。我还参加《五月花》在杭州的演出活动,季春丹也因参加学校救亡的领导工作首先遭到学校开除。"⑭

1932年4月美联恢复后,盟员们即参加了红五月的宣传活动:"美联恢复后的第一件事是纪念'五一国际劳动节',我们不仅画宣传画,写传单贴标语,出画报,画连环画,搞得很热闹。而且在文总领导组织下,与剧联、影联、新闻界一起参加示威游行,在南京路闹区开飞行集会、演讲、散传单、呼口号,到警察赶来,大家就分散逃跑。当时我们热情很高,黄日东是个跛子,也积极参加。"⑮

当年规模最大的示威游行活动在6月中旬。5月5日中日签订停战协定,群情激愤,6月12日前后在党组织的领导下,举行民众反对停战协定援助东北义勇军联合会发起在西门公共体育场召集的追悼顾正红及抗日死难烈士大会。《文艺新闻》对当时场景有详细的描述:

当成千的劳苦大众冲进西门体育场参加上海民联追悼东

北淞沪抗日死难烈士,徒手与武装警察搏斗时,斜桥开来了两卡车的青年学生。这时铁门是紧紧的闭着,法帝国主义御用的巡捕,见着怒吼的青年学生,骇慌了正欲开门,为着门外华界公安局的警察哀哀求饶,"不要放他们出来,巡捕先生们,谢谢你!"门因是不开,汽车夫怒着说:"下车冲出去"!"同学们!不要慌,找路出去"!有人提议说。于是车开向打浦桥,桥上铁丝网密布,不能走出,这时群众激烈情绪,似马上要爆发出来,最后议决开转菜市路太平桥去。车又开转了,这却骇慌了帝国主义者,"这两满车的青年群众,再不放出来,定要冲破租界",于是悄悄将菜市路底的一处铁丝网搬开了,大家瞧着这条路,且不向太平桥便欢呼着开入南市。

…………

　　这样的将到董家渡了,骇死了该区的巡官,恐怕摔破了它的饭碗,出来阻止,群众不睬,警察不敢上前,巡官怒了,叱着警察抓人,群众高呼着,我们是反对停战协定的!我们是来追悼东北淞沪抗日死难战士的!体育场不让我们进去,难道路上都不许可我们游行吗?巡长红了脸,只好让群众潮一般的望着工人区域走去……⑯

这篇报道生动地展现了学生、群众涌上街头抗议的火热场面。春地美术研究所与杭州一八艺社在这时候举办的画展,无疑也是革命宣传活动的一个部分。由于参加秘密宣传活动,春地美术研究所的一批骨干成员于7月被捕。同时,杭州一八艺社的成员也因参与上海的春地画展,以及在杭州发起宣传救亡运动,遭到校方开除或被迫退学。(据于海、江丰、胡一川、王肇民等回忆)

1933年9月30日在上海秘密召开"远东反战大会"。这是中国共产党第一次领导、筹备、组织召开的国际性大会,筹备工作从1932年底就开始进行。美联盟员在文总、左联、上反的领导下参与筹备工作,盟员胡一川、夏朋(即姚馥)、江丰等先后被捕,北方左联及北平木刻研究会也因参与秘密活动,因叛徒告密而遭到破坏。

黄新波曾追忆本年他作为美联盟员参加飞行集会的情况:

> 我当时参加法南区的组织活动。要经常写标语,贴传单,写标语还有指标,大概是每人十张。所以我们写了标语后,后面写上英文或阿拉伯文的代号,共青团、左联有人检查的。我们在晚上两三点钟出去写,两三个人一起,有人望风,有人写,是用海绵蘸墨水写。贴传单是用香蕉,香蕉有黏性,找不到光滑的水泥墙贴。传单下面署名是反帝大同盟或中华苏维埃,不用文学团体署名,我们在学校里也常写标语,散传单,或到工厂区散传单。
>
> 飞行集会是逢节日就举行,一般是分区举行,发动一些工人参加,约好时间地点,到时间人员集中起来,发传单,呼口号,一会儿就分散。全市性飞行集会较少。参加大的行动前,我们都要到罗宋餐馆去吃一餐,把住处东西都清理掉,连油木棍也不留,准备被捕搜查。那时即使查到油木棍,至少也要判两年半到五年徒刑,所以那时候东西不容易保存下来。鲁迅先生给我的信也因此都散失了。这是王明盲动主义路线,这样做其实在群众中影响也不大,组织却受到破坏。[17]

1934年,虽然此时由于国民党加紧对红色根据地的围剿,形势不利,上海的左翼活动也步入低潮期,但文总的工作并未停顿,据左联盟员雷溅波回忆:"中小型活动,使我印象最深而又难以忘怀的是1934年的夏秋,'文总'组织的一次飞行示威。当时文总包括的六个联盟(左联、影联、美联、教联、社联)以及各联盟小组和所属的外围小组,都参加了这次活动。"[18]这年5月中旬主要由上海美专进步学生组成的MK木刻研究会几名成员被捕,领导上海美专工作的几位地下党员也陆续被捕。

综上,文总历次组织的集会及游行示威活动,其中都有美联盟员参加,一些盟员为此被捕甚至牺牲。尽管,飞行集会是"左"倾路线的产物,给革命事业带来过一些不必要的损失,有诸多需要反思的地方。如于海曾总结美联成立后的历史教训:"可惜,由于我们脑子里的那种极'左'思潮并未彻底消除,特别是我,还把艺术活动主要作为一种可利用的革命工具,对当时日益严重的白色恐怖,思想上又过于麻痹,我们的活动还是太暴露,所以当我们正在探索一条新的道路上刚起步不久,春地画会就在当年7月间被反动当局破坏,使一部分美联骨干被捕入狱(我这个主要的肇祸者当然也不幸免)。"[19]把艺术视为工具,固然是片面的;但另一方面,也应该看到,在当时环境下,汹涌澎湃的群众性示威游行,显示了中国共产党强大的号召力,给敌方阵营以巨大的威慑和冲击。对于革命者来说,面临生死考验,进行了英勇的战斗,也在斗争中锻炼了意志,坚定了信念。

三、枷锁与自由——美联盟员被捕牺牲情况

在文总、左联及上述组织团体的领导下,美联盟员不畏艰辛,前仆后继,为革命事业而奋斗,其中不少盟员因此被捕甚至牺牲。江丰曾指出:"当时从事木刻的大多是二十多岁的青年人,应该说政治上还很不成熟,但艺术创作和参加政治活动的热情却很高,对革命的信仰是坚定的。'美联'这个革命组织存在的四年中,据我所知,仅沪、杭两地被捕坐牢的左翼美术家(其中绝大多数是木刻作者)就达二十人之多。他们在敌人面前没有一个屈膝投降,出狱后也没有一个离开革命道路。这些人现在还幸存、并仍工作着的,就本人记忆所及的战友,尚有艾青、于玉海、胡一川、力群、曹白、陈卓坤、许幸之、叶洛、黄山定等人。"[20]

以下,就1930—1934年被捕的盟员做一初步统计:

1930年

1月,张眺因宣传左翼文艺思想,被浙江国民党省党部逮捕,

关入浙江省军人监狱。3月，经杭州艺专林风眠校长和法国教授克罗多担保出狱，离开杭州到上海，参加左联及互济会的革命活动。据野邨（即田仲济）《失踪的零鱼——作家素描之二》（《青年文化》1935年第3卷第2期），张眺自述被捕的原因是"一位日本的友人寄给他了一本什么书"。

5月24日，在"五卅"纪念日前夕，中华艺大36位师生被捕，其中时代美术社的许幸之、沈叶沉、汤晓丹也被捕，大约一个多月后经朋友担保，陆续出狱。据许幸之回忆，他是由吴印咸作保出狱。据汤晓丹回忆，他是由原厦门集美农林学校的同学赖羽朋担保出狱，出狱后又在赖羽朋的鼓励下开展革命工作。

8月1日，一八艺社社员刘毅亚在南京路"八一"反战示威游行中被捕。此后情况不明。

1931年

12月12日，上海美术专科学校学生抗日会主席洪违忌被法捕房以"有共产党嫌疑"为由拘捕。洪违忌当时为上海美专学生运动的领导人，1931年12月12日、13日《申报》刊登《美专学生洪违忌昨被捕》《洪违忌审讯记》等报道，叙述其被捕经过："美术专门学校学生洪违忌，现任该校抗日会总务主任及民众临时预审法庭推事，今晨一时，突在寓次被法捕房探捕以共产嫌疑罪被捕。学联会闻讯，即至市政府请愿，速向法捕房交涉释放，由俞鸿钧接见，即派员前往交涉。至晚九时三十分、由市政府担保释放。定今晨十时在高二分院开审……"洪违忌于15日由代理律师沈钧儒负责保出。

1932年

7月，春地美术研究所主要成员于海、江丰、力扬、艾青、黄山定、方如海、李岫石及世界语教师肖仲云被捕，这次被捕的有10人左右。经法捕房审讯后，于海等被移送江苏高等法院审判，以"危害民国紧急治罪法"分别判处6年、3年4个月的徒刑。经各方营救,于海于1933年春出狱,此后离开上海入北平师范大学日语系,并继续参加实际革命斗争。江丰、黄山定于1933年8月底出狱,继续留在上海参加革命活动。李岫石于1932年底出狱,返回故乡四川隆昌县任教员,抗战后投入救亡宣传工作。力扬被判刑6年,1935年秋由父亲的朋友、国民党十八军驻南京办事处主任赵志僖保释出狱,力扬出狱后先在十八军驻南京办事处任职,1938年脱离军队,投入郭沫若任厅长的军委会政治部第三厅。艾青被判刑6年,于1935年出狱,并走上革命诗人创作道路,后奔赴延安。方如海、肖仲云情况不明。

冬,夏朋、钱文兰作为涛空画会负责人被捕,因证据不足,不久即释放。

1933年

7月,胡一川(当时在"工联"工作)、夏朋因从事革命活动被捕。法捕房释放了夏朋,胡一川被判刑,羁押在上海法租界监狱,直至1936年7月获释,出狱后继续从事抗日宣传及木刻创作活动。

9月,江丰于8月出狱后,在楼适夷领导下,担任上海反帝大同盟党团成员,配合远东反战大会的组织工作。9月17日,楼适夷被特务跟踪逮捕,江丰也受到牵连被捕,判刑3年6个月,在苏州的江苏高等法院服刑。1935年9月出狱,出狱后与郑野夫等创办铁马版画会,继续从事革命宣传活动及木刻活动。

10月,杭州木铃木刻社负责人郝力群、曹白、叶洛(叶乃芬)被捕,浙江省公安局以"宣传普罗文化,与三民主义对立"的罪名抓捕判刑。据曹白回忆,他本人于1934年底出狱,不久到上海,先后在新亚大学、江西职业中学和光华大学附中教授艺术劳作课。郝力群和叶洛分别于1935年4月和6月出狱,郝力群到上海后在上海杂志公司担任封面设计工作。

秋,时任上海沪东区委书记的陈卓坤被捕,被判处6年徒刑,直至1937年抗日民族统一战线成立,才获释出狱。出狱后辗转赴陕北,后被派赴湘南游击区工作。

1934年

5月24日前后,MK木刻研究会社员周金海、陈葆真被捕。在此前一周左右,上海美专党的负责人陈灼亭、朱明被捕。之后又有柳爱竹失踪(她曾为营救战友于1935年6月30日给鲁迅写过信,此后不久失踪),王紫萍被捕。陈葆真不久被释放,随后去南洋。周金海于1936年出狱,随后赴新加坡。

6月,夏朋受组织委派到无锡从事革命活动时被捕,囚禁于苏州反省院。业师李金发教授收到夏朋从狱中的信后曾请求保释,未果。1935年1月在狱中病逝。

综上可以看出,美联盟员为革命事业遭受牢狱之灾的也不少,还有人为此付出了年轻的生命。田仲济在《失踪的零鱼——作家素描之二》中,记下了张眺讲述的被捕后的情况:

"苏州、上海、××,以××监狱的情形最好了。"长着大黑痣的脸微笑了笑,"在上海用鞭子抽的你连喘气都不敢,在××却比较的自由,有的情形且是想都想不到的呢!里面各党派仍然有严密的组织。新进去的,他们必开欢迎会,并给你一种极可贵的帮助和指教,苦的是不属任何党派的人。"

"我们一同进去共三个人。"蓬散着的头发用手向后梳了梳,又挽了挽在肘间的袖子,继续地说。"他们开欢迎会,低低地唱××歌。自然是找机会偷偷地干的。'作政治报告,作政治报告!'这是他们提出的第一个要求。当我们简单地报告着外面的情形时,都静静地听着。最奇怪的是他们问我看什么书不,说着便有一个负责的人掀开了一方地板,从底下取出了许多书籍,有许多是在外面尚且难以见到的。"

……

"在里面,没有消极,没有悲哀。'青年只流血不流泪'的精神,不想在那里看到了。遇着被酷刑拷打的,大家悲愤地默默地守着他。就是当一位难友被提出执行死刑,当他回头微笑着说声'努力'的时候,我们也都只在喉中低低地唱着××歌送他……"[21]

张眺的口述表达了革命者的乐观精神。其他曾坐过牢的青年如江丰、黄山定等也都提到,他们在狱中继续读书、写作、画画、唱歌,与敌人做斗争的情景。但这只是监狱生活的一个侧面,归根结底监狱是一个黑暗恐怖的所在。如刘芳松提到他去看守所探望,"但当我们看到力扬的脸肿得像圆球一样,又为他们的苦撑感到担心"。[22]鲁迅身为木刻青年的导师,对他们的处境尤为关切,他的《写于深夜里》一文,愤怒地揭示了"权力者"是何等专断、残暴。这篇文章从"一个童话"的后半部分起到结尾,都摘录自木铃木刻社成员曹白的《坐牢略记》,真实地记录了进步青年被捕和受审的情形。

被捕的青年们在狱中历尽苦难,也得到锤炼。囚牢的枷锁,锁不住他们追求自由光明的心。他们想方设法给亲朋写信,与外界取得联系。在寂寞的铁窗生活中,他们用绘画和诗歌,倾诉被囚禁的痛苦,表达对自由的渴望,对光明的向往,对未来的信念。许幸之在 1930 年曾写出《母亲》《五月的太阳》《囚徒的呐喊》《刑场上》《新世纪的开场》等诗篇,这些诗作不同于他早期的恋歌,铿锵有力,慷慨激昂。《母亲》具有自传性质,描写诗人被捕后母亲的担忧和牵挂。《五月的太阳》描写一位刑满释放的工人,虽然见到了久违的太阳,但出狱后的环境依旧冷酷无情,才出去一个月,受饥饿压迫的他又因盗窃被投入囚牢。

1932 年被捕入狱的春地美术研究所的成员中,艾青后来成为著名诗人。他在狱中开始创作诗歌,1933 年他第一次用艾青的笔名发表长诗《大堰河——我的保姆》,感情诚挚,诗风清新,轰动诗坛。这首诗写于 1932 年的冬日。据诗人自述,写这首诗时是在一个早晨,他从狭小的看守所窗口看到一片茫茫的雪景,触发了对故乡、对哺育他的保姆的怀念,挥笔写下了这首赞美普通劳动者的诗篇。力扬(季春丹)在狱中写出了《枫》《给高丽M君》《听歌》《我在守望着》等诗篇。虽然在阴暗的窗口怅望,但他的内心却怀着坚不可摧的信念。胡一川于1933年7月入狱后,夏朋想方设法营救,并不断写信鼓励,并写下《忆重逢》这首诗赠献给胡一川。1932年冬,夏朋没有听从父亲的安排去法国留学,而是选择到上海与胡一川并肩战斗,这首诗描写了这段革命恋人短暂的相聚时光。1934年6月,夏朋也身陷牢狱,在万般凄凉无奈中,她给当时在上海法租界看守所的爱人胡一川写信倾诉自己的悲惨境遇并寻求援助。她的老师,杭州国立艺专雕塑系教授李金发对夏朋被捕一事曾有这样的回忆:

>……一女生是姚馥,年纪不过十七八岁。大概曾读过教会学校,熟读《圣经》,她自诩说,试问任何《圣经》的故事,她都能讲说出来。她长得娇羞,貌仅中姿,但充满少女的青春气息……她似乎很喜欢新文艺,尤其是左翼作家。当1934年夏,我初到南京,忽然接到她自镇江狱中来信(她怎样知道我的住所呢?),说她在京沪火车中被捕,要我去营救她。当时是陈果夫为主席,适有一个同乡在省政府做科长,我特地到镇江说情,希望保释。因为那时对共产党铁面无情,不许我去见她,扫兴而返。她亦不知我已尽了我的责任。那科长是初次认识的,若有交情,或者准许探狱,除非法令森严。后来我写信去问,他回复的信说,她病死狱中。这当然是官话,其实早已就地枪决,格杀勿论。政治是时代的罪恶,多少人在此漩涡丧命,视死如归啊![23]

夏朋死于苏州的一所医院,不难想见在狱中她曾饱受折磨和摧残。

这些从铁窗中飞出的诗歌,泅染着血泪的书信,是对黑暗统治的最真实的控诉,也见证了美联盟员顽强不屈的精神,见证了革命美术发展的一段光荣而艰辛的历史。

[本文系国家社科基金重大项目马克思主义中国化视域下的"左联"文论及其资料整理与研究(22&ZD281)阶段性成果。]

注释:
① 江丰:《鲁迅先生与"一八艺社"》,《美术》1979年第1期。
② 吴似鸿:《中国左翼美术家联盟活动片段》,《美术》1979年第6期。
③ 于海:《历史的借鉴》,《美术》1980年第4期。此外,《耶林纪念文集》的《引路的先驱者》一文中也提到美联与"上反"的关系。
④ 孟超:《我所知道的灵菲》,载《洪灵菲选集》(乙种本),新文学选集编辑委员会编辑,开明书店1951年7月初版,1952年9月乙种本初版。此文中还提及,大约在1933年春,党中央把洪灵菲从上海调到北京,担任秘书之类的工作。
⑤ 江丰:《忆张眺同志》,《耶林纪念文集》,山东文艺出版社1988年版,第122页。
⑥ 于寄愚(于海):《引路的先驱者》,《耶林纪念文集》,山东文艺出版社1988年版,第136—138页。
⑦ 楼适夷:《关于远东反战大会》,《新文学史料》1984年第2期。
⑧ 原文如此,结合上下文,此处当指互济会的同志曾请鲁迅给该组织捐款。
⑨ 韩拓夫:《我在广州上海看到的鲁迅》,载《诚挚的纪念》第73页,广东鲁迅研究小组1982年编印。
⑩ 刘芳松:《云天寄怀思》,载《耶林纪念文集》第147页。
⑪ 胡一川:《回忆鲁迅与一八艺社》,《一八艺社纪念集》,人民美术出版社1981年版,第22—23页。
⑫ 雷溅波:《记一次飞行集会》,《左联纪念集1930—1990》第52页。
⑬ 据于海、胡一川等关于一八艺社的相关回忆。
⑭ 据黄山定、谢海若、陈爱、胡一川等关于一八艺社的相关回忆。
⑮ 吴似鸿:《回忆春地美术研究所》,载《一八艺社纪念集》第63页。
⑯ 《凄风萧 苦雨密 万人洒泪吊先烈》,《文艺新闻》1932年6月20日第2版。
⑰ 《黄新波谈鲁迅与木刻及其他》,载上海师范大学编:《鲁迅研究资料》第225页,1982年印行。
⑱ 雷溅波:《记一次飞行集会》,《左联纪念集1930—1990》第52—53页。

⑲ 于海:《历史的借鉴》,《美术》1980 年第 4 期。
⑳ 江丰:《鲁迅是中国左翼美术运动的旗手》,《美术》1980 年第 4 期。
㉑ 野邨:(田仲济)《失踪的零鱼——作家素描之二》,载《耶林纪念文集》第 169—170 页。
㉒ 刘芳松:《"左联"回忆片断》,收入中国左翼作家联盟成立大会会址纪念馆、上海鲁迅纪念馆编:《左联纪念集 1930—1990 专题资料汇编》,百家出版社 1990 年,第 49 页。
㉓ 中国美术学院《纪念夏朋》编委会编:《纪念夏朋》,中国美术学院出版社,第 41 页。文中所说"姚馥"即夏朋。

中华艺术大学:中国左翼文艺运动的重要阵地

何 瑛 顾依雯

一、进步的中华艺术大学

(一)"五卅运动"与学生的觉醒

1925年,在中国共产党的领导下,"五卅运动"迅速席卷全国,成为一场规模空前的反帝爱国运动,参与人数达1 700万人,深刻影响了中国社会的各个层面。

"五卅运动"的爆发,源于帝国主义的暴行以及中国民众的觉醒。尤其是1925年5月30日,上海工人和学生为抗议日本资本家枪杀工人代表顾正红而举行游行示威,遭到英国巡捕的血腥镇压,引发了震惊中外的"五卅惨案"。这一事件成为导火索,点燃了全国范围内的反帝怒潮。

在"五卅运动"中,青年学生发挥了重要的先锋作用。他们积极响应党的号召,与工人阶级并肩作战,通过罢工、罢课、游行等方式,唤醒民众的民族意识。"五卅运动"作为中国共产党领导的第一次全国性反帝运动,标志着中国人民在反抗外来压迫、争取民族独立的道路上迈出了坚实的一步。上海艺术大学的学生在"五卅运动"中表现突出,但也因学校当局对学生运动的压制而产生不满,这为中华艺术大学的成立埋下了伏笔。

(二)中华艺术大学的成立

中华艺术大学,成立于"五卅运动"后的学生爱国运动中。

1925年12月，上海艺术大学的罗通仪①等80多名学生，为反抗学校当局对学生运动的压制，在该校教授陈望道、陈抱一、丁衍镛等支持下，宣布脱离上海艺术大学，以学生租住的青云路广益里宿舍为临时校舍，成立中华艺术大学。广益里位于青云路东首，靠近桥的北侧，与曾经的上海大学所在地师寿里位置非常接近，实际上两者是邻弄。不过，"广益里"只是临时校舍，于12月31日开学上课。当时学校采用行政委员会制，陈望道任校务行政委员会负责人，不设校长，也无主任或主席之称谓。

（三）办学特色与师资力量

1926年1月15日，中华艺术大学在《申报》上刊登招生广告，招收各科学生。根据中华艺术大学招生委员会发出的广告记载："本大学西洋画科、中国画科、中国文学科、各招新生五十名。艺术教育科一百名（分图画音乐系、图画手工系）及西洋画科二三年级、中国画科二年级、中国文学科二年级、刺绣科二年级、图音系二三年级、图工系二年级各级均招插班生十五名。报名自即日起至2月29日止。考试自即日起至2月29日止，每日上午九时至十二时在本校试验。如有相当程度者由各县教育局备文保送准予免试。开学3月1日。索章附邮票四分。校址上海闸北江湾路花园街（六三花园附近）。"②

根据这份招生简章，可以明显看出：一是中华艺术大学的招生门槛较低，招生范围广，有相当程度者还可以由教育局备文保送准予免试，为更多学生提供了继续学习的机会。二是其课程设置丰富多样，涵盖了艺术和文学等多个领域，体现了学校对不同艺术形式和文化领域的重视，旨在培养学生的综合艺术素养。三是分层次招生，学校不仅招收新生，还招收二年级和三年级的插班生，学生可以根据自己的学习进度和基础选择合适的年级入学。四是考试时间灵活，从1月15日起至2月29日止，每日上午9—12时均可参加考试，为考生提供更多选择空间。五是注重实践与理论结合,学校不仅注重理论教学,还强调实践能力的培养,这种理论与实践相结合的教学模式,体现了学校对艺术教育全面性的追求。

1926年,中华艺术大学在《寰球学生会特刊》发布的《上海著名大学调查录》中名列第五。该校采用行政委员会制,不设校长,由陈望道、陈抱一、丁衍镛、张聿辉、黄鸣详、王陶倩等行政委员共同管理校务,体现了学校的民主性和开放性。师资队伍强大,陈望道担任行政委员会负责人兼文学科中国文学系主任,陈抱一任绘画科西洋画系主任,丁衍镛任艺术教育科主任,钟慕贞任图画音乐系主任,张聿辉任图画手工系主任。洪野、刘大白、谢六逸、曹聚仁、徐蔚南、熊季晃等也在校任教,徐悲鸿等知名艺术家也曾在此教学。这些教师不仅在艺术创作上成就突出,还在思想启蒙和革命宣传方面发挥了重要作用。学校编制分为绘画科、艺术教育科、文学科、音乐科,下设西洋画系、中国画系、图画音乐系、图画手工系、中国文学系、西洋音乐系。每年3月和9月招考,中学毕业或有同等学力者均可报考。学费32元,宿费15元,膳费20元,收费水平适中,体现了教育普及的理念。

二、中国共产党改组中华艺术大学

(一)时代背景。1927年,蒋介石在上海发动"四一二"反革命政变,大肆屠杀共产党员和革命群众。7月15日,汪精卫在武汉召开"分共"会议,正式与共产党决裂,并对共产党员和革命群众进行大逮捕、大屠杀,第一次国共合作全面破裂。大革命失败后,大批革命家、进步知识分子从全国各地乃至海外集结上海,探索中国革命道路及无产阶级文化发展方向。1927年冬,太阳社、创造社和朝花社等文化团体在上海成立,倡导无产阶级革命文学,呼应国际上的左翼思潮,引进马克思主义文艺理论,并开展革命文学论争。

1929年6月25—30日,中共六届二中全会在上海举行,决定组建多种多样的文化团体、健全宣传机构、建立文化领导机构,有组织地开展理论宣传斗争。全会通过的《宣传工作决议案》指出:"为适应目前群众对于政治与社会科学的兴趣,党必须有计划地利用群众的宣传于刊物,以求扩大党的政治影响,党应当参加或帮助建立各种公开的书店、学校、通讯社、社会科学研究会,文学研究会,剧团,演说会,编译新刊等工作";文化工作委员会的任务是"指导全国高级的社会科学团体、杂志及编辑公开发行的各种刊物书籍"。③

1929年10月,在中共中央的领导下,成立以中央宣传部干事潘汉年为书记的中央文化工作委员会(简称中央文委),中央文委既是中共中央宣传部下设的执行机构,也是党直接领导文化团体的机构,它的成立标志着党从组织上加强对革命文化工作的直接领导。④在中宣部的统一部署之下,在中央文委的领导下,1929年10月,中国左翼作家联盟的筹备工作正式启动,筹备小组由潘汉年主持。

(二)改组中华艺术大学。1929年初,中华艺术大学搬迁至窦乐安路233号(今多伦路201弄2号)。由中共党组织接办中华艺术大学,并进行改组。陈望道被邀请担任校长,夏衍任教务长并兼任中国文学科主任,负责学校的日常行政事务。

改组后,中华艺术大学的教师队伍逐渐被左翼文艺骨干所充实,成为推动文艺大众化运动的重要阵地。除了共产党员夏衍和冯雪峰外,进步人士冯乃超、郑伯奇、钱杏邨、沈起予、阳翰生、彭康等在文学科任教,许幸之、沈西苓(沈叶沉)、王一榴(王敦庆)等在西洋画任教。⑤这些教师不仅在艺术和文学领域有深厚造诣,还积极传播革命思想,推动文艺大众化运动。

1927年大革命失败后,中苏文化交流受阻,日本文坛对苏联文学理论的译介和研究成为中国了解苏联左翼文化的主要渠道。很多有留日经历的中国革命作家和进步知识分子,以日文为媒介学习传播苏联无产阶级文化经验。其中最具代表性的是曾经留日的冯乃超、李初梨、朱镜我、彭康、李铁声5人。⑥

在陈望道的支持下,中华艺术大学的政治气氛非常活跃,师生们经常深入到工厂、社会中去发动各种群众运动,投入各项社会改革。大革命失败后,要在国民党统治区举行三四人以上的集会非常困难,而中华艺术大学却是当时能够举行半公开活动的极少数的几所学校之一。⑦因此,中华艺术大学又一度成为上海大专学校进步师生活动集会的场所,成为20世纪20年代末至30年代初左翼文艺运动的中心,也为"左联"在此成立奠定了重要的基础。

三、中华艺术大学是中国左翼文艺运动的重要阵地

(一)邀请鲁迅到校演讲

根据《鲁迅日记》的记载,鲁迅先生曾多次到中华艺术大学进行演讲,对师生们产生了深远的影响。

1930年2月8日:鲁迅以《近代美术思潮》为题进行演讲。⑧1930年2月21日:这次演讲没有明确的题目,主要是鲁迅先生对当时中国美术界的一些思考和看法。他提出青年美术家应该注意以下三点:不以怪炫人;注意基本技术;扩大眼界和思想。⑨1930年3月2日:鲁迅先生出席了在中华艺术大学召开的中国左翼作家联盟成立大会,并发表了题为《对于左翼作家联盟的意见》的讲话。在这次讲话中,鲁迅先生明确了左翼文艺的方向和任务,强调文艺与革命实践的结合,为左翼文艺运动指明了方向,也为中华艺术大学的师生们提供了重要的思想指引。1930年3月9日:鲁迅先生演讲题目是《美术上的写实主义问题》,演讲持续了一个小时。尽管事前没有发出通知,但演讲当天,学校里挤满了听众。鲁迅先生在演讲中深刻阐述了美术创作中的现实主义问题,用极其生动而幽默的语言对自己带来的两张画进行了对比分析。一幅是法国画家米勒的《拾穗者》,另一幅是香烟月份牌。米勒的《拾

穗者》虽然没有用精细的工笔描写,但却单纯、朴素、深刻动人,是真正的艺术品;而香烟月份牌上画的是上海的时髦女子,虽然画得很精细,但并不美,只是一幅俗恶的商业广告。鲁迅先生告诫青年艺术工作者要能反映现实生活,要能唤起人们向上的思想感情,要能区分美与丑、艺术与非艺术品。这次演讲对青年美术工作者来说,具有重要的启蒙教育意义,极大地影响了师生们的创作理念。[10]

这些演讲和活动极大地鼓舞了师生们的创作热情,推动了左翼文学的发展。在鲁迅的引领下,中华艺术大学的师生们积极参与左翼文艺创作,创作了大量反映社会现实和人民疾苦的作品。这些作品通过《萌芽月刊》《拓荒者》等左翼刊物广泛传播,产生了深远的社会影响。

(二)左联在中华艺术大学成立

1930年3月2日,在中华艺术大学召开中国左翼作家联盟成立大会。当时会场内黑板、讲台和长凳一应俱全,50多名参会者挤满了房间,大多是创造社、太阳社、我们社、引擎社、艺术剧社、时代美术社等进步团体成员,这天是星期日,不上课,南国剧社、中华艺术大学一些学生也闻讯赶来。大会主席团事先由发起人协商,经中央文委向大会推荐,代表举手通过,由鲁迅、夏衍、钱杏邨三人组成主席团。在大会上,潘汉年代表中央文委作了重要讲话,冯乃超报告筹备经过,郑伯奇对《中国左翼作家联盟理论纲领》作了说明,鲁迅、彭康、田汉、阳翰笙相继演说。

潘汉年在讲话中说明左联成立的背景及左翼文化的发展进入新阶段,指出左联成立的意义:一是显示它将有计划地领导发展中国的无产阶级文学运动;二是加紧思想的斗争,透过文学的艺术,实行宣传与鼓动而争取广大的群众走向无产阶级斗争的营垒。他的讲话为左联指明了发展方向。

鲁迅在成立大会上发表了题为《对于左翼作家联盟的意见》

的讲话,总结几年来革命文艺运动的经验教训,指出新文学发展应注意的观念和策略问题。他强调左翼作家一定要深入生活,要"和实际的社会斗争接触","明白革命的实际情形",对革命不能抱着罗曼蒂克的幻想和空谈。他指出今后应注意的几点:对旧社会和旧势力必须坚决、持久不断地进行斗争且要注重实力;革命文艺战线应该扩大;应当造出大群的新的战士,同时在文学战线上的人要有"韧"的精神;联合战线是以由共同目的为必要条件的,联合战线目的"都在工农大众",不能"只为了小团体"或"为了个人"。[11]鲁迅的讲话是对左联理论纲领的重要补充,对提高左联的战斗力起到重要作用。

大会选定夏衍、冯乃超、钱杏邨、鲁迅、田汉、郑伯奇、洪灵菲七人为常务委员,周全平、蒋光慈为候补委员,组成常务委员会,领导开展日常工作。这份常委名单,也由中央文委提名,经中央同意后提交大会投票选举通过,具有一定代表性。如冯乃超代表后期创造社,钱杏邨代表太阳社,鲁迅代表《语丝》社系统,田汉代表南国剧社,郑伯奇代表创造社元老,洪灵菲代表我们社。这个名单考虑到党与非党的比例,也考虑到除了文学以外其他文艺战线的组成,反应左联最初组成不仅包含文学界,也包括戏剧界的代表。[12]

大会通过 17 件提案,主要有:组织自由大同盟的分会,联络国际左翼文艺团体,成立马克思主义文艺理论研究会(又称理论研究委员会)、文艺大众化研究会(又称大众文艺委员会)、国际文化研究会(又称国际联络委员会)、漫画研究会,与各革命团体紧密联系,发动组织左翼艺术大同盟,出版机关刊《世界文化》(由上海泰东书局发行),参加工农教育事业等。

大会通过左联理论纲领及所附行动纲领。《中国左翼作家联盟理论纲领》指出,作为解放斗争的武器,诗人、艺术家要站在历史的前线,为人类社会的进步负起解放斗争的使命;作为国际左翼作家联盟的组成部分,要致力于世界无产阶级的解放运动,向国际反无产阶级的反动势力斗争。左联的成立,标志着中国共产党从思想上、组织上对革命文化开始全面领导,标志着五四运动以来文化工作者在历史新条件下的分化、组合及发展。[13]

(三)左翼戏剧在中华艺术大学的活动

1929年11月,郑伯奇、夏衍、冯乃超等人在上海共同发起成立了"上海艺术剧社","鲜明地提出无产阶级戏剧口号,积极开展进步戏剧运动"。[14]上海艺术剧社的组织架构中,郑伯奇为社长,夏衍和冯乃超负责宣传工作,沈西苓和许幸之分别负责导演和舞美设计。此外,剧社还汇聚了一批热爱戏剧的青年才俊,如朱光、石凌鹤、陈波儿、司徒慧敏、吴印咸等。

剧社成立后,积极排演并演出了多部具有深刻社会意义的剧目,包括美国作家辛克莱的《梁上君子》、法国作家罗曼·罗兰的《爱与死的角逐》、德国米尔顿的《炭坑夫》和雷马克的《西线无战事》等。这些作品以强烈的现实主义风格,生动揭示了工人阶级与资本家之间的矛盾冲突,有力地控诉了资本家和国民党反动派的种种罪恶行径。

为了培养更多的演剧人才,上海艺术剧社在中华艺术大学开办了戏剧讲习班。讲习班的授课讲稿后来被收录于剧社主办的《艺术月刊》《沙仑》以及后续编印的《戏剧论文集》中。此外,剧社还组织移动剧团深入工厂、学校等地进行演出,这些活动不仅丰富了群众的文化生活,更有力地配合了反对国民党文化"围剿"的斗争。

值得注意的是,上海艺术剧社的许多成员同时也是中华艺术大学的师生,这使得剧社与学校在人员和活动上实现了高度融合。尽管剧社并非在中华艺术大学正式成立,但该校为剧社提供了重要的活动场所和人员支持,两者之间的联系十分紧密。

1930年3月19日,上海艺术剧社联合南国社、摩登社等剧社共同发起成立了上海戏剧运动联合会,旨在联合上海各剧团的力量,共同推动戏剧运动的发展。1930年8月23日,在上海戏剧运动联合会的基础上,成立了中国左翼剧团联盟(简称剧团联),标志着左翼戏剧运动的进一步组织化和系统化。然而,由于剧团联成立后,艺术剧社、南国社相继被查封,其他剧社因种种原因无法开展活动,公开的剧演工作难以展开。为了扭转这一局面,中央文委决定改变剧团联的组织结构和活动方式,建立一个以个人自愿加入的剧联。1931年1月,以个人自愿参加的中国左翼戏剧家联盟(简称剧联)正式成立,取代了剧团联。选出以田汉为首的执行委员会,推刘保罗任总务,赵铭彝任组织部部长,郑君里任宣传部部长,杨邨人任党团书记。1931年10月,左联机关刊物《文学导报》第6、7期合刊发表了《中国左翼戏剧家联盟行动纲领》,明确指出左翼戏剧的主要任务是在白色区域开展工人、学生和农民的演剧活动。剧联通过独立演出、辅导工人和学生表演以及联合演出等多种方式,推动了左翼戏剧运动的深入发展。此外,剧联在全国范围内设立了多个分盟和小组,如北平、广州、武汉、南京等地的分盟,以及青岛、杭州、天津等地的小组。这些分盟和小组在各地开展了丰富多彩的戏剧活动,宣传抗日救亡,推动了左翼戏剧运动在全国范围内的发展。[15]

(四)左翼美术在中华艺术大学的活动

1930年2月,许幸之与沈叶沉、王一榴等人在上海发起成立了"时代美术社",社址设在中华艺术大学。[16]许幸之担任社长。该社以"美术运动应成为阶级斗争的武器"为宗旨,发表《时代美术社宣言》,抨击"为艺术而艺术"的观点。该社面向全国美术青年发布了一份宣言,倡导新兴美术运动,发起人许幸之、沈叶沉等在《艺术》《沙仑》《大众文艺》《拓荒者》等左翼刊物上接连撰文,向资产阶级艺术发起猛烈进攻。

时代美术社发起人许幸之、沈叶沉、王一榴等人参加了3月2日的左联成立大会。之后不久,在中华艺术大学召开了中国左翼美术家联盟(简称"美联")的筹备会。5月底中华艺术大学被查封,许幸之、沈西苓等36名师生被捕,时代美术社也受到严重打击。虽然工作受阻,但时代美术社开展的一系列活动也为美联的成立奠定了基础。党组织指示中央文委委派左联、社联的冯雪峰、王学文等人利用中华艺术大学的教务人员先后举办暑期文艺补习班、现代学艺研究所,许幸之等人被保释出狱后也在其中任教。

1930年7月中下旬,在法租界环龙路(今南昌路)上的暑期文艺补习班召开了美联成立大会。⑰出席大会的人数除美联盟员(来自时代美术社、一八艺社、上海美术专科学校、新华艺术专科学校、白鹅画会等)40余人外,还有左联、戏剧运动联合会以及上海反帝大同盟代表参加并演讲。大会通过了"参加一切革命的实际行动""供给各友谊团体画材""组织研究会、讲演会""组织美术研究所""领导各学校团体"等十项议决案,选出了许幸之、沈叶沉、于海、胡以撰、姚馥、张谔、陈烟桥、刘露、周熙九人为执行委员。这些执委代表了各个美术单位,以便各单位发展盟员的工作。执委会选出许幸之为主席,沈叶沉为副主席。推荐于海为书记(总干事)。美联总部设在中华艺术大学西洋画科。⑱

中华艺术大学于1930年8月再次被查封后,学校彻底被关。中华艺术大学虽然存在时间不长,但它在中国现代文化史上的地位,是不可替代的。中华艺术大学作为20世纪30年代中国左翼文艺运动的重要阵地,其发展历程与党的文化战略紧密相连,深刻影响了中国现代文艺的走向。在2025年左联成立95周年、"五卅运动"100年周年、中华艺术大学成立100周年之际,特撰写此文,以资纪念。

注释:

① 1925年12月30日上海《申报》:"上海艺术大学一部分教职员应学生罗通仪之请求,于日前组织中华艺术大学,校址即在80余学生所住之闸北广益里暂用,昨日已

经第一次委员会决议定于明日开课。"

② 梁溪雪:《左翼文艺运动中的"中华艺大"》,《澎湃新闻》,2020年6月11日,https://www.thepaper.cn/newsDetail_forward_7149329。

③ 陈彩琴、刘玉杰、柏婷编:《红流巨浪:上海左翼文化运动》,上海人民出版社2024年版,第25页。

④ 同上书,第26页。

⑤ 同上书,第31页。

⑥ 同上书,第6页。

⑦ 周晔:《陈望道与"新旧"中华艺术大学考》,《文汇报》2023年12月10日第6版。

⑧ 乔丽华:《"美联"与左翼美术运动》,上海人民出版社2016年出版,第8页。

⑨ 刘汝醴整理:《鲁迅先生1930年2月21日在上海中华艺术大学的讲演(记录稿)》,1976年南京师院《文教资料简报》总47、48期合刊。

⑩ 许幸之:《许幸之回忆录》,人民美术出版社1980版,第56页。

⑪ 鲁迅:《对于左翼作家联盟的意见——在左翼作家联盟成立大会上的演讲》,《萌芽月刊》1930年第1卷第4期。

⑫ 吴泰昌:《阿英忆左联》,《吴泰昌散文选》,花山文艺出版社1985年版,第441页。

⑬ 陈彩琴、刘玉杰、柏婷编:《红流巨浪:上海左翼文化运动》,上海人民出版社2024年版,第33—34页。

⑭ 曹树钧:《"剧联"与左翼戏剧运动》,上海人民出版社2014年出版,第14页。

⑮ 同上书,第19—20页。

⑯ 乔丽华:《"美联"与左翼美术运动》,第6页。

⑰ 同上书,第36—46页。

⑱ 同上书,第47—52页。

隐身幕后的战斗者
——鲁迅与《太白》半月刊

霍四通

民国时期著名期刊《太白》半月刊,名列生活书店同期发行的"四大杂志"(包括《文学》《译文》《世界知识》和《太白》),于1934年9月20日创刊,1935年9月5日停刊,一年内共出2卷24期,特辑2种。据生活书店1934年10月21日的第三次理事会议记录中徐伯昕先生报告社务的数据(报告事项第二项"出版情形"),在生活书店当年9月差不多同时创办的三份刊物中,《太白》的表现是最亮眼的:[①]

(3)世界知识半月刊(二十三年九月十六日创刊)八千(每期)定户约六七百

(4)太白半月刊(二十三年九月二十五日创刊)一万二千(每期)定户近一千

(5)译文(二十三年九月十六号创刊)三千二百份(每期)定户约一二百

《太白》杂志之所以能在短时间内获得广大读者的认可,取得如是影响,和鲁迅的支持是分不开的。实际上,当时生活书店出版发行的四大杂志,都和鲁迅有密切的关系。主编《译文》的黄源曾说:"鲁迅先生与生活书店的关系,其实主要是通过它在一九三三年下半年开始陆续出版发行的四种文学杂志建立起来的。"并描述这种关系是真正"战斗的关系。"[②]《太白》主编陈望道也回忆说,在《太白》的一年里,"鲁迅没有一刻停止过战斗"。③由于当时国民党当局施行严厉的书报审查制度,鲁迅的作品被列入重点查禁的对象,所以鲁迅也只能站在幕后,不断换用笔名,用"战斗的小品文"驱散黑暗,扫除丑恶,同反革命的"文化围剿"展开短兵相接的战斗,不屈不挠,直至《太白》终刊的最后时刻。

一、并肩战斗的友谊

陈望道能在 1934 年出任《太白》杂志的主编,带领刊物迅速打出名气,当然和他长期积累的丰富的出版、办刊经验有关,但更多的还是因为他获得了鲁迅的支持、推荐。

陈望道和鲁迅同为浙江人,都曾留学日本,回国后都在杭州的浙江第一师范学校任教(鲁迅任教的浙江两级师范学堂是其前身),都是立于反帝反封建斗争前沿的新文化运动猛将,最后也都因此被迫离职,经历非常相似。陈望道到浙江一师后积极提倡白话文,大力推动国文教学改革,不但授课一律改用白话,而且"以和人生最有关系的问题为纲,以新出版各杂志中关于各问题的文章为目",④大胆选用刚在《新青年》上发表不久的鲁迅《狂人日记》作为教材,引导同学们对旧道德和旧文化展开思辨和抨击。"我们在教国文时,就挑了鲁迅先生的《狂人日记》给学生学习,到讲课时,我们不讲文章本身,只讲了些文艺理论。同学们反映看不懂,我们就抓住了这问题,说明即使是白话文,学校里不学习不讲也是不行的,没有一定的思想基础也是看不懂的道理。"⑤正是在陈望道的积极引导下,学生施存统发表了惊世骇俗的《非"孝"》一文,引发了"一师风潮"的爆发。鲁迅十分关注"一师风潮"的进展,风潮平息后,他高兴地对人说:"十年前的夏震武是个'木瓜',十年后的夏敬观还是一个'木瓜',增韫早已垮台了,我看齐耀珊的寿命也不会长的。现在经子渊、陈望道他们的这次'木瓜之役'比十年前的我们那次'木瓜之役'的声势和规模要大多了……看来,经子渊、陈望道他们在杭州的这碗饭是难吃了。……不过这一仗总算打胜了!"⑥不久后,鲁迅收到陈望道寄来的《共产党宣言》中文首译本后,又大加称赞说:"这个工作做得很好。现在大家都在议论什么'过激主义'来了,但就没有人切切实实地把这个'主义'真正介绍到国内来,其实,这倒是当前最要紧的工作。望道这次埋头苦干,把这本书翻译出来,对中国做了一件好事。"他委托周作人写了回信,并寄赠珍藏多年的《域外小说集》初版本作为答谢。⑦此后,陈望道因编辑《新青年》及参加文学研究会活动与鲁迅保持着交往。

陈望道与鲁迅惺惺相惜,在1927年鲁迅定居上海后,两人交往日益密切。1928年9月,陈望道与友人开办大江书铺,出版了大量进步书籍,还创办了《大江》月刊,成为推动左翼文化运动的重要据点。鲁迅对大江书铺和《大江》月刊都给予了全力支持。鲁迅把多部书稿交给大江书铺出版:为大江书铺的"文艺理论小丛书"翻译日本片上伸的《现代新兴文学的诸问题》,为"艺术理论丛书"翻译苏联卢那卡尔斯基的《艺术论》。⑧《大江》办了3期,就刊登了鲁迅的3篇作品:创刊号上刊登了译文《捕狮》,第二期上刊载了译文《北欧文学的原野》、通信《关于"粗人"》(笔名"封余")。此外还有跟鲁迅有关的"文坛近讯"多则。

当时大江书铺的广告,都非常借重鲁迅的声名。《申报》(1928-10-28)载"大江书铺"的广告,内含介绍《大江》月刊的文字:

> 据说他们目下先办一种杂志,叫《大江月刊》,有鲁迅、陈望道、茅盾、谢六逸、沈端先、胡仲持、冯三味、汪馥泉、滕固、汪静之、章铁民、邱望湘、叶鼎洛、施存统、李平凡、赵景深、裘桂常、褚保时等数十人撰稿。

> 大江书铺出版的书籍,据说也已有了很好的计划,今年大约要出版十部左右的名著名译,据说已定当待付印的,有鲁迅

译罗那却斯基著的《新艺术论》。

　　罗氏底《新艺术论》,早听得懂英文懂日文的朋友讲起过,是现代的一部大著作,一反从前抛开社会讲艺术的艺术论,鲁迅氏加以"新"字,其殆有深意乎,这样一部大著作,至今不曾有人译出来,来一解我们底饥渴,真使人闷煞,然而现在有了,而且是鲁迅氏来翻译的。

　　1930年4—5月,在陈望道的邀约下,鲁迅主编的《文艺研究》在大江书铺出版,这本季刊仅出一期就被国民党当局查禁,但也见证了两人的深厚情谊。⑨

　　可以说,陈望道和鲁迅当时是在并肩战斗着的。在《申报》编辑"电影专刊"的石凌鹤就曾回忆1930年2月12日他参加自由大同盟(中国自由运动大同盟)成立大会的场景:"我到会的时间是三四点钟。其时已经到了许多人,除了艺术剧社的几个熟人外,几乎全不相识。其中有好些人比我年长。经人指点,正在发言的是翻译《共产党宣言》的陈望道,坐在厅堂右手一排大椅子上吸水烟袋、蓄着短胡的是大名鼎鼎的鲁迅先生。"他印象特别深刻的是,"陈望道先生的讲话,主要内容是呼唤民主自由,简单扼要,道理清新",而吸水烟袋的鲁迅,"一个纸捻又一个纸捻地燃点着,咕噜咕噜地鼻孔里喷出青烟,始终不愿发言。但最后宣布签名时,他第一个站起来,手执方桌上的毛笔,在"中国自由运动大同盟"的宣言上签上'鲁迅'二字"。⑩生动还原了陈望道和鲁迅并肩作战的历史画面。

二、"特别"编委和撰稿人

　　《太白》是在大众语论战如火如荼之际应时而生的。而大众语论战正是左翼文坛"文艺大众化"讨论的重要阶段。《太白》作为"白里透红"的左翼文学期刊,始终得到了左联"盟主"鲁迅及其周围众多进步作家的全力支持。

1934年6月，陈望道与陈子展、胡愈之、乐嗣炳、夏丏尊、傅东华、叶绍钧、曹聚仁、黎锦晖、黎烈文、马宗融等12人发起大众语运动，提出白话文必须进一步接近群众口语，建立真正以群众语言为基础的"大众语"和"大众语文学"。众发起者提出请鲁迅领导这场运动。实际上，大众语运动也得到了鲁迅的大力支持。鲁迅明确表态说"我是赞成大众语的"。⑪他陆续发表的《门外文谈》更成为大众语发起者发表系列文章的"压台戏"。如果说陈望道是大众语运动的"前驱"，那么鲁迅就是大众语运动的"舵手"。⑫

　　1934年号称"杂志年"，当年创办的刊物，约有四五百种之多。⑬所以在这股热潮之下，陈望道等人萌发了创办大众语杂志的念头。当时不少反对者嘲讽提倡大众语的人，"却只会空嚷，拿不出货色，这足见大众语运动的空虚、无聊"。⑭鲁迅也提到"反对大众语文的人"总是叫嚷"拿出货色来看！"⑮魏猛克在《干点切实的工作》中主张立刻动手干点切实的工作，通过创办刊物，促进大众语"更加接近大众，与大众的实生活联系"；"我们还要有多种所谓'通俗'的刊物……内容以描写和记录大众的实生活为主，多设通讯，问答栏，并且征求大众自己的写作，以训练真正的大众作家。"他呼吁书店方的支持："这次参加'大众语'讨论的诸先生，与书店有关系的并不少，我希望热心的诸位，不要忽略了这些事才好。"⑯论战的重要干将胡愈之是生活书店的主事者之一，由生活书店来发行大众语的刊物成为义不容辞的责任。

　　1934年9月初，陈望道、乐嗣炳等人就在上海"一品香"邀请茅盾、郑振铎等人聚会讨论杂志宗旨。9月3日，又委托鲁迅邀请一批新进作家在东亚酒店聚餐，以期得到社会各界支持。当时陈望道提议的备选刊名有"话匣子""瓦釜""话本""太白"等，⑰最后由鲁迅拍板决定。取名"太白"，含义有三：一是表示"白而又白""比白话还要白"的意思，反映了要对当时有脱离群众语言倾向的"白话"加以改革，使文学语言更接近民众、有利于表现革命的思想内容的主张。二是,"太白"二字笔画简单明了,易识易写,反映了当时要对汉字加以简化的改革主张。三是"太白"有"启明星"的意思,象征着在黎明前的黑暗中的战斗。这些含义充分说明了《太白》的创刊是在大众语运动助推下"应运而生"的产物。

《太白》创刊号刊登了"本刊编辑委员"的11人名单:艾寒松、傅东华、郑振铎、朱自清、黎烈文、陈望道、徐调孚、徐懋庸、曹聚仁、叶绍钧、郁达夫。名单里并没有鲁迅的名字。这是因为根据当时斗争的条件和需要,鲁迅提出《太白》编辑委员的名单中他不要露名。实际上,隐身幕后的鲁迅对于《太白》杂志的关心和支持超过了其他所有编委。据陈望道回忆"就是经我和鲁迅先生讨论决定的。记得当时似乎曾拟了几个名称。鲁迅先生说我赞成用《太白》"。鲁迅还指示:"这几层意思,我都赞成,但不必对外界讲。"所以刊物对外界也就什么都没有说明。刊头不请人题字,而从碑帖中掇取"太""白"两字,这也是同鲁迅一起商量决定的。[18]

正是经鲁迅的多方联络,《太白》的编辑委员会才得以组建。例如,郁达夫列名编委会中,就是经鲁迅的推荐和通知。他在9月10日写信给郁达夫说:"生活书店要出一种半月刊,大抵刊载小品,曾请客数次,当时,定名《太白》,并推定编辑委员十一人,先生亦其一。时先生适在青岛,无法寄信,大家即托我见面时转达。今已秋凉,未能再见面,想必已经返杭州,故特驰书奉闻。"[19]

《太白》在1934年9月20日的创刊号上列出了它的特约撰稿人,有68位。同样也不包括鲁迅。但根据实际发表文章数目的统计,鲁迅是当之无愧的头号撰稿人。陈望道回忆说:"鲁迅没有一刻停止过战斗,是《太白》撰稿最多的人。"[20]这是符合事实的。《太白》24期共发表577篇文章。发表文章数前十的作者为:周木斋(33篇)、鲁迅(25篇)、茅盾(23篇)、周建人(克士,19篇)、陈子展(15篇)、马宗融(13篇)、陈望道(12篇)、贾祖璋(12篇)、唐弢(11篇)、顾均正(11篇)。从数量上,鲁迅发表的文章有25篇,加上在《小品文和漫画》纪念特辑上发表的 2 篇,数量上虽然"屈居"第二,但考虑到周木斋有一大半的文章为"掂斤簸两"栏三言两语的"短文(笔名"不齐",17 篇)"[21]所以即便不论文章的水平、影响,不算鲁迅"被反动派扼杀"的文章,光从体量上看,说鲁迅是《太白》"撰稿最多的人"是没有任何疑义的。

但在当时的环境下,鲁迅被迫采用多个笔名。鲁迅说:"对于《太白》,时亦投稿,但署名时时不同。"[22]在《太白》上,鲁迅先后使用的笔名有 16 个之多。具体为:署名公汉 4 篇,均在"短论"栏:《不知肉味与不知水味》(1 卷 1 期)、《中国人失掉自信力了吗》(1 卷 3 期)、《运命》(1 卷 5 期)、《"招贴即扯"》(1 卷 11 期);署名直入 4 篇,均在"掂斤簸两"栏:《某字的第四义》(2 卷 3 期)、《"有不为斋"》(2 卷 5 期)、《两种"黄帝子孙"》(2 卷 7 期)、《聚"珍"》(2 卷 12 期);署名黄棘、长庚、且介、杜德机、越山者各发了 2 篇;署名焉于、华圉、何干、旅隼、赵令仪、敖者、姜珂、越丁、鲁迅者各发了 1 篇。

其中,焉于和华圉均为"文选"栏转载原文所用笔名。《批评家与创作家》(收录《花边文学》集改题"看书琐记(三)")原载 1934 年 8 月 23 日《申报·自由谈》,署名焉于;《门外文谈》分 12 节连载于 1934 年 8 月 24 日至 9 月 10 日《申报》副刊《自由谈》,署名华圉,《太白》选登了后半部的第 6—12 节。

采用笔名也只是斗争手段之一。当时,"凡是鲁迅先生的稿件,都是排印了以后再送校的"[23],就是为了防范反动当局通过原稿认出鲁迅的笔迹,而对鲁迅加以追踪和迫害。

三、日记、书信中所见对《太白》的支持

鲁迅对《太白》的支持,在这一年的日记和书信中有详细的记录。从 1934 年 8 月—1935 年 8 月的一年时间里,《鲁迅日记》里记载和陈望道的联系交流事有 44 则[24],远超大江书铺时期 1928

年5月—1930年5月两年间的20余则。[25]1934年8—10月为杂志的筹备期和初期,日记凡9则。1935年的8个月有32则,平均每个月4则。其中4月8则,为杂志稳定运行的中间期,8月7则为结束期,两月记录数均超均值,可从中窥见两人为处理杂志事务的操劳。统计一年的日记,得陈望道信凡16通,寄、复陈望道信凡27通,为研究《太白》事出席宴请2次,收《太白》稿费6次。最重要的是,这些日记详细记录了鲁迅的投稿情况,具体见下表:

日期	日记文字	所涉《太白》文章	《太白》刊期	刊出日期
1934-08-31	上午寄望道信并稿一篇	《不知肉味和水味》	1卷1期	1934-09-20
1934-09-26	上午寄望道信并稿二篇	《考场三丑》《中国人失掉自信力了吗?》	1卷3期	1934-10-20
1934-10-24	即复并附稿一篇	《运命》	1卷5期	1934-11-20
1935-01-26	寄望道信,附稿二篇	《隐士》《"招贴即扯"》	1卷11期	1935-02-20
1935-02-15	夜寄陈望道信并短文二	《"骗月亮"》《书的还魂和赶造》	1卷12期	1935-03-05
1935-02-24	午后寄望道信并稿一	《论俗人须避雅人》	2卷1期	1935-03-20
1935-03-01	寄望道信并稿二篇	《漫谈"漫画"》《漫画而又漫画》	特辑《小品文和漫画》	1935-03
1935-03-08	八日晴。上午寄望道信并稿一	《"寻开心"》	2卷2期	1935-04-05

续表

日期	日记文字	所涉《太白》文章	《太白》刊期	刊出日期
1935-04-03	寄望道信并"掂斤簸两"三则	《"某"字第四义》《"天生蛮性"》	2卷3期	1935-04-20
		《死所》	2卷5期	1935-05-20
1935-04-29	寄望道信并"掂斤簸两"两则	《中国的科学资料》《"有不为斋"》	2卷5期	1935-05-20
1935-06-07	下午寄望道信并"掂斤簸两"一则	《两种"黄帝子孙"》	2卷7期	1935-06-20
1935-07-02	上午寄望道信并稿二篇	《名人和名言》《"靠天吃饭"》	2卷9期	1935-07-20
1935-08-24	寄陈道信并短论稿二篇	《论毛笔之类》《逃名》	2卷12期	1935-09-05

发表时间距寄稿时间都较短,一般为20天左右,少有超过一个月的;后期"掂斤簸两"稿则只有10余天。可见,《太白》对鲁迅的来稿是极为重视、特别对待的。

另外,鲁迅在《太白》的发表情况还见于这一年的书信中。1934年11月12日,鲁迅在致萧军、萧红夫妇的信上写道:"《太白》二期所录华圉作的《门外文谈》,就是我做的。"1935年5月22日致邵文熔的信中说:"对于《太白》,时亦投稿,但署名时时不同,新出之第五期内,有'掂斤簸两'三则,及《论人言可畏》一篇,实皆拙作也。"[25]这三则即刊于2卷5期的《死所》、《中国的科学资料》和《有不为斋》》。

日记、书信中亦有不少鲁迅向《太白》推荐新人新稿的记录。如1934年9月24日给青年木刻家何白涛的信中说:"先生所刻之

《风景》一幅,曾寄与太白社,他们在第一本上印出,得发表费四元,此款希即在书款中扣除为幸。"[27]后来何又寄来两张木刻,鲁迅在12月15日写信说:"这回的两张木刻,《收获》较好,我看还是绍介到《文学》去罢,《太白》的读者,恐怕是比较的不大留心艺术的。"[28]信中可见鲁迅对《太白》的读者定位有自己的判断。

1935年鲁迅多次向《太白》推荐萧红、萧军的作品。2月8日的日记中载"寄陈望道信并悄吟稿一篇",并于第二日写信给萧军、萧红告知"今天已将悄吟太太和那一篇寄给《太白》"。3月8日日记载:"上午寄望道信并稿一。又萧军稿一。"一个月后又接连写两信给萧军,前一信告知"前天看见《太白》广告,有两篇一同发表",后信转寄太白社所寄稿费单,嘱萧军去福州路复兴里生活书店去取稿费。[29]7月2日的日记记载又推荐萧红稿一次:"上午寄望道信并稿二篇,又悄吟稿一篇。"此稿即发表于2卷10期(8月5日出版)的"速写"栏《三个无聊人》。

四、奠定《太白》的立场、风格和走向

《太白》是"简明文字的语言艺术杂志",以小品文为主。杂志是在鲁迅的直接关怀和支持下创办的,"在鲁迅先生的影响下,形成自己的独特风格"。[30]

《太白》创刊时,与反动当局的文化"围剿"相配合,宣扬"以自我为中心,以闲适为格调"的小品文大行其道,标榜"幽默"、灵性的"帮闲文学"杂志如日中天。以鲁迅为代表的进步作家与之展开了针锋相对的斗争。鲁迅将小品文比作"是匕首,是投枪,能和读者一同杀出一条生存的血路的东西",其所具审美因素亦服务于战斗功能:"它也能给人愉快的休息,然而这并不是'小摆设',更不是抚慰和麻痹,它给人的愉快和休息是休养,是劳作和战斗之前的准备。"[31]在鲁迅的影响下,《太白》的小品文是崇尚科学、追求进步的战斗的小品文,清新、刚健,为大众喜闻乐见,而不是少数文

人躲在"象牙塔里"的自娱。不惟如此,杂志在形式上,"题材多样化,提倡木刻,版面设计、封面装帧相当别致。《太白》二字是由碑帖中集纳的,配以花鸟蔬果的套色笺刻一幅,都取自鲁迅和郑振铎编辑的《北平笺谱》。使刊物面貌既适应于当时的环境,又格新神焕,雅俗共赏"。[32]正因为《太白》的清新脱俗、独具一格,才使得杂志脱颖而出,风行一时。

可以说,鲁迅奠定了《太白》的立场、风格和走向。《太白》栏目的设立,都是围绕着小品文,努力开拓小品文的新领域、培育新体裁。如胡风《略谈"小品文"与"漫画"》(载《小品文和漫画》)论述小品文除了"人身攻击"的杂文外,其他种类的小品文基本上都来自《太白》设立的栏目名称:

> 这杂文,差不多成了所谓"小品文"的重要内容,以外还有——随笔漫谈,读书记,速写,风俗志或游记等。大概地说来,杂文(杂感)、随笔漫谈、读书记等是文艺性的论文,从论理的侧面反映社会现象,而速写、风俗志、游记等是文艺性的记事,由形象的侧面来传达或暗示对于社会现象的批判。

这些栏目的设置都得到了鲁迅的指导和帮助。唐弢《"编辑"三事》重点回忆了鲁迅对设置"掂斤簸两"栏目的指导,他说:"1935年1月,《太白》半月刊出版到第一卷第八期,在新年号里增设一个用来填补空白的专栏,栏名'掂斤簸两',分散插在正文的后面。"这得到了鲁迅的赞赏。鲁迅指出:"我一向反对刊物的文章排得太满,密密麻麻,看了使人有压窄之感,不舒畅。不过正文后面留下许多空白,也确实很可惜。《掂斤簸两》好,排得小些,和正文区别开来,必要时加上花边。既像花饰,又批评了坏现象,这能使刊物活泼起来。"[33]

《太白》的小品文,字里行间都充满了鲁迅所提倡的战斗气息。很多文章都对"论语派"林语堂进行了不留情面的嘲讽和批评。如创刊号上陈子展《晋人小帖》:"文人的所谓'酸腐','伧俗',要算明朝这般文人集其大成。倘若我们要找什么'性灵''闲适''个人笔调'一类的东西,从《袁中郎集》《近代散文抄》等书里面去找,一定叫你失望,因为明朝文人,任他是一个怎样豪杰之士,总脱不了当时圣人酸腐气(方巾气?)才子伧俗气交流的一种气氛。"文末还借林语堂新近发表的《无字的批评》一文来嘲讽,提出老庄哲学是晋宋时代思想上的主潮,这会"帮助我们更理解晋宋短启的来源,也就更能欣赏这种小品文。倘若我们站在提倡小品文的立场,抄晋人小帖实在比抄明人尺牍更觉风雅"。1935年1卷9期上卞正之的短论《"言志"与"载道"》,开门见山地将林语堂的言论树为靶子:"最近林语堂先生跋了一篇译文,说'西洋杂志文全无士大夫气,书本气,方巾气。'"鲁迅在2卷2期上发表《"寻开心"》,嘲讽林语堂称赞《野叟曝言》的事:"这一部书是道学先生的悖慢淫毒心理的结晶,和'性灵'缘分浅得很,引了例子比较起来,当然会显出这称赞的出人意外。但其实,恐怕语堂先生之憎'方巾气',谈'性灵',讲'潇洒',也不过对老实人'寻开心'而已,何尝真知道'方巾气'之类是怎么一回事。"

在第一卷出版期间,《太白》杂志社还约请一批作家撰文谈自己对小品文与漫画的看法。陈望道将收到的58篇文章编成一本专书《小品文和漫画》,作为"《太白》一卷纪念特辑",1935年由上海生活书店出版。特辑收录文章的基调,总体上大多近于鲁迅。

倡导大众语是《太白》的办刊"初心"和重要主题。鲁迅在《太白》发表的文章里更是不遗余力地支持陈望道、声援大众语。1934年8月25日,鲁迅在《中华日报·动向》发表《汉字和拉丁化》,文中介绍了他自己的经验:只要下工夫,土话文学作品都是可以懂的。比如《海上花列传》,就让自己"足不出户"地懂了苏白。先是不懂,硬着头皮看下去,参照记事,比较对话,后来就都懂了。对比陈望道在《太白》创刊号登载的《方言的记录》一文:"……所以提出的方案有三,没有一案离开方块字的,一案是'海上花'式的,纯用方块字;一案是拉丁化的,旁注方块字;还有一案是蚕食残叶的,两种字搀用。"很明显,陈望道文中的一些论述或者说观点受到了鲁迅影响。例如,文中所举《海上花列传》的例子,说"只要不怕吃苦便差不多谁也可以懂",写的完全就是鲁迅的经历。

陈望道《保守文言的第三道策》[34]回顾了文言和白话的斗争史,对章太炎的"白话比文言还要难做"的言论提出批评。由于矛头直指海内名宿章太炎,给陈望道和《太白》都带来不小的压力。这时,鲁迅著文公开支持陈望道的观点。"《太白》二卷七期上有一篇南山先生的《保守文言的第三道策》,他举出:第一道是说'要做白话由于文言做不通',第二道是说'要白话做好,先须文言弄通'。十年之后,才来了太炎先生的第三道,'他以为你们说文言难,白话更难。理由是现在的口头语,有许多是古语,非深通小学就不知道现在口头语的某音,就是古代的某音,不知道就是古代的某字,就要写错。'"鲁迅不留情面地将自己的老师章太炎列为"专门家的话多悖"的代表:"太炎先生是革命的先觉,小学的大师,倘谈文献,讲《说文》,当然娓娓可听,但一到攻击现在的白话,便牛头不对马嘴,即其一例。"[35]

五、为什么和《译文》一起终刊

鲁迅的影响绝不仅止于《太白》杂志出版物上的27篇文章。杂志只是一个平台,如果没有好文章,没有好作者,那么肯定是难以为继的。而因为鲁迅,好的话题、好文章不断涌现,年轻的作者也不断被培养出来。可以说,鲁迅是《太白》这个平台的"内容提供者"。

《太白》创刊号第一篇文章,就是鲁迅批评国民党政府组织大规模祭孔、尊孔活动的《不知肉味与不知水味》(署名"公汗")。鲁迅的支持,吸引了大量的进步青年加入到《太白》的作者队伍中来。一些重要作者如周木斋、周建人、萧军、萧红等都是鲁迅吸引、介绍来的。"左联"作家是大众语论战最积极的参加者,也是《太白》最重要的作者群体。郭沫若、徐懋庸、廖沫沙、祝秀侠、夏征农、欧阳山、草明、艾芜、洪深、聂绀弩、任白戈、羊枣、沈起予、杨骚等各地左联作家刊发的作品有100多篇,占篇数的1/5强。此外接近"左联"的进步作者也为数不少。这些作者多多少少都跟鲁迅有或近或远的关系。

　　《太白》是青年的杂志,作者和读者基本上都是年轻人。很多年轻作者也借由这个平台走上文坛。这些作者都深受鲁迅影响。当时有个制版工人叫高而,有中学文化水平,爱读鲁迅的杂文。在当年左翼文化界倡导的大众语运动中,他以工人作者身份,在《动向》及其他刊物上发表了不少文章。并用拉丁化上海方言,写过几篇作品。他根据自己所熟悉的制版工的生活经验写成一篇散文《小张》,发表在《太白》上(2卷1期)。罗竹风也是深受鲁迅影响的左翼文学青年。他于1932年在北平加入反帝大同盟,继续从事抗日救亡活动。不久加入世界语联合会,在职工和学生中开展宣传、推广拉丁化新文字的工作。1934年11月《太白》半月刊发表他的散文《看画》,赞美鲁迅倡导的新兴版画,也对丰子恺贴近生活、抒写人民群众的漫画给予好评。

　　鲁迅对陈望道主编的《太白》是很有感情的。但在国民党的高压统治下,《太白》的出刊困难重重,朝不虑夕。鲁迅在1934年年末的一封信中写道:"至于期刊,我给写稿的是《文学》《太白》《读书生活》《漫画生活》等,有时用真名,有时用公汗,但这些刊物,就是常受压迫的刊物,能出到几期,很说不定的。出版的那几本,也大抵被删削得不成样子。……黑暗之极,无理可说。"[36]愤怒之情,溢于笔端。1935年2月14日给一友人的信中又说:"上海有官立的书报审查处,凡较好的作品,一定不准出版,所以出版界都是死气沉沉的。杂志上也很难说话,现惟《太白》《读书生活》

《新生》三种尚可观,而被压迫也最甚。"㊲

鲁迅在《〈且介亭杂文〉附记》中具体讲述了文稿被审查官肆意删削的遭遇:

> 《不知肉味和不知水味》是写给《太白》的,登出来时,后半篇都不见了,我看这是"中央宣传部书报检查委员会"的政绩。那时有人看了《太白》上的这一篇,当面问我道:"你在说什么呀?"现仍补足,并用黑点为记,使读者可以知道我其实是在说什么。
>
> 《中国人失掉自信力了吗》也是写给《太白》的。凡是对于求神拜佛,略有不敬之处,都被删除,可见这时我们的"上峰"正在主张求神拜佛。现仍补足,并用黑点为记,聊以存一时之风尚耳。㊳

《太白》的每期文稿都需送上海图书杂志审查委员会审查,迫于当局的淫威,最终被迫"自动停刊"。编委之一的徐懋庸说:"许多很好的文章,虽然通过了陈望道先生和排字工人之手,最后仍不能与读者相见——这事实是我所深知的。因此,我若站在编辑委员的立场来说从旁看到这编辑的经过,我要说《太白》的实际的编辑者,是尽了最善的努力的。但若站在不明白出版界的环境的读者的立场,则对于这一年来的《太白》,实在不能说出十分满意的话。据说在某一时期,《太白》的销数是跌落过的,那原因恐怕就在于读者的不满。由此可知这一年环境对于文化事业的直接和间接的影响是如何的大了。"㊴据陈望道回忆:"后期的《太白》内容大不如前,并非没有好文章,是被反动派扼杀了,以后更不成样子了,于是,我们出完第二卷,就决定停刊";"我们宁为玉碎,决不稍事妥协以求瓦全。"㊵

当然,《太白》的终刊也与鲁迅有一定的关系。1935 年,《译文》期刊销量不好,引起了鲁迅和生活书店的矛盾,由于在黄源担任编辑及"译文丛书"出版等事情上意见不合,鲁迅与生活书店决裂。[41]陈望道与鲁迅共荣辱,同进退,《太白》的命运由此可想而知。但追根溯源,《太白》终刊终究是国民党"文化围剿"的结果。虽然1935年6月"《新生》事件"发生,导致"气焰万丈"的上海图书杂志审查委员会撤销,但那也是几个月后的事,而且南京的国民党中央图书杂志审查委员会依然存在,严苛的查禁制度并未削弱丝毫,而且,"不测之威"有时更让人不寒而栗。在这个环境下,刊物颓势难挽,而终刊决心既下,陈望道便接受了去广西任职的邀约。这样,几乎在同时,《太白》和《译文》选择了一起终刊。这背后的诸多原因、复杂博弈,还值得今后作进一步的考索。

(复旦大学望道研究院、复旦大学中文系)

[本文系国家社科基金项目"《共产党宣言》陈望道译本互文性研究"(项目号:22BKS059)阶段性成果]

注释:

① 《生活书店会议记录1933—1937》,中华书局2018年版,第40页。原稿中开会日期缺失,据该书第384页"会议记录原稿散页",当为1934年10月21日。
② 黄源:《鲁迅先生与生活书店——为"三联书店"成立三十周年纪念而作》,王世襄等:《我与三联》,生活·读书·新知书店2008年版。
③ 尚丁:《〈太白〉主编谈〈太白〉》,《出版史料》第1辑,学林出版社1982年版。
④ 朱文华:《中国近代教育、文学的联动与互助》,复旦大学出版社2015年版,第332页。
⑤ 陈望道:《"五四"时期浙江新文化运动》,《浙江省青年运动史研究参考资料》1982年第1辑。
⑥ 上海电影制片厂原《鲁迅传》技术顾问沈鹏年于1961年、1962年访问周作人记录,转引自邓明以:《陈望道传》,复旦大学出版社2005年版,第35、37页。
⑦ 余延石:《鲁迅和〈共产党宣言〉》,《鲁迅研究资料》第1辑,文物出版社1976年版,第299页。
⑧ 俞宽宏:《鲁迅、陈望道与大江书铺关系考论》,《中国出版史研究》2023年第2期。
⑨ 施晓燕:《鲁迅、陈望道与〈文艺研究〉》,《上海鲁迅研究》2023年第4期。
⑩ 凌鹤:《参加左联的前前后后》,《新文学史料》1980年第1期。

⑪ 鲁迅:《341112 致萧军、萧红》,《鲁迅全集》第十三卷,人民文学出版社 2005 年版(本文所引《鲁迅全集》各卷皆此版,下略),255 页。

⑫ 《乐嗣炳谈大众语运动和鲁迅先生》,文振庭编《文艺大众化问题讨论资料》,上海文艺出版社 1987 年版,第 409—412 页。

⑬ 参徐懋庸:"虽然没有到一千五百种左右——恐怕连五百种也还不到吧?——但就自己国内说来,这两年中所发行的杂志,比先前总增加得多,颇热闹了。所以有'杂志年'之称。"(《要办一个这样的杂志——作为对于〈太白〉编辑委员会的提议》,《太白》1934 年第 1 卷第 1 期);一介(陈望道):"有人统计,今年新出版的定期刊,大约有四百多种——即新增了十倍左右,于是所谓'杂志年',当真名不虚传。"(《明年又是什么年》,《太白》第 1 卷第 7 期)。

⑭ 徐懋庸:《请看客观环境》,载宣浩平编《大众语文论战》(续二),启智书局 1935 年版,第 80 页。

⑮ 仲度(鲁迅):《汉字和拉丁化》,《中华日报·动向》,1934 年 8 月 25 日。

⑯ 猛克:《干点切实的工作》,载宣浩平编《大众语文论战》(续二),启智书局 1935 年版,第 77—78 页。

⑰ 曹聚仁:《怀太白》,《芒种》第 2 卷第 1 期,1935 年 10 月 5 日。

⑱ 陈望道:《关于鲁迅先生的片断回忆》,《鲁迅回忆录一集》,上海文艺出版社,1978 年版第 13—18 页。

⑲ 鲁迅:《340910 致郁达夫》,《鲁迅全集》第十三卷,第 207 页。

⑳ 尚丁:《〈太白〉主编谈〈太白〉》,《出版史料》第 1 辑,学林出版社 1982 年版。

㉑ 陈梦熊:《对〈太白〉"掂斤簸两"专栏短文作者的查证》,《出版史料》第 5 辑,学林出版社 1986 年版第 153 页;霍四通:《"不齐"不是陈望道》,澎湃新闻?翻书党,2022 - 03 - 30。

㉒ 鲁迅:《350522 致邵文熔》,《鲁迅全集》第十三卷,第 461 页。

㉓ 陈望道:《关于鲁迅先生的片断回忆》,《文艺论丛》第 1 辑,上海人民出版社 1977 年版。

㉔ 见《鲁迅全集》第十六卷。

㉕ 邓明以:《陈望道传》,复旦大学出版社 2005 年版第 116 页。

㉖ 鲁迅:《350522 致邵文熔》,《鲁迅全集》第十三卷,第 461 页。

㉗ 鲁迅:《340924 致何白涛》,《鲁迅全集》第十三卷,第 212 页。

㉘ 鲁迅:《351215 致何白涛》,《鲁迅全集》第十三卷,第 296 页。

㉙ 鲁迅:《350423 致萧军、萧红》,《鲁迅全集》第十三卷,第 445 页;鲁迅:《350425 致萧军》,《鲁迅全集》第十三卷,第 448 页。

㉚㉜ 尚丁:《〈太白〉主编谈〈太白〉》,《出版史料》第 1 辑,学林出版社 1982 年版。
㉛ 鲁迅:《小品文的危机》,《鲁迅全集》第四卷,第 591 页。
㉝ 唐弢:《"编辑"三事(节录)》,《鲁迅生平史料汇编》第五辑下,天津人民出版社 1986 年版,第 884 页。
㉞ 署名"南山",《太白》2 卷 7 期,1935 年 6 月 20 日。
㉟ 越丁(鲁迅):《名人和名言》,《太白》2 卷 9 期,1935 年 7 月 20 日。
㊱ 鲁迅:《341231 致刘炜明》,《鲁迅全集》第十三卷,第 324 页。
㊲ 鲁迅:《350214 致吴渤》,《鲁迅全集》第十三卷,第 387 页。
㊳ 鲁迅:《〈且介亭杂文〉附记》,《鲁迅全集》第六卷,第 219 页。
㊴ 徐懋庸:《〈太白〉的停刊》,《芒种》第 2 卷第 1 期,1935 年 10 月 5 日。
㊵ 尚丁:《〈太白〉主编谈〈太白〉》,《出版史料》第 1 辑,学林出版社 1982 年版。
㊶ 施晓燕:《〈译文〉月刊在生活书店的出版和停刊》,《上海鲁迅研究》2017 年第 4 期。

以圣徒般的心态走近这座文化宝藏
——关于左联研究的几点思考

刘运峰

从 1930 年 3 月 2 日成立到 1936 年春解散,左联仅存续了 6 年,但在这短短 6 年里,左联可谓群星璀璨,人才辈出,繁花似锦,硕果累累。左联的历史,左联的成就,是取之不尽用之不竭的文化宝藏,是一座有关中国现代革命史、思想史、文化史、文学史的富矿。

关于左联的研究,中华人民共和国成立以来特别是改革开放之后,取得了丰硕的成果,最著名的当然要数姚辛先生的"左联三书",即《左联词典》《左联画史》《左联史》;此外,中国社科院文学研究所编的《左联回忆录》(上下)、王锡荣的《"左联"与左翼文学运动》、刘小清的《红色狂飙——左联实录》、王宏志的《鲁迅与"左联"》、张小红的《左联与中国共产党》等都具有重要的学术价值。

有关左联研究的资料也出版了很多。2018 年 12 月,我和李锡龙教授合编了《左联文艺期刊全编》,收录具有左联背景的期刊 93 种,每种附一篇内容提要,本着原汁原味、不删不减的原则,影印为 99 册,为开展左联研究提供了第一手资料。

此外,有关左联研究的论文更是层出不穷,不胜枚举。这也说明,左联的确有说不完的话题,左联研究的空白点还有许多。由此想到几个问题在此和大家商讨。

一、建立一门"左联学"

一门学科能否建立起来,取决于这门学科有没有独立的研究对象,有没有可供研究的历史,有没有丰富的史料,有没有理论支撑,是否具有一定的辐射性。所有这些,左联都具备。而且,随着时光的流逝,左联的研究对象更加清晰,它对中国现代社团史、期刊史、出版史的研究影响越来越大。作为中国现代文学研究中的一个重地,左联占据了相当的历史篇幅,使得众多著名的文学家、批评家于左联这个文艺阵地尽情驰骋,也催生了众多优秀左联文学作品的问世。因此,建立"左联学"从文学研究的角度来看是可行的,也是必要的。一方面,"左联学"的建立能够推动左联研究蓬勃发展,促进左联研究形成集群性效应。另一方面,建立"左联学"也有助于学界关于左联的研究更加系统化、集中化,也更容易在系统的体系中找寻到左联研究还有哪些未尽明晰的方向。

二、开展更加深入、综合的研究

现有的研究成果已经奠定了很好的基础,但依然有着广阔的研究空间。第一,对左联历史进行"年表长编"式的梳理,以线性的时间谱将左联的发展历程完整地再现出来,这将极大地便利左联研究资料的整理和查阅。第二,以严格的体例、科学的方法研究"左联史",既然是一项专门的学问,就要有相应的研究方法以及需要遵守的研究法则。尤其是左联这样内含大量马克思主义文艺理论、与革命发展紧密相连的文学,就更需要用科学的理论方法和视角来研究这一文学运动。第三,将左联置于国内、国际宏观大背景下,这一研究视角的拓宽将有助于带动研究内容的丰富,将研究的领域从以上海为中心拓宽到全国甚至国际范围内,考察左联文学在国内的发展,及其受到的以苏俄为代表的国际文学及文学理论的影响。除了上述所列举的内容之外,还可以研究左联和国外进步文学、文化团体的关系并进行比较,以及左联和其中七个左翼文化同盟的关系等。

三、进行专门化、专题式的研究

现有的研究成果大多是宏观式、概括性的研究,专门化、专题式的研究成果还不多见,比如左联期刊史研究、左联出版史研究、左联论争史研究,等等。以左联出版史研究为例,大量的左联文学的出现,推动了出版行业的发展,一些书店如生活书店、新知书店、读书生活出版社等在推行左联书籍的过程中也形成了自己的出版品牌,同时,这些左联文学也由于出版社的推广而进一步产生了广泛的影响,二者之间形成了相互促进和推动的作用。这些文学现象与出版情况都是值得梳理和思考的研究范式,是左联文学需要进一步挖掘的内容。再如关于左联论争史的研究,除了对论争现象、论争人物的史料性梳理之外,可否通过对史料的再探索,深入到左联论争现象背后的历史生发动机、起点、原因等方面的研究,真正地还原历史现场。从对历史根源的挖掘、到对论争现象的梳理、再到对文学发展规律的把握,形成一个系统的研究逻辑链条,环环相扣,完善、丰富左联论争史的研究视域。

四、强化个案研究

左联的内容极为丰富,除了人物、社团方面的研究,还可以拓宽领域,进行多方面的个案研究,比如,"左联"创办的重要期刊《太阳月刊》《文化批判》《大众文艺》《拓荒者》《萌芽》《现代文学》《北斗》《文学月报》《太白》《天地人》《东方文艺》《作家》《光明》《中流》《工作与学习丛刊》等,均可以进行认真细致的研究,这样的个案研究有助于增进对左联发展历史的了解,对一手文学资料的直接阅读也有利于准确把握左联文艺思想。即使那些存续时间短(有的甚至只出过一期)的期刊,如《新思潮》《现象月刊》《世界知识》《生活知识》《社会现象》《正路》《中国农村》等,同样不应该被忽视,也要将它们纳入研究的视野之中,经过仔细的阅读也可以找到研究的题目。

五、引入图文式研究

很多年前,就有人提出由于社会发展的快节奏,人们的阅读已经进入到了读图时代。相对于文字而言,图片、插图更富有直观性和吸引力,因此,不妨在研究左联文本的同时,也适当关注一下与左联相关的"图",如左联图书、期刊的装帧设计以及插图等。这些装帧设计与插图或许无法为文学研究提供直接的文字资料信息,但是其所具有的形象性与视觉冲击力是黑白文字所无法比拟的,因为它凝结了当时的文艺工作者创办期刊、出版图书的心血,是左联文学的符号化象征。从这些文学剪影中我们可以更加直观、立体、形象地搭建起左联文学大厦,增强对左联文艺了解的亲切感,感受20世纪30年代中国现代文学在装帧设计与插图方面的时代印记,也可以从各个左联图书、期刊装帧的差异性中,体会各个文学期刊不同的风格。

六、关于左联文献的数字化存储与传播

现在,我们进入了以数字化为特征的人工智能时代,人们的思维方式、行为方式、阅读方式、学习方式、写作方式都发生了很大的甚至根本性的转变。因此,图书文献资料的存储、呈现、传播方式也要紧跟时代步伐,满足人工智能时代人们的需求。比如,从保护的角度,要进行数字化存储;从利用的角度,要实现智能化检索;从传播的角度,要实现多元化、立体化的呈现。现今文学研究涌现出了大量的专题智库,左联文献也可以以此为切口,创建一个以左联文献为中心的数字智库,如左联文学图书的汇总与检索、左联文学期刊的数字化影印、左联历史库的网站平台,以及左联相关重要史

料文献的手稿检索系统。这样既可以将左联文献以数智形式系统化,方便检索和查找,同时也可以保护珍贵的史料,减少原始文献的磨损,还可以为研究者提供研究的便利和资料的掌握。

总之,左联是一座文化宝藏,有待于我们不断挖掘,不断开发。

2025年2月25日初稿,4月2日修改
(作者为南开大学新闻与传播学院教授、博士生导师)

附记:

《上海鲁迅研究》(总第105辑)刊出本人《孙玉石先生参加了2005年版〈鲁迅全集〉的修订——兼谈修订机构组成和人员分工》一文,其中"修订机构组成"所依据者为时任人民文学出版社现代文学编辑室主任王海波女士《〈鲁迅全集〉修订工作座谈会在京召开》(刊于《鲁迅研究月刊2001年第7期》)一文。最近经与王海波女士核实,答云座谈会之后,机构组成人员根据实际情况略作调整,其中编辑委员会成员中增加刘增人(青岛大学教授)、陈福康(上海外国语大学研究员)。

特此说明。

刘运峰
2025年4月30日

左翼文学理论的勃兴之时
——读《革命文学论文集》

李 浩

1928年5月初版的、由霁楼编辑的《革命文学论文集》是继丁丁所编《革命文学论》(1927年1月泰东图书局发行)[①]后又一本关于革命文学论文集。比较《革命文学论》,1928年5月生路社[②]出版的《革命文学论文集》,收录了郭沫若、郁达夫、成仿吾、鲁迅、蒋光慈、钱杏邨、赵冷(王任叔)等论文17篇。议题更集中于"何为革命文学"。《革命文学论文集》于1928年4月编定,于同年5月出版。在序言中编者以为最近"革命文学因环境的变化,和时代的所趋,已经到确立的时期了。但为着指示大多数人的迷梦及划清它的分野,还不得不需要健全理论的建设,和多数舆论集中的总示。否则恐怕仍如散沙,不是减少唤醒的力量,即是公说公有理婆说婆有理,使一般倾向者有摸不着头脑的危险,这就是我编集这册书的动机了"。(2)[③]编者在序言中认为丁丁所编《革命文学论》中所谈及的革命文学的理论,"许多已成为过去的陈迹,不能适合于眼前的范畴"。(2)这反映出当时中国先进知识分子对于革命文学理论的探索的精进。编者接着说:"革命文学的理论问题,虽已有端绪了;可是其中仍不免有两派之分:一派似乎过于狭隘,觉得专以革命事实为题材,专以描写革命情绪的为正宗。而一派却又觉得很宽了,却以为有反抗精神及前进精神的表现,即可算是革命文学,于是似仍在争持之中。"(2—3)编者最后以为:

"'革命'是永无已时,'革命文学'便也有它的永远性,因为'真正的文学家是不能取一段落的合于他的理想,就认为满足的。'"(5)

如前所述,《革命文学论文集》收录了17篇文章,本文概要摘读,以了解当时革命文学论争时各位作者的观点。

郭沫若在《革命与文学》中多层面地讨论了革命与文学的关联,他认为:"就是文学是永远革命的,真正的文学只有革命文学的一种。所以真正的文学永远是革命的前驱,而革命的时期中总会有一个文学的黄金时代出现。"(9)文中,他又主张与时代精神相符的,便是革命文学:"凡是表同情于无产阶级而同时是反抗浪漫主义的便是革命文学。……无产阶级的理想要望革命文学家早点觉醒出来,无产阶级的苦闷要望革命文学家写出来。要这样才是我们现在所要的斟酌革命文学。"(17—18)最后,郭沫若号召文学家:"你们要把文艺的主潮认定! 你们应该去兵间去,民间去,工厂间去,革命的漩涡中去,你们要晓得我们所要求的文学是表同情与无产阶级的社会主义的写实主义的文学"。(20—21)该书同时收录郭沫若署名麦克昂的《英雄树》,其在这篇散文化的文章中提出了诸多论断,面对"自命为无政府主义者"实际上的"彻底抵抗主义","文艺界中应该产生出些暴徒出来才行"(63);"文艺是应该领导者时代的,然而中国的文艺落在时代后边尚不知道有好几万万里"(64);"当一个留声机机器——这是文艺青年们的最好的信条";(65)由于社会主义尚未实现,所以"无产阶级的文艺是倾向社会主义的文艺","只要你有倾向社会主义的热诚,你有真实的革命情趣,你都可以来参加这个新的文艺战线"(67);"无产阶级革命成了功,便是无产阶级的消灭:因为一切阶级的对立都已消灭","阶级文艺是途中的文艺"(68);"有笔的时候提笔,有枪的时候提枪——这是最有趣味的生活";(69)"思想是生活的指路碑。文艺家哟,请彻底翻读一两本社会科学的书籍罢。你们请跳出你们的生活圈外来旅行,并请先读一两本旅行指南"。(70)他的这些富有激情的论断在20世纪30年代被很多青年所接受。

郁达夫在《文学上的阶级斗争》中,简要回顾了欧洲文艺复兴以后文学上的拟古主义、浪漫主义、理想主义、自然主义、新理想主义和新英雄主义等的斗争与流变,他认为"二十世纪的文学上的阶级斗争,几乎要同社会实际的阶级斗争,取一致的行动了"。(23)文章最后,郁达夫"学了马克斯和恩格耳斯(Engels)的态度,大声疾呼地说:世界上所受苦的无产阶级者,在文学上社会上被压迫的同志,凡对有权有产阶级的走狗对敌的文人,文学上的阶级斗争,我们大家不可不团结起来,结成一个世界共和的阶级,百屈不挠的来实现我们的理想!我确信'未来是我们的所有'"。(34)

成仿吾在《革命文学与他的永远性》中开宗明义地说"文学的内容必然的是人性"。(35)他将文学"分为一般的与革命的两类。但革命文学不因为有革命二字便必要革命这种现象为题材,要紧的是所传的感情是不是革命的。一个作品纵然由革命这种事实取材,但他仍可以不是革命的,更可以不成文学。反之,纵然他的材料不会由革命取来,不怕他就是一件琐碎的小事,只要他所传的感情是革命的,能在人类的死寂的心里,吹起对于革命的信仰与热情,这种作品便不能不说是革命的。"(37)成仿吾在谈及文学的永远性时认为"(真挚的人性)+(审美的形式)=(永远的文学)",进而认为"(真挚的人性)+(审美的形式)+(热情)=(永远的革命文学)",(39)"归究起来,如果文学作品要是革命的,它的作者必须是具有革命的热情的人。"(41)本书所收成仿吾《从文学革命到革命文学》,从文章结构来说,是一篇理论探索性文章,文章分为"文学革命的社会的根源""文学革命的历史意义""文学革命的经过""文学革命的现阶段""文学革命今后的进展""革命的'印贴利更追亚'团结起来"六个部分。作者认为文学革命的社会根据是"辛亥革命,民主主义对于封建势力的革命的失败,及帝国主义的急进的压迫,便一部分与世界潮流已经接触着的所谓智识阶级一心努力于启蒙思想的运动(所谓新文化运动)";"这种启蒙的民主主义的思想运动势必要求一种新的表现的手段(国语文学运动)。""但是,当时那种有闲阶级的'印贴利更追亚'(intelligentsia=智识阶级)对于时代既没有十分的认识,对于思想亦没有彻底的了解,而且大部分还是些文学方面的人物,所以他们的成绩只限于一种浅薄的启蒙,而他们的努力多在于新文学一方面。所以后来新文化运动几乎与新文学运动合一,几乎被文学运动遮盖得无影无踪;实际上,就可见的成绩说,也只有文学留有些微的隐约的光耀"。(122)他在这文章中借革命文学的概念贬斥五四新文化运动的文艺成果,为创造社张目,过度赞誉创造社的革命性及其工作,文章充溢的激情多少妨碍了关于革命文学理论的理性思考。

芳孤在《革命的人生观与文艺》中认为:"如果文学只是歌功颂德,赞美现实的东西,那么,地根本上就没有多大的意义,不过是人类社会上的一个无足轻重的现象而已;倘若不客气一点,直可叫地做社会的赘瘤。"(44)作者认为"文学是人类社会精神活动的一种"(45),而人生的真意义在于"不断反抗","假若地不对社会进化负一部分责任,没有这种革命性的反抗精神,不能把这种反抗性的情感,灌注入社会去,燃起了民众心中同情的反抗的火焰——无论所反抗的是整个的旧势力,或是一部分的旧势力——使他们起来做革新的工作;那么我们还要崇敬文学做什么? 非打破地的金字招牌,加地一个'大言惑众''欺世盗名'的罪名不可!所以我们要认清,真正的文学,便是具有这种革命性的反抗精神的文学!"(49)由此,作者总结道:"我们今日所需要的文艺,便是本着人类社会活动的'不断反抗'的精神,准着适合现代思想,而产生的具有革命性文艺。"(53)

香谷(范香谷)的《关于革命文学的几句话》认为:"社会上无论那一件事情,都不能脱离整个社会的背景,无论某一种思潮之发生,并不是突然的,实在是社会上的事实逼得非发生这一种思潮不可,所谓革命文学,也便是与革命的思潮互为表里的一件东西……所谓革命的文学是时代的文学,时代的思潮是不可遏抑的,这洪水般的狂澜,泛滥在社会上,自然就会生出一种普遍性的情感;这情感的具体表现,便是革命文学。"(57—58)而没有真情实感,只是堆砌诸如"革命、流血、手枪,炸弹"字句的不能称为革命文学,"所以说,没有彻底的思想,便没有正确的情感,也绝对做不出真正的革命文学"。(59)本书还收录了香谷的《革命的文学家!到民间去!》,他在文章中说"没有情感的人绝对做不出好作品,没有情感的人,也绝对不能献身于革命"(112)"革命不只是执起长枪上前敌。革命文学也不只是描写战场上的状况,只要将现代社会的种种,参加以革命情绪,忠实地活现在纸上,便已是尽了革命文学的能事。描写现实的种种并不是空想出来的,应当实地去观察,要不然一个居移气,养移体的文学家,一万年也不知道无产阶级的苦痛。我们现在应当喊一声口号来'革命的文学家,到民间去!'"(116)

本书收录《文学与政治的歧途》时署名"鲁迅先生讲演,章铁民记录",在这篇记录稿中,鲁迅认为:"文艺和革命本来没有什么冲突,但文艺和政治是常常根本冲突的。政治要保持现状,革命要破坏现状,文艺也是想破坏现状。"(73)在这社会上尽管存在着"人生似乎没有关系"的文艺,但这些作家最终"也得受政治和战争的影响,战争的时候,没有人从窗口送面包给他们吃,他们也就没有功夫谈花月,不能做美文,也不能有美的思想了"。(75)"其实,凡含有前进的精神,说真话,或写出旧的消灭的征兆的,都可说是革命文学。革命文学家所写的都是预言,一般人所不能觉察的……文学家时时要理想革命,时时和现实冲突,所以革命之前革命之后都不能舒服。真正的革命文学家永远不能出头,永无好日,这是命运。"(82)

诈僚(许杰)《文艺与社会》在分析了法、英、俄等欧洲国家文艺后认为:"文艺是离不开社会,离不了人生的。文艺也是批评社会,批评人生的。换言之,文艺须得有社会与人生去充实她的内容,她才有精神,有生命,有永久不朽之价值。"(88—89)在文章中作者还表达了对当时文坛观感:"在从前,专门咏爱的生活,而以自己为中心的自我表现的作家郭沫若,从翻译了一本社会革命的书以后,已经完全把自己的生命与身心整个的投入革命的潮流中去了。专门发牢骚,呼穷呼女人的《沉沦》作者郁达夫,如今已站入民来的队伍中提倡农民文艺了。至于鲁迅,听说大家都加之以'赤化之流'的罪名,想来要是继续着这一方面的工作的。至于自称为东方的革命的歌童的蒋光赤,虽则幼稚与鲁莽之气未除,但他的努力是可嘉的。"(90—91)

蒋光慈在《现代中国文学与社会生活》中认为,"倘若承认文学是社会生活的表现,那么我们现在的文学,与我们现在的社会生活比较起来,实在是太落后了。"(94)作者从两个方面谈论此问题,一是"中国的社会生活变化太迅速了","中国革命浪潮涌激得太紧急了",(97)"这弄得我们的文学来不及表现"(99)。另一是作家问题,他说:"不得不承认,这一批新作家的确是中国文坛的新力量。有良心的旧的作家,虽然他们也想与革命接近,但是因为与革命的关系,无论形式上,或精神上,实在是太生疏了,所以一时改变不过来,因之,我们也就不能希望他们有什么伟大的振作。至于一般完全滚入反动的怀抱里的作家呢,他们……绝对不会给与我们以振兴中国文坛的力量。因之,振兴中国文坛的任务,不得不落到这一批新作家的身上来了。也许他们在技术方面,还是很幼稚的,但是他们现在正在很热烈地努力,不但在思想方面"他们要战胜一切,而且在技术方面,他们也将要为一切的征服者。"(106)本书收录了蒋光慈的《关于革命文学》,其中与成仿吾《从文学革命到革命文学》的判断不同:"固然,所谓革命文学,现在还在幼稚的时代。没有给予我们以充分的成绩。然而同时我们也不能承认非革命的文学已经走入成熟的阶段了。所谓中国的新文学运动，不过十年的历史。在此短促的十年中，文学当然没有充分发展的可能。这是事实的问题，我们当然不能责备中国文学家的不努力。我们现在的所谓新文学，即所谓白话文学，简直与以前的旧文学，是两件不同的东西。在传习方面，我们从旧文学所得来的非常之少；说一句老实话，一直到现在，中国的新文学还未脱离模仿欧洲文学的时代。在此模仿的时代，中国文学有十分成熟的可能么？固然现代中国文学发展的阶段很快，但不能超出相当的限度。就拿现代中国文坛上几个著名的作家仔细地看一看，喂！哪一个能与西欧的大作家相比！只是幼稚，幼稚，幼稚而已！"（139）蒋光慈认为，革命文学必然是集体主义的，"所谓个人只是群众的一分子，若这个个人的行动是为着群众的利益的，那么当然是有意义的，否则，他便是革命的障碍。革命文学的任务，是要在此斗争的生活中，表现出群众的力量，暗示人们以集体主义的倾向。……在革命的作品中，当然也有英雄，也有很可贵的个性，但他们只是群众的服务者，而不是社会生活的中心。"（146）

李初梨的《怎样地建设革命文学》一文应该是推动革命文学论争走向激烈的一篇关键文章。他在这篇文章中，对五四新文化运动以来包括创造社的重要人物都进行了批判，试图通过批判来建立革命文学的理论。在这篇文章中，提出了几个论断："一切的文学，都是宣传"（153）；"一切的作品，有它的意志要求；一切的文学，有他的阶级背景"（154）；"文学，是生活意志的表现。文学，有它的社会根据——阶级背景。文学，有它的组织机能——一个阶级的武器"（161）。最后，他论断"斗争的过程，即是革命文学发展的过程"。（181）由于他在论证过程中，对五四新文化运动重要人物非理性化的批判重于理性的理论建设与论证，并且其论证过程中有现逻辑上的矛盾，因此，这篇文章发表后，正如他所言成为"一个'理论斗争'的开始"。（181）本书收录钱杏邨的《关于"现代中国文学"》一文就是对此文中部分批判的辩正,同书收录李初梨的《一封公开信的回答》则是对钱杏邨的辩正的回应。

钱杏邨《死去了的阿Q时代》一文,以鲁迅的《呐喊》《彷徨》《野草》三部文学创作为考察对象,以为鲁迅其中的创作是跟不上时代发展的,"除去在《狂人日记》里表现了一点对于礼教的怀疑,除去《幸福的家庭》表现了一点青年的活性,除去《孤独者》、《风波》表现了一点时间背景而外,大多数是没有现代的思潮! 不仅没有时代思想下所产生的小说,抑且没有能代表时代的大物! 阿Q,陈士成、四铭、高尔础这一些人物究竟是什么时代的人物呢?"(195—196)在该文附记中,作者说:"我觉得鲁迅的真价的评定,他的论文杂感与翻译比他的创作更重要。他在中国新文艺运动的初期是很有力量,很有地位的,同时他的创作对于新文坛的推进,也有很大的帮忙,这是不可抹煞的事实。"(214—215)

赵冷在《革命文学的我见》中在介绍当时苏联关于革命文学的三个派别的阐释后认为:"革命文学是使读者于认识生活中——或许,再加说一句,唤起革命的意识——去决定或理解生活之创造"(246)是革命文学的使命;作者以为革命文学的实质与形态则是:"理智重于感情,冷酷重于热烈"(250)。关于革命文学的创造者,作者分为三类,第一类同情与革命的作者,是带有资产阶级的温情的心理;第二类"实际上在受着严厉的革命的训练的青年"(253)是"我们所切心盼望的,然而,现在也不多"(254);第三类是劳动阶级则还没有达到创作的程度。

如上,《革命文学论文集》反映了发生于20世纪20年代后期初始的革命文学论争早期的情况,可以看作是那个时代思想的标本。从这本书中我们看到,革命知识群体对文学在革命中的表现有强烈的期望,期望文学——革命文学能够在剧烈的社会变革中发挥巨大作用,及时反映当下革命斗争,最终推动社会的进步。在20世纪20年代的这个剧烈变革的时代,激情是所有投身于其间的革命的知识群体所共有的,然而事实是,为推动这变革向着自己所向往的方向前进,仅仅依靠激情是不足为继的,必然需要有具有理性的理论作为指导,这也在是革命论争过程,以鲁迅为代表的左翼团体不约而同地大规模地从日本、苏联等国翻译引进马克思主义哲学、文艺、社会科学等方面理论的根本原因。④有革命文学论争所催生的马克思主义理论的引进以及本土化实践与构建,是中国左翼文艺运动取得伟大成就的思想保障。

［本文系国家社科基金重大项目"马克思主义中国化视域下的'左联'文论及其资料整理与研究(22&ZD281)"阶段性成果］

注释：

① 丁丁所编《革命文学论》,到1930年2月时,已经发行第五版,可见当时读者对革命文学的关注与需求度。
② 该社由王任叔、胡行之、李匀之等于1928年1月组成。参见《上海革命文化大事记1919.5—1937.7》,上海书店1995年版。
③ 本文所引除注明外,皆引自霁楼编《革命文学论文集》,生路社1928年版,不另注,仅在"( )"中标注引文所在的页码。
④ 作为当时引进的各类马克思主义理论书籍之一,关于1930年前后,马克思唯物主义书籍的翻译出版情况,可参见拙著《"那是极直捷爽快的"——鲁迅与唯物辩证法类书籍及1927—1930年间唯物辩证法中文书籍概说》,刊《上海鲁迅研究·鲁迅与左翼文化运动》(2023年)。

鲁迅作品研究

鲁迅"所遇见的六个文学团体"考

黄艳芬

1926年底,身处厦门大学的鲁迅在给许广平的信中谈论计划写作一篇与"种种文学团体的关涉"的记事文章。1930年2月1日,他在《萌芽月刊》第1卷第2期发表《我和〈语丝〉的始终——"我所遇见的六个文学团体"之五》,以副题提示这一写作计划的确立与发展;同一时间,在给章廷谦的信中,他明确表示存在"六个文学团体"的创作构想。但鲁迅生前仅写出有关语丝社的一篇,留下了其余五个文学团体的疑问。本文主要依据鲁迅谈论所经历的文学团体的相关文章与书信等自述材料,对这一问题开展考证,按时序梳理,指出其"所遇见的六个文学团体"应为《新青年》团体[①]、新潮社、狂飙社、未名社、语丝社、朝花社。在这六个文学团体中,除了《新青年》团体,其余五个从成员构成上来说,具备不同程度的青年特色,整体上青年风格鲜明。鲁迅在经历《新青年》团体和新潮社的失败后,更加注重与青年作者的合作,体现出他与文学团体关系的新发展,以及注重扶植青年的文学团体观的形成。

一、鲁迅关于"六个文学团体"写作计划的形成

鲁迅最早谈论与文学团体关系的写作计划,是1926年11月

18日在给许广平的信中:"我近来只做了几篇付印的书的序跋,虽多牢骚,却有不少真话;还想做一篇记事,将五年来我和种种文学团体的关涉,讲一个大略,但究竟做否,现在还未决定。"②在这里,他对团体类型做了定性描述,即"文学团体";并且提供了一个明确的时间上限,即"五年来",那么应是从1921年左右开始;另外还以"一篇记事"予以篇幅和文体的限定,显示了一种袒露真实,且公之于众的精神诉求。

这一写作动机根源于鲁迅当时在写作《〈华盖集续编〉小引》(1926年10月14日)、《〈坟〉题记》(1926年10月30日)、《写在〈坟〉后面》(1926年11月11日)、《〈争自由的波浪〉小引》(1926年11月14日)"几篇付印的书的序跋"过程中,"真话"表达意犹未尽,尤其是在与"种种文学团体"之关系书写上的收束。如鲁迅谈论《华盖集续编》的内容:"不过是,将我所遇到的,所想到的,所要说的,一任它怎样浅薄,怎样偏激,有时便都用笔写了下来。说得自夸一点,就如悲喜时节的歌哭一般,那时无非借此来释愤抒情,现在更不想和谁去抢夺所谓公理或正义。"③可见,鲁迅以为尽管《华盖集续编》释放了一时之愤懑,但也不乏在"公理与正义"表达上的节制。

另一直接诱因则是一些"文学青年"的刺激。此时在厦门的鲁迅正遭遇着《莽原》半月刊内部的矛盾,他在10天前11月8日给许广平的信中说:"在这几年中,我很遇见了些文学青年,由经验的结果,觉他们只于我,大抵是可以使役时便竭力使役,可以诘责时便竭力诘责。可以攻击时自然是竭力攻击,因此我于进退去就,颇有戒心,这或也是颓唐之一端,但我觉得这也是环境造成的。"④简言之,可以总结为"这几年中"鲁迅"很遇见了些文学青年"的负面交往。巧合的是,这段话中的"遇见",与他所写下的唯一一篇与文学团体关系文章《我和〈语丝〉的始终——"我所遇见的六个文学团体"之五》中的用词一致,修辞的相同正是显示他对这一问题的持续思考。

1926年12月12日,鲁迅在给许广平信中道出《写在〈坟〉后面》一文的写作动机:"至于寄给《语丝》的那篇文章,因由未名社转寄,被社中截留了,登在《莽原》第廿三期上。其中倒没有什么未尽之处。当时动笔的原因,一是恨自己为生活起见,不能不暂戴假面,二是感到了有些青年之于我,见可利用则尽情利用,倘觉不能利用了,便想一棒打杀,所以很有些悲愤之言。"⑤"那篇文章"即《写在〈坟〉后面》,但是并未登载在《莽原》第23期,仍是发表在《语丝》第108期,鲁迅以此为例说明这组序跋文章中隐含着对所"遇到"的一些青年"打杀"的悲愤。

关于"六个文学团体"的写作计划虽然未立即付诸实践,但鲁迅是做了完备思考,且形成了体系。1930年3月21日,鲁迅在给章廷谦(川岛)的信中说:"《萌芽》三本,已于前几日寄上。所谓'六个文学团体之五'者,原想更做几篇,但至今未做,而况发表乎哉。"⑥可见,他在心中已经打好腹稿,且按时序做了梳理和排列,准备形成系列文章,《语丝》系第五个,但却先行写出。另外五个"至今未做",足见想法由来已久——至少可以上溯到1926年11月给许广平写信时。

从汉语语义来说,"遇见"即遭遇的意思,较之于主动性,更侧重于对客观遭际的传达。并且,结合上述鲁迅在给许广平信中所谈内容来看,这些文学团体多少都与青年相关。鲁迅参与文学团体的一个重要标准即是对青年的帮助与扶持,而当他给许广平写这信时,他所"遇见"的是狂飙社和未名社两个文学团体的青年们。

与这两个文学团体的纠葛情况,鲁迅在8年后所作的《忆韦素园君》中予以公布:"素园在北京压下了培良的稿子,却由上海的高长虹来抱不平,要在厦门的我去下判断,我颇觉得是出色的滑稽,而且一个团体,虽是小小的文学团体罢,每当光景艰难时,内部是一定有人起来捣乱的,这也并不希罕。"⑦这里的"一个小小的文学团体"正是莽原社,鲁迅以"素园在北京""上海的高长虹""厦门的我"的地理区隔显示了社团内三方的矛盾,具体指的是韦素园接替鲁迅编辑《莽原》后,按下了向培良的投稿《剃刀》未发表,高长虹为此打抱不平,且于1926年11月在上海复刊的《狂飙》周刊第2期发表《给鲁迅先生》和《给韦素园先生》两封公开信,迫使鲁迅应对。

莽原社的形成以1925年4月24日《莽原》周刊的创刊为标志,其成立并无正式的宣言或是集会,成员主要是《莽原》的撰稿者。成员之一高长虹在《给鲁迅先生》中认为《莽原》周刊是"由我们十几个人担任稿件的一个刊物"⑧;另一名成员荆有麟在《〈莽原〉时代》中列举了这"十几个人"名单:"当时《莽原》经常撰稿人有:鲁迅、尚钺、长虹、培良、韦丛芜、韦素园、台静农、李霁野、姜华、金仲芸、黄鹏基,等等。"⑨可见主要来自两个群体,一方是狂飙社的高长虹、尚钺、向培良和黄鹏基等人,另一方是未名社的韦丛芜、韦素园、台静农和李霁野。

未名社发起成立于1925年8月底,是由鲁迅与韦素园、韦丛芜、李霁野、台静农以及曹靖华五位青年发起的致力于翻译文学译介的文学社团。狂飙社1923年夏天在山西太原成立,出版《狂飙》周刊,侧重于批评,成员除了高长虹外,还有高沐鸿、段复生、籍雨农等人。1924年,高长虹到北京后,结识了向培良、尚钺等人,扩充了成员,并且凭借《狂飙》获得鲁迅的认同与支持。

这场所谓的莽原社内部的矛盾,实际上源于在一段时间里狂飙社和未名社的青年成员为争夺鲁迅"金字招牌的导师"的资源竞争,高长虹认为韦素园1925年8月在其主持的《民报副刊》的广告中以"思想界之权威"阿谀鲁迅,为《民报副刊》造势;但是次年8月,高长虹在上海发表《狂飙社广告》,为《狂飙》做广告时,称鲁迅为"思想界权威者"。事实上,早在1925年5月,鲁迅在《导师》一文中便表示对"导师"的存在不以为然,所以文章的最后一句话勉励中国青年:"你们所多的是生力,遇见深林,可以辟成平地的,遇见旷野,可以栽种树木的,遇见沙漠,可以开掘井泉的。问什么荆棘塞途的老路,寻什么乌烟瘴气的鸟导师!"[⑩]到写《写在〈坟〉后面》时,也说过:"中国大概很有些青年的'前辈'和'导师'罢,但那不是我,我也不相信他们。"[⑪]

1930年3月27日,鲁迅在给章廷谦的信中写道,"所以我十年以来,帮未名社,帮狂飙社,帮朝花社,而无不或失败,或受欺"[⑫]。写这封信时,鲁迅正面临着所倾力扶持的一个以青年成员为主体的文学社团——朝花社的解散危机,触景生情,让他不禁想起几年前在北京的类似情形,故将三个文学社团并举列出。其中,因为对未名社与狂飙社的帮助发生于同一时间,鲁迅予以分别称呼,而并非是笼统地以莽原社指称,表明其实他"遇见"的是两个文学团体,他与二者之间的关系纠纷不能简单归在一个莽原社中去描述。与二者的矛盾正是促成他"六个文学团体"写作计划动因之一,二者也是他计划撰写的对象。

二、"六个文学团体"之五——语丝社

1932年9月,鲁迅自编《三闲集》由上海北新书局出版,他将《我和〈语丝〉的始终》作为文集最后一篇收录,且将副题拿掉。可见,当时他已有放弃这一系列写作计划的念头了,因此将作为提示语的副题删去。后世各类鲁迅文集或全集出版,都遵循了他自己的这一做法。

在文章的开头,鲁迅便写道:"同我关系较为长久的,要算《语丝》了。"[⑬]因此,他在北京时被"正人君子"们,即"现代评论派"称为"语丝派首领";在上海时"非骂鲁迅不足以自救其没落"的文坛语境中,他仍被视为是《语丝》的"指导者"。但鲁迅撰写此文目的不在于纠正这些称呼,其实他是认同于曾经在《语丝》中的身份位

置的,只是此时他认为自己已与《语丝》渐行渐远一段时日了,不能再接受这些"不虞之誉"。

这是鲁迅唯一正式公布的"六个文学团体"之一,从1926年底萌生这一写作计划,经过三年沉淀,到1929年底,鲁迅以讲述与《语丝》关系始末,终于实施。但他并非是从头讲起,而是直接写到"之五",这是因为他在当时正遭受着与《语丝》同人的分化乃至决裂,此时他与《语丝》的关系到了不得不说地步。尤其是江绍原荐稿纠纷等事件的激化,以及对《语丝》"几乎不提时事"的"最分明"风格变化的不满,苦闷压抑不能已于言,让他确定《语丝》已"非纯粹的同人杂志",正式以此种方式宣告与《语丝》关系的结束[14]。

如前文所述,鲁迅一定是按照时间梳理"六个文学团体"的,第五个是《语丝》同人,但语丝社从成员构成来说,青年风格似不明显,因为通常其核心撰稿者被视为是以周氏兄弟、林语堂和钱玄同等为代表的中年作者,且发刊辞也是由周作人撰写的。事实上,在《语丝》诞生后最初几期的中缝告示中,宣告的16位"长期撰稿者"名单中,青年作者占绝大多数,说明至少在成立时语丝社的青年成员的主体构成倾向是明显的[15]。

并且,从《我和〈语丝〉的始终》的叙述内容来看,一条核心线索是鲁迅与孙伏园和李小峰前后两任青年出版人的关系。《语丝》的成立因鲁迅等人为孙伏园从《晨报副刊》负气出走而发起,但形成后不久孙伏园自己又从《语丝》离开,另就《京报副刊》之职,便由李小峰接替。除此二人之外,还有青年川岛自愿承担事务工作,如鲁迅所说,"那时做事的,伏园之外,我记得还有小峰和川岛,都是乳毛还未褪尽的青年,自跑印刷局,自去校对,自叠报纸,还自己拿到大众聚集之处去兜售,这真是青年对于老人,学生对于先生的教训,令人觉得自己只用一点思索,写几句文章,未免过于安逸,还须竭力学好了"[16]。鲁迅以"做事的"青年(学生)与"写文章"的老人(先生)制造出语丝社作者的代际差异,内含着强烈的自省意识,自勉要努力创作。以此检视他对《语丝》的支持,可以看出对青年的扶植是他参与文学团体的重要潜因。

前期在北京时,孙伏园因《语丝》一经出版便成功碾压了《晨报副刊》,发出一句戏言"他们竟不料踏在炸药上了",这让鲁迅悲愤于自己是"炸药","不过使自己为别人的一个小纠葛而粉身碎骨",自审主观上本为帮助孙伏园而加入《语丝》,却陷入青年对自己的"竭力使役"的客观境遇的严重错位[17];后期在上海时,又因"袜厂"和"遗精药"广告,鲁迅向李小峰修书发出质问,没有获得积极回应。在这些富有戏剧性的情节描述中,既可以看出社团中青年们鲜明的主体意识,也可看出鲁迅与青年们的观念差异,显示出代际的思维区隔。在鲁迅写作《我和〈语丝〉的始终》时,孙伏园已在上海创办《贡献》旬刊,李小峰仍在维持《语丝》——并且,鲁迅所推荐的接替他组稿的柔石此时也辞去主编《语丝》工作。

回到1930年初,便能理解鲁迅何以在《萌芽月刊》发表《我和〈语丝〉的始终》,既有与同人矛盾的导火索,也因为语丝社在"六个文学团体"中的发展历程及其与鲁迅关系的复杂程度都具有代表性。即便《语丝》在成立前后都被普遍认定为是以中年作家为主要支撑,如社团经历京沪两地发展时,分别由周作人与鲁迅担任组稿工作,但从鲁迅自身的角度出发,他置身《语丝》的目的仍是为了发展文学青年。

在《我和〈语丝〉的始终》发表的同一时间,1930年3月2日,鲁迅在《萌芽月刊》第1卷第4期发表在左联成立大会上的讲话,其中谈到:"在我倒是一向就注意新的青年战士底养成的,曾经弄过好几个文学团体,不过效果也很小。"[18]此时关于"文学团体"的思考仍在他的心头萦绕,当面对新的文学团体和青年群体,且被推选为领头人时,回想以往的经验,让他不免多少有点怀疑自己能否在其中发挥出实际的"效果"。并且,"注意新的青年战士底养成"

与"弄过好几个文学团体"构成因果关系,即前者是因,后者是果,显示出他对发展文学团体问题的思考逻辑。

三、"六个文学团体"之考辨

综上所述,行文至此,可以确定鲁迅"所遇见的六个文学团体"有三个,即狂飙社、未名社和语丝社,那么剩下三个又是哪些呢,首先可以确定的是,第六个为朝花社。

鲁迅将语丝社视为"所遇见的"第五个文学团体,如前文所述1930年3月27日,他在给章廷谦的信中首次明确谈起"六个文学团体",一并列举了未名社、狂飙社和朝花社三个。《我和〈语丝〉的始终》文末标注写于1929年"十二月二十二日",此时,鲁迅结束了朝花社的事务,1930年1月22日,他在日记中写道:"夜方仁来,还陆续所借泉五十,即以百廿元赔朝花社亏空,社事告终。"[19]

1931年4月,鲁迅在《柔石小传》中写到柔石在朝花社发展中的作用,柔石1928年"十二月为《语丝》编辑,又与友人设立朝花社,于创作之外,并致力于绍介外国文艺,尤其是北欧,东欧的文学与版画,出版的有《朝华》周刊二十期,旬刊十二期,及《艺苑朝华》五本。后因代售者不付书价,力不能支,遂中止"[20]。

两年后,鲁迅在《为了忘却的记念》中另提供了其他回忆,可做补充分析。首先是在社团的成立前,鲁迅讲述了自己如何与柔石结缘,柔石"躲在寓里弄文学,也创作,也翻译,我们往来了许多日,说得投合起来了,于是另外约定了几个同意的青年,设立朝花社。目的是在绍介东欧和北欧的文学,输入外国的版画,因为我们都以为应该来扶植一点刚健质朴的文艺。接着就印《朝花旬刊》,印《近代世界短篇小说集》,印《艺苑朝华》"[21]。可见,鲁迅发起朝花社的初衷是要输入进步翻译文学与版画,"几个同意的青年"便是与柔石同住的"友人",即王方仁(梅川)与崔真吾(采石),鲁迅当时自认为与他们志同道合,这与未名社、狂飙社的成立目的与背景相同,所以他在给章廷谦信中将三者并举。

鲁迅在这篇文章中还公布了社团倒闭的原因:"不过朝花社不久就倒闭了,我也不想说清其中的原因,总之是柔石的理想的头,先碰了一个大钉子,力气固然白化,此外还得去借一百块钱来付纸账。后来他对于我那'人心惟危'说的怀疑减少了,有时也叹息道,'真会这样的么?……'但是,他仍然相信人们是好的。"[22]虽然鲁迅在《柔石小传》宣称倒闭原因是"代售者不付书价",但从这段回忆中可以看出仍与"人心"有关。许广平在回忆中则指出"别有所忙"的是王方仁,所谓代售者正是他,经他代售的书"一个钱也收不回,几次的添本钱"[23]。如上文所述,王方仁也出现在1930年1月22日的鲁迅日记中,正是为还欠社款而来。鲁迅在《为了忘却的记念》中采取了迂回的叙述,折射出他对因朝花社重蹈了未名社与狂飙社覆辙所感受到的屈辱,正是在给章廷谦信中说的"受欺"。

在同一期的《萌芽月刊》,鲁迅在发表左翼作家联盟成立大会讲话之外,还发表了《我们要批评家》一文。在文中,他嘲讽了文学团体的内讧,"每一个文学团体中,大抵总有一套文学的人物。至少,是一个诗人,一个小说家,还有一个尽职于宣传本团体的光荣和功绩的批评家。这些团体,都说是志在改革,向旧的堡垒取攻势的,然而还在中途,就在旧的堡垒之下纷纷自己扭打起来"[24]。对于因"内讧"而起的社团成员之间的"扭打"情形,鲁迅是非常熟悉的,在北京与上海两地的文学团体中他都经历过,而这些文学团体最终也都因此而"散掉"。

"六个文学团体"之六为朝花社的推断与考证成立,那么只剩下北京时期鲁迅在狂飙社和未名社之前所"遇见"另两个文学团体了。1935年3月,鲁迅发表《〈中国新文学大系〉小说二集序》,系统书写自文学革命至1926年的现代小说创作发展,从中可寻绎出他早期"遇见"的两个文学团体线索。他在文中首先写到所经历的便是"《新青年》团体"。如本文在引文注释一中所说,鲁迅日后回忆说:"后来《新青年》的团体散掉了,有的高升,有的退隐,有的前进,我又经验了一回同一战阵中的伙伴还是会这么变化,并且落得一个'作家'的头衔,依然在沙漠中走来走去,不过已经逃不出在散漫的刊物上做文字,叫作随便谈谈。"[25]所谓"又经验了一回",影射的是在东京与周作人、许寿裳等创办《新生》,尚未出版便夭折的失败"经验"。《新青年》是鲁迅归国后所"遇见"的第一个文学团体,从《新生》到《新青年》,他度过了漫长的蛰伏期,在《呐喊·自序》中,他写到在寂寞中"遇见"钱玄同等人,这场"遇见"催生出小说家鲁迅,因为觅求到同人,他从"古代"回到"现实",终于发出呐喊。

因此,《新青年》团体对鲁迅来说更是具有原点意义的文学团体,如他所言是让他成为作家的起点——他的新文学创作始于此,但同时也是让他在获得新的希望后又遭遇重大挫折的一大人生关节,为接下来"遇见"其他文学团体形成了主客观的先决条件。鲁迅没有泯灭希望,而是在彷徨中有所期待:"新的战友在那里呢?我想,这是很不好的。于是集印了这时期的十一篇作品,谓之《彷徨》,愿以后不再这模样。"[26]

在《新青年》团体同时,鲁迅还遇到了新潮社。1919年1月16日,当《新潮》第一期出版时,鲁迅在给许寿裳的信中表示北京大学"暮气甚深","惟近来出杂志一种曰《新潮》,颇强人意,只是二十人左右之小集合所作,间亦杂教员著作,第一卷已出,日内当即邮寄奉上。其内以傅斯年作为上,罗家伦亦不弱,皆学生"[27]。

有学者从三方面因素,一是"成立语丝社的筹备会议的除章川岛外,都是新潮社的重要成员,而且列名《语丝》的16位'长期撰稿人'中有好几位本来也是新潮社的成员,或是与新潮社的成员有非常密切的关系,周作人更是一度担任新潮社的主任编辑";二是"开始的时候《语丝》没有自己的办公场所,它的编辑、校对及发行都是在北京大学第一院新潮社进行的,所以在杂志的地址一栏写的是'北大一院新潮社'";三是"在《语丝》创办之初,孙伏园、李小峰在编辑、校对、发行等方面出力甚巨,而孙伏园和李小峰两人都是新潮社的成员",综合判定"语丝社和新潮社之间确实存在着一定的承继关系"[28]。

尽管鲁迅不是新潮社名义上的成员,但从语丝社与新潮社存在"承继关系"这一角度出发,可以佐证他"遇见"新潮社这一事实。鲁迅日记就曾记录了体现出二者之间的"承继关系"的一个典型性场景是,1924年11月30日,他"晚往新潮社取《语丝》归"[29],这正是出版于11月24日的《语丝》第2期。1925年2月17日,鲁迅在给李霁野信中明确表态:"《语丝》是他们新潮社里的几个人编辑的。"[30]

1926年底,鲁迅在《〈阿Q正传〉的成因》中讲述:"那时我住在西城边,知道鲁迅就是我的,大概只有《新青年》,《新潮》社里的人们罢;孙伏园也是一个。"[31]在回忆几年前《阿Q正传》的创作现场时,鲁迅以对"鲁迅就是我"这一具有谜团效应的隐匿事件的知晓者揭示,带出当时情境下之于他的重要人事。鲁迅特地强调孙伏园,是因为后者时任《晨报副刊》编辑,直接以勤奋的"催稿"促成了《阿Q正传》,代表了晨报社方面,与《新青年》团体和新潮社形成了其时围绕在他身边的三种文学团体资源。事实上,孙伏园在这段叙述中的独立性存在的更为重要意义在于,鲁迅以后设视角考察自己与孙伏园的关系时,意识到联结他们的文学团体基础其实更在于新潮社和语丝社——孙伏园先后在这两个文学团体中都曾发挥过重要作用,而鲁迅与二者的关系建设,不乏孙伏园的积极联络。不可否认的是,鲁迅与晨报社的渊源颇深,他在北京时对《晨报副刊》投稿甚勤,具有孙伏园这样的中间联络人,并且还将之写入《我与〈语丝〉的始终》等文章中。但是晨报社是不能列入"六个文学团体"之一的,除了鲁迅与新潮社和语丝社两个文学团体的关系因素外,还因为在他看来,"《晨报副刊》,后来是《京报副刊》露出头角来了,然而都不是怎么注重文艺创作的刊物"㉜,可见他是将《晨报副刊》与《京报副刊》视为文学性并不强烈的刊物系列的。

如前文所述,鲁迅加入语丝社是因孙伏园而起,而在新潮社中,鲁迅与孙伏园的交集更多。孙伏园在新潮社中主要承担了"文艺丛书"的编辑工作,鲁迅的《呐喊》《桃色的云》《中国小说史略》等的出版都有他的功劳,前两部分别列入丛书第二和第三种,尤其是在出版《桃色的云》时,鲁迅不仅代付印资 200 元,还帮助在商务印书馆代购三色爱罗先珂君画像 1 000 枚。这种经济上的信赖还体现在鲁迅也会从新潮社借款,如 1924 年 7 月 30 日,他"托孙伏园往邮局寄泉八十六元还新潮社"㉝。

如上文所述,鲁迅在给许寿裳的信中对新潮社的两位主持者傅斯年与罗家伦赞赏有加。《新潮》问世后,傅斯年曾致信鲁迅征求意见,鲁迅在复信中首先便表明对《新潮》的重视态度:"现在对于《新潮》没有别的意见:倘以后想到什么,极愿意随时通知。"㉞但在这封信中,鲁迅仍然给出了一些意见——这正是他关心青年成长的方式,比如主张刊物多"发议论",少"讲科学",以及对刊登的诗歌和小说提出具体意见。

鲁迅晚年在《哈谟生的几句话》中仍抱憾于罗家伦没有兑现对挪威作家哈谟生的介绍计划:"五四运动时候,在北京的青年出了一种期刊叫《新潮》,后来有一本《新著绍介号》,豫告上似乎是说罗家伦先生要绍介《新地》(NewEr-de)。这便是哈谟生做的,虽然不过是一种倾向小说,写些文士的生活,但也大可以借来照照中国人。所可惜的是这一篇绍介至今没有印出罢了。"㉟

在与《新青年》团体和新潮社的共同蜜月期里,鲁迅多次将两本刊物同时寄给他的挚友许寿裳,如日记里记载在 1919 年 2 月 4 日和 8 月 7 日都寄送过。与这两个文学团体关系的同时失败,也让鲁迅自觉反思与名流作者合作的弊端,"终于,《新青年》的编辑中枢不得不复归上海,《新潮》群中的健将,则大抵远远的到欧美留学去了"[36]。以及从思想运动的宏大意义审视《新青年》与《新潮》在当时的风行:"在北京这地方,——北京虽然是'五四运动'的策源里,但自从支持着《新青年》和《新潮》的人们,风流云散以来,一九二〇至二二年这三年间,倒显着寂寞荒凉的古战场的情景。"[37]鲁迅也是"人们"中的一员,他以强烈的自审意识为接下来"遇见"新的文学团体形成了一个重要条件,即有意注重对无名青年的发掘与培养。

受限于主客观因素,写作计划的变更或放弃对于作家来说是常有的事。鲁迅明确放弃过关于"唐朝"和"红军"的两部长篇小说,以及学术著作如《中国文学史》和《中国文字变迁史》等创作计划,在这些计划的推进过程中,材料收集程度不一,最终没有落到实处。较之宏大写作计划,鲁迅还有一些更可行的系列文章写作计划,除了本文所谈的"六个文学团体",1927 年他还曾计划创作杂文"夜记"系列,并最终形成一部文集,在《〈三闲集〉序言》中曾透露,"大约《夜记》是因为原想另成一书"[38]。关于"夜记"系列,鲁迅发表的有两篇《怎么写(夜记之一)》《在钟楼上(夜记之二)》,残稿半篇《做古文和做好人的秘诀——夜记之五》,以及在这篇残稿中透露的还有"一篇半"的佚稿《虐杀》。从对《夜记》的创作实践中,可以看出尽管没有实现这一计划,鲁迅还是有明确规划的。

"六个文学团体"的写作计划规模较小,容易开展,甚至已经形成一篇,然而鲁迅最终还是放弃其余。事实上,当他在 1930 年将《我和〈语丝〉的始终》作为"之五"发表时,这一颇具意外性质的文学事件已是他放弃书写其他文学团体的标志。晚年鲁迅在《〈中国新文学大系〉小说二集序》中从历史唯物主义角度,对于自己所参与的文学团体的"散掉"命运做了分析,那就是他所觅求到的同伴也许在起初就并不志同道合,并对自己对待文学团体的理想主义态度开展了冷静反思,"文学团体不是豆荚,包含在里面的,始终都是豆。大约集成时本已各个不同,后来更各有种种的变化"㊴。

"六个文学团体"的写作计划的产生,与鲁迅在南方时期经历的进化论轰毁的思想蜕变,以及从而引发对自己与青年关系问题的思考有关:"我一向是相信进化论的,总以为将来必胜于过去,青年必胜于老人,对于青年,我敬重之不暇,往往给我十刀,我只还他一箭。然而后来我明白我倒是错了。这并非唯物史观的理论或革命文艺的作品蛊惑我的,我在广东,就目睹了同是青年,而分成两大阵营,或则投书告密,或则助官捕人的事实!我的思路因此轰毁,后来便时常用了怀疑的眼光去看青年,不再无条件的敬畏了。然而此后也还为初初上阵的青年们呐喊几声,不过也没有什么大帮助。"㊵

许广平曾以《语丝》为例,谈到青年作为重要的纽带联结了鲁迅与文学团体的关系,"《语丝》是几位文学负有声名的先生们所创办的,先生在那里以泼剌的姿态,领导着一大批青年,走向与恶势力战斗的路上去,先生曾写了一篇《我和语丝的始终》,已说明了一个大概"㊶。显然,许广平认为鲁迅自己在这篇文章也明确表露了这层目的。

鲁迅在开展关于自己与文学团体关系的严格自剖时,对于扶植青年的失败乃至屈辱经历也形成新的审视,但最终他还是选择以勇于承认并接受"没有好结果"表明对这一信念的坚定。1933年6月5日,在回复左翼青年画家魏猛克的信中说:"你说,以我'的地位,不便参加一个幼稚的团体的战斗',那是观察得不确的。我和青年们合作过许多回,虽然都没有好结果,但事实上却曾参加过。不过那都是文学团体,我比较的知道一点。"㊷显然是在纠正魏猛克对自己参加团体的误识,鲁迅以与"青年们合作过许多回"

的经验表明自己的强烈态度,即要促动青年成长。

并且,晚年在回顾自己的文学团体经历时,鲁迅的情感态度也在发生变化,比如对未名社的书写:"未名社一向设在北京,也是一个实地劳作,不尚叫嚣的小团体。"[43]以及对新潮社的书写:"《新潮》这杂志,也以虽有大吹大擂的豫告,却至今还未出版的'名著绍介'收场;"[44]结合鲁迅晚年倾力发展翻译文学的追求,尽管只是只言片语的评价,但简洁有力措辞已分明显示了他的情感倾向。

(合肥大学语言文化与传媒学院)

[基金项目:2023年度安徽省高校哲学社会科学研究重大项目"皖籍民俗学家江绍原与中国现代民俗学建构研究"(2023AH040304)]

注释:

[1] 这一概念来自鲁迅在《〈自选集〉自序》中所说:"后来《新青年》的团体散掉了,有的高升,有的退隐,有的前进,我又经验了一回同一战阵中的伙伴还是会这么变化,并且落得一个'作家'的头衔,依然在沙漠中走来走去,不过已经逃不出于散漫的刊物上做文字,叫作随便谈谈。"参见鲁迅:《鲁迅全集》第四卷,人民文学出版社2005年版(本文所引鲁迅文章的引文皆出自该版全集,不另注),第469页。历来对于鲁迅置身《新青年》的指称没有形成统一说法,本文依据鲁迅在这篇文章中的自述,提出"《新青年》团体"概念。

[2][4][5] 鲁迅 许广平:《两地书》,《鲁迅全集》第十一卷,第208、194—195、245页。

[3] 鲁迅:《〈华盖集续编〉小引》,《鲁迅全集》第三卷,第195页。

[6] 鲁迅:《300321致章廷谦》,《鲁迅全集》第十二卷,第224页。

[7] 鲁迅:《忆韦素园君》,《鲁迅全集》第六卷,第67页。

[8] 高长虹:《生的跃动》,北岳文艺出版社2020年版,第212页。

[9] 鲁迅博物馆选编:《鲁迅回忆录·专著(上册)》,北京出版社1999年版,第200—201页。

[10] 鲁迅:《导师》,《鲁迅全集》第三卷,第59页。

[11] 鲁迅:《写在〈坟〉后面》,《鲁迅全集》第一卷,第300页。

[12] 鲁迅:《300327致章廷谦》,《鲁迅全集》第十二卷,第226页。鲁迅日记与文章中也写作"朝华社",后世不少研究者也采用这一写法。因社团刊物以"朝花"命名,本文

统一写作"朝花社"。

⑬⑭⑯⑰ 鲁迅：《我和〈语丝〉的始终》，《鲁迅全集》第四卷，第168、174—176、171页。

⑮ 这份名单内容如下："本刊由周作人、钱玄同、江绍原、林语堂、鲁迅、川岛、斐君女士、王品青、衣萍、曙天女士、孙伏园、李小峰、淦女士、顾颉刚、春台、林兰女士等长期撰稿。"参见川岛：《和鲁迅相处的日子》，四川人民出版社1979年版，第79页。这组"长期撰稿者"日后投稿勤勉程度不一，发生流变，善始善终者如周作人，昙花一现者如顾颉刚等，另还有未出现在名单中的新增撰稿者如刘半农等。

⑱ 鲁迅：《对于左翼作家联盟的意见——三月二日在左翼作家联盟成立大会讲》，《鲁迅全集》第四卷，第241—242页。

⑲ 鲁迅：《日记十九［1930年］》《鲁迅全集》第十六卷，第179页。

⑳ 鲁迅：《柔石小传》，《鲁迅全集》第四卷，第285页。

㉑㉒ 鲁迅：《为了忘却的记念》，《鲁迅全集》第四卷，第496、497页。

㉓㊶ 许广平：《许广平文集》第二卷，江苏文艺出版社1998年版，第23、14页。

㉔ 鲁迅：《我们要批评家》，《鲁迅全集》第四卷，第245—246页。

㉕㉖ 鲁迅：《〈自选集〉自序》，《鲁迅全集》第四卷，第469、469页。

㉗ 鲁迅：《190116致许寿裳》，《鲁迅全集》第十一卷，第369—370页。

㉘ 陈离：《凝望与置身》，武汉出版社2020年版，第25—27页。

㉙㉝ 鲁迅：《日记十三［1924年］》，《鲁迅全集》第十五卷，第537、522页。

㉚ 鲁迅：《250217致李霁野》，《鲁迅全集》第十一卷，第458页。

㉛ 鲁迅：《〈阿Q正传〉的成因》，《鲁迅全集》第三卷，第396页。

㉜㊱㊲㊳㊹ 鲁迅：《〈中国新文学大系〉小说二集序》，《鲁迅全集》第六卷，第253—254、249、253、264、249页。

㉞ 鲁迅：《对于〈新潮〉一部分的意见》，《鲁迅全集》第七卷，第235页。

㉟ 鲁迅：《哈谟生的几句话》，《鲁迅全集》第七卷，第347页。

㊳㊵ 鲁迅：《〈三闲集〉序言》，《鲁迅全集》第四卷，第5、5页。

㊷ 鲁迅：《通信（复魏猛克）》，《鲁迅全集》第八卷，第378页。

㊸ 鲁迅：《曹靖华译〈苏联作家七人集〉序》，《鲁迅全集》第六卷，第573页。

论日本狂言对《故事新编》的影响

赵献涛

鲁迅《故事新编》所具有的喜剧性、油滑,其艺术渊源学界多有论述,如王瑶先生认为来源于鲁迅故乡浙东戏剧的"二丑艺术"[①]、顾红亚认为这与越地民间艺术、民间习俗中的诙谐以及鲁迅本人性情的幽默风趣不无关系[②]。这些学者的论述言之凿凿、言之成理且具有启示意义,但笔者认为《故事新编》的喜剧性、油滑与日本狂言也有一定的关系。

一、推想和实证鲁迅接触过日本狂言

"'狂言'是日本中古的民间喜剧。"[③]作为日本一种短小喜剧的狂言,周作人本着个人兴趣,积极引介、翻译,曾出版《狂言十番》《狂言选》,鲁迅对狂言不像其弟弟那样兴趣浓厚,不见引介、翻译,在其著述中仅仅提到过一次"狂言":

> 今年一说起"近视眼看匾"来,似乎很有几个自命批评家郁郁不乐,又来大做其他的批评。为免去蒙冤起见,只好特替作者在此声明几句:这故事原是一种民间传说,作者取来编作"狂言"样子,还在前年的秋天,本豫备登在《波艇》上的。倘若其中仍有冒犯了批评家的处所,那实在是老百姓的眼睛也很亮,能看出共通的暗病的缘故,怪不得传述者的。[④]

虽然仅仅一次言及"狂言",但鲁迅在实际生活中应该是多次接触过这种喜剧的,且不说留日7年多的时间里存在着观看演出的机会,就是回国后也有阅读狂言的机会。周作人在民国时期曾出版过狂言选集:"1926年我曾根据芳贺矢一编的《狂言二十番》(鹭流)及山崎麓编的《狂言记》(和泉流),译了十篇出版,名为《狂言十番》。"⑤结集为《狂言十番》的译作,有的曾单篇刊载于《晨报副镌》《民国日报·觉悟》《语丝》等报刊,这些报刊同样是鲁迅发表作品的阵地。虽然我们没有见到能够证实鲁迅接触过周作人所译这些狂言的直接材料、一手材料,但根据兄弟二人1923年之前的亲密关系以及和《语丝》的联系,推想鲁迅接触过这些译作应该是成立的。

以上是我们"大胆的假设",现在再"小心地求证"一番。鲁迅1919年所译武者小路实笃《一个青年的梦》这一剧作中曾提及"狂言":

> 青年…………(向看客一面说,):这是怎的? 冈下不是来了许多人,对着我们这边看么?
>
> 不识者:这神社前面,现在正要演狂言(译者按:狂言是日本的一种古剧)呢。
>
> 青年:我们在这里,可以么?
>
> 不识者:坐在那边的树底下看罢。
>
> 青年:有甚么事?
>
> 不识者:是这社的祭赛。因为要纪念供在这社里的神,对于聚在这里的两国的人们,有怎样的功劳,所以演这狂言的。⑥

根据这段译文,尤其是译者按所言"狂言是日本的一种古剧",完全可以实证鲁迅熟悉日本这种民间喜剧。

二、狂言的喜剧观念影响了《故事新编》

"车尔尼雪夫斯基从唯物主义出发提出了关于喜剧本质的一些卓越的见解。他认为'滑稽的真正领域,是在人、在人类社会、在人类生活'。……并明确指出'丑乃是滑稽的根源和本质'。但不是在一切情况下现实中的丑都能成为滑稽可笑,而是'只有当丑力求自炫为美的时候,那个时候丑才变成了滑稽'。也就是当丑带有荒唐和自相矛盾性质的时候,才会使人感到滑稽可笑。"⑦车尔尼雪夫斯基对喜剧本质的说明,适用于日本的狂言;日本狂言所展示的喜剧观念,似乎是对车尔尼雪夫斯基喜剧本质的一个例证:无价值的或有缺陷的人物——如《骨皮》中的方丈、《柿头陀》中的头陀、《花姑娘》中的侯爷、《雷公》中的雷公——他们在喜剧冲突中暴露自身的矛盾、无价值,从而令人发笑。鲁迅的喜剧观念与狂言几乎一致:"悲剧将人生的有价值的东西毁灭给人看,喜剧将那无价值的撕破给人看。讥讽又不过是喜剧的变简的一支流。"⑧

狂言塑造了众多喜剧性格的喜剧性人物:在自暴矛盾、无价值的过程中呈现出自相矛盾性格的人物。曾刊于1925年6月29日《语丝》的《柿头陀》写的是一个头陀艰苦修行之后要回归本乡,中途口渴,于是爬到柿子树上摘柿子,谁知柿子树主人过来看到了头陀,于是决定戏弄他一番,说树上应该是一只老鸟吧,爬在树上的头陀于是就学鸟叫;主人说,树上应该是一只猴子吧,头陀于是就学猴子叫;主人说,树上应该是一只鹰啊,头陀就做出伸展翅膀的动作;主人说,是老鹰的话它应该会飞呀,头陀就做出要飞的样子,结果从树上摔了下来。这则狂言嘲笑了艰苦修行的头陀的自欺欺人,充满了喜剧色彩,妙趣横生。《柿头陀》喜剧性产生于人物自身的自相矛盾。刚刚出场时候的头陀自我标榜、自吹自擂:"诚以我等一派宗教,入野入山,艰行苦行,修舍身之行的人,还能照例地安然回到本乡,这真是很大的幸事了。"⑨然而接下来发生的事情却自己打了自己的脸,自我标榜成了喜剧的材料。狂言《骨皮》中的年老方丈,觉得料理事务比较吃力,于是将管理寺里事务的权力交给了徒弟,自己选择隐居。施主甲、乙、丙先后来寺里借伞、借马和邀请方丈做法事,方丈却教唆徒弟撒谎。徒弟说方丈"发了野兴"的谎言引来了方丈的殴打,徒弟却抖露出了方丈暗地嫖娼的事实。隐居的方丈,原来是个撒谎成性、兽性未泯之辈。

同样,《故事新编》也塑造了众多喜剧性人物。《采薇》中的伯夷在兄弟叔齐面前最讲礼让,敬爱兄长的叔齐也遵从"出则悌"的伦理道德,但随着故事的发展,叔齐显出了他"出则悌"伦理道德的虚伪和自我矛盾:伯夷将父亲传位的事情说出去并传播开之后,叔齐对伯夷就有了腹诽——"但也不敢怎么埋怨他;只在心里想:父亲不肯把位传给他,可也不能不说很有些眼力"⑩。《起死》中的庄子召唤司命让髑髅活转过来的时候是多么自信:"要知道活就是死,死就是活呀,奴才也就是主人公。我是达性命之源的,可不受你们小鬼的运动。"⑪然而后面发生的事情一步一步地揭露出庄子学说的矛盾——复活的汉子不但不感谢庄子,反而纠缠庄子,庄子借助巡士才摆脱汉子的纠缠,狼狈逃窜。庄子生死无别的学说受到了嘲讽。

当然《故事新编》与狂言在塑造喜剧性人物上也有所不同。与谣曲的角色为正面的英雄勇将、名士美人不同,狂言的角色是荒唐愚蠢的武士侯爷,庸碌无用的头陀、管家、船户、方丈、沙弥等名不见经传的凡人、庸人,《故事新编》选择的却是中国历史上的英雄名人如女娲、后羿、大禹、老子、墨子、庄子等,通过脱冕式的重新书写,在这些英雄名人身上寄予鲁迅对中国文化的反思、对自身存在状态的思考。因为立足当下情境与自我境遇而书写历史名人,《故事新编》比狂言更加渗透着创作主体的生活感受和生命体验,更加具有个体性和现代性。日本狂言折射着社会景象,《故事新编》隐藏着鲁迅的生命密码。

三、狂言的滑稽特质影响了《故事新编》

在自相矛盾的倒错中产生喜剧性——滑稽,进而揭示生活的本质,是狂言喜剧艺术的特征之一,也是《故事新编》喜剧艺术的特征之一。"狂言的特质是滑稽。"⑫"滑稽,事物自相矛盾,引人发笑的审美特性。喜剧性的表现形态之一。"⑬狂言《雷公》写一个庸医因为在本地待不下去,万般无奈,只好投奔他处;来到狂野避雨的庸医遇见从天空中坠落下来把腰骨跌折的雷公,竟然阴差阳错地治好了雷公的病,还得到雷公"你的医道真是高明之至"的称赞。痊愈后的雷公作为感谢,让庸医说出他的愿望并让他如愿以偿:"我保佑你没有旱灾水灾,五谷成熟,你也富贵荣华,延年益寿。"雷公的昏聩、庸医因祸得福的荒唐,让人感到滑稽可笑。狂言《金刚》写一个时运不济、度日为难的本地人想要投奔外省别图生计,朋友为他出谋划策,让他扮作金刚来赚取信士们的布施钱以谋生计。一次得逞之后的这个人,不听朋友见好就收的劝阻,在第二次扮作下凡金刚骗取信众钱财的时候,因为眼珠、头部的转动而被当场揭穿。《故事新编》具有同样的滑稽风格,人物自身前后的矛盾、人物言行与内心真实的矛盾成为《故事新编》产生滑稽风格的原因。

《故事新编》与狂言都运用插科打诨的手法造成滑稽的效果。头陀自以为变成了鹰从树上摔下来摔伤之后,要求柿子树主人把他带回家去调养,柿子树主人不答应,头陀就施展法力、念起咒语来了:

> 桥下的菖蒲,
> 是谁种的菖蒲?
> 哺噜,哺噜,哺噜!
> 上大人,孔乙己。
> 哺噜,哺噜,哺噜!⑭

周作人对此注解为:

"上大人"云云原文系日本五十字母歌诀的首二句,不能翻译,姑以趣味相近的这两句话替代,虽然《千字文》的"天地玄黄"或者在性质上更为相似。[15]

随意取用字母歌诀夹杂于咒语之中的"拼贴"修辞手法,因为语言的混杂而产生一种荒诞感,从而否定了施动者自身言语的合理性。"拼贴"的修辞手法在鲁迅《起死》中同样可以看到。庄子召唤司命让髑髅复活时提高喉咙大叫:

至心朝礼,司命大天尊!
天地玄黄,宇宙洪荒。日月盈昃,辰宿列张。
赵钱孙李,周吴郑王。冯秦褚卫,姜沈韩杨。
太上老君急急如律令!敕!敕!敕![16]

《千字文》《百家姓》的话出于战国时期庄子之口,"司命大天尊""太上老君急急如律令!敕!敕!敕!"道教用语出于道家代表性人物庄子之口,这样一种不同时代、不同宗派语言上的错乱、"拼贴"造成一种荒唐、荒谬的审美特性,构成了对庄子的讽刺。

《故事新编》与狂言取得谐味的主要手段是呈现人物自身的矛盾,但又不尽相同。鲁迅采用的是油滑的手段,即赋予古人现代化的细节——赋予古人现代生活场景,让古人言说现代生活的语言;油滑手段多使用在穿插性的喜剧性人物身上,从而达到对于现实的讽刺效果。狂言的写作没有这样的特征,狂言是将人物放在其生活的环境里来加以刻画以制造诙谐的味道、滑稽的效果。

四、狂言和《故事新编》对待滑稽的态度及效果有别

狂言和《故事新编》滑稽风格——谐味尽管有些相同,但反映出的创作者对待滑稽的态度却不同。鲁迅在一定时候肯定滑稽的价值:"但悲壮滑稽,却都是十景病的仇敌,因为都有破坏性,虽然所破坏的方面各不同。中国如十景病尚存,则不但卢梭他们似的疯子决不产生,并且也决不产生一个悲剧作家或喜剧作家或讽刺诗人。所有的,只是喜剧底人物或非喜剧非悲剧底人物,在互相模造的十景中生存,一面各各带了十景病。"[17]但更多时候不赞成这

种风格：

> 那两个"鱼与熊掌"，虽并为足下所喜，但我以为用于论文，却不相宜，因为以真名招一种无聊的麻烦，固然不值得，但若假名太近于滑稽，则足以减少论文的重量，所以也不很好。[18]

> 我的意见，以为《阿Q正传》，实无改编剧本及电影的要素，因为一上演台，将只剩了滑稽，而我之作此篇，实不以滑稽或哀怜为目的，其中情景，恐中国此刻的"明星"是无法表现的。[19]

与鲁迅对滑稽的近乎全面否定不同，狂言的创作完全建立在滑稽的基础上，以滑稽为其主要的创作意图，以引起观众发笑为指归，完全肯定滑稽的风格。（当然，日本狂言的"笑"虽然得力于对民间笑话的戏剧性改编，但已经脱离了民间笑话的低级趣味，显得比较节制、收敛。）

鲁迅的滑稽与狂言的滑稽产生的接受效果也不完全相同。狂言的滑稽引起的仅仅是读者的笑，在笑声之中否定、厌弃丑的人物、无价值的事物，笑过之后也就没有别的余香与回味了。可以说，狂言引起的笑是一种欢乐的笑、戏谑的笑、鄙夷的笑、厌弃的笑。《故事新编》的笑却是一种"酸辛的谐笑"[20]，在谐笑中抨击现实、反思文化、观照自我的过程中因为"骨子里仍藏着鲁迅固有的悲凉"，于是这种笑声就带有苦涩的味道，而这种苦涩、酸辛恰恰为滑稽增加了内涵和深度，使得《故事新编》区别于"也还是油滑，轻薄，猥亵之谈，和真的滑稽有别"的"中国之自以为滑稽文章者"[21]。

总而言之，《故事新编》汲取众多艺术的营养，其中有日本狂言。日本狂言不仅影响《故事新编》，而且也影响鲁迅其它小说，《呐喊》《彷徨》中的喜剧性人物诸如《阿Q正传》中的阿Q、《肥皂》中的四铭、《高老夫子》中的高尔础、《幸福的家庭》中的青年作家都能看到日本狂言的影子。

(河北工程大学文法学院)

注释：

① 王瑶:《〈故事新编〉散论》,《王瑶全集》第 6 卷,河北教育出版社 2000 年版,第 360—366 页。

② 顾红亚:《〈故事新编〉中的越文化精神》,上海社会科学院出版社 2018 年版,第 125—135 页。

③⑫ 周作人译:《狂言选·引言》,中国对外翻译出版公司 2001 年版。

④ 鲁迅:《〈奔流〉编校后记》,《鲁迅全集》第七卷,人民文学出版社 2005 年版(下引各卷同版),第 166—167 页。

⑤ 周作人译:《狂言选·后记》,中国对外翻译出版公司 2001 年版,第 196 页。

⑥ 武者小路实笃:《一个青年的梦》,《鲁迅译文全集》(第一卷),福建教育出版社 2008 年版,第 379 页。

⑦ 杨辛、甘霖:《美学原理》,北京大学出版社 1993 年版,第 287 页。

⑧⑰ 鲁迅:《再论雷峰塔的倒掉》,《鲁迅全集》第一卷,第 203 页。

⑨⑭ 周作人译:《狂言选·柿头陀》,中国对外翻译出版公司 2001 年版,第 146 页,第 151 页。

⑩ 鲁迅:《采薇》,《鲁迅全集》第二卷,第 422 页。

⑪⑯ 鲁迅:《起死》,《鲁迅全集》第二卷,第 486 页。

⑬ 朱立元主编:《美学大辞典》,上海辞书出版社 2014 年版,第 58 页。

⑮ 周作人译:《狂言选》,中国对外翻译出版公司 2001 年版,第 152 页注释。

⑱ 鲁迅:《两地书》,《鲁迅全集》第十一卷,第 69 页。

⑲ 鲁迅:《301013 致王乔南》,《鲁迅全集》第十二卷,第 245 页。

⑳ 鲁迅:《〈一篇很短的传奇〉译者附记》,《鲁迅全集》第十卷,第 500 页。

㉑ 鲁迅:《"滑稽"例解》,《鲁迅全集》第五卷,第 360 页。

手的变形与梦的断片
——《弟兄》中的自虐倾向与生命能量

刘景琦

  《弟兄》这一小说承载了很多周氏兄弟的往事。小说中弟弟靖甫和周作人起先被误诊为猩红热,实际上是起疹子;哥哥沛君与鲁迅同样在照料生病的弟弟。许寿裳认为"这篇小说的材料,大半属于回忆的成分很可以用回忆文体来表现的,然而作者那时别有伤感,不愿作回忆的文,便作成这样的小说了"。[①] 郜元宝也认为"许多'书中人'对某些当事人和知情者还是'相干'的"。[②] 竹内好认识到"说《弟兄》和《离婚》的作者不是小说家似乎也没大错"。[③] 这些评论都指向了小说人物与周氏兄弟的密切联系。周作人在《鲁迅与"弟兄"》中写道:"这篇既然是小说,论理当然应该是诗的成分加多了,可是事实并不如此,因为其中关于生病的事情都是实在的,虽然末后一段里梦的分析也带有自己谴责的意义,那确可能又是诗的部分了。"[④] 周作人从自我谴责的角度分析小说中的梦为解读《弟兄》、关照鲁迅提供了一个独特的视角。
  《弟兄》写于1925年,时值兄弟失和事件发生两年后。鲁迅对于兄弟失和事件一直未曾公开表态。鲁迅在此过程中遭受着巨大的心灵的打击。兄弟失和后,自1923年9月起,鲁迅大病一场,一直延续了39天。后来鲁迅回八道湾取书遭到驱赶。1924年鲁迅给孙伏园写信,让他转告周作人将《故乡》纳入其所编丛书。周作人并不认可许钦文的小说,并未将其收入《新潮社文艺丛书》。⑤周氏兄弟说句话仍需要代传,可见兄弟之间关系十分紧张。1925年10月,周作人在《京报副刊》上发表了译作《伤逝》,可能戳中了鲁迅的心。种种打击都使得鲁迅不断意识到周氏兄弟的紧张关系。这种关系以及无从言说的痛苦可能使鲁迅积压了太多难以排遣的生命能量。

几乎没有研究者把《弟兄》纳入鲁迅审视自我灵魂的范畴。事实上,《弟兄》与鲁迅的其他文本在表现精神痛楚上有互文关系。钱理群指出《在酒楼上》的吕纬甫用有罪心理来讲述故事。"吕纬甫是鲁迅生命的一部分。"⑥吴俊曾系统论述了鲁迅的自虐倾向,并认为"从其心态表现上来看,最频繁和最深刻的,或许是鲁迅的被迫害倾向和自虐倾向的独特综合"。⑦吴俊在《鲁迅个性心理研究》中论述了《狂人日记》《长明灯》等小说中人物的自虐倾向,也结合《野草》等指明了鲁迅的自虐情结。然而吴俊并未将《弟兄》一文列入讨论范畴。究其原因,《弟兄》中的人物的自虐倾向可能受到了艺术形式的遮蔽。尽管也有论者把《弟兄》与果戈理小说比较,关注到了"梦中梦与铁手",但其重点论述在于果戈理对鲁迅的可能影响,最终指向为"暴露潜意识中的恶"的意图。⑧相比较于"梦中梦"的艺术表现,睡眠"幻觉"可能更贴近鲁迅的本意。另外,其指向不止于暴露恶,沛君也备受折磨。小说中也包含着鲁迅的自虐倾向和排遣忧愤的生命能量以及埋葬过去的创作意图。

一、手似铁手:揭露沛君的阴暗面

鲁迅在塑造沛君时,描绘了沛君以"铁手"毒打弟弟的孩子荷生,致使荷生满脸是血的场景。"铁"在鲁迅的艺术世界中具有独特的艺术价值。鲁迅很少单独写"铁"意象,而是把"铁"和他物融合,把铁的特性灌注其中,使其成为象征意义上的由铁铸造的事物。沛君"铁铸似的"手成为沛君的噩梦。"铁手"还展现了鲁迅塑造沛君阴暗面的艺术用心,同时也极大程度地加码了沛君"恶"的程度,放大了沛君的黑暗面,颠覆了沛君之前慈爱的人格与形象。鲁迅把沛君处理为和鲁迅本人秉持的儿童观相背离的人物形象。鲁迅提倡"以幼者为本位"的儿童观。1918年,鲁迅在《随感录二十五》中指出父亲不仅要"生了孩子""还要想怎样教育",[9]更强调了做父亲的义务,要"使这生下来的孩子,将来成为一个完全的人"。[10]鲁迅呼吁"我们中国所多的是孩子之父,所以以后是只要'人'之父!"。[11]在《狂人日记》中,狂人曾言"救救孩子",[12]而这一时期鲁迅对孩子的预设则是"总是好的""全是天真"。[13]1919年,鲁迅在《我们怎样做父亲》更进一步进行讽刺。鲁迅说道:"独有对于孩子,却威严十足。这种行径,简直可以说是和偷了钱发迹的财主,不相上下了"。[14]沛君以"铁手"毒打孩子是"吃人"的表象,也是鲁迅讽刺的对象。这与鲁迅所希望的"人"之父的形象背道而驰,也背离了鲁迅所秉持的"以幼者为本位"的儿童观。

这一儿童观的背离表现在沛君3次要打荷生的梦的断片之中,其中一次鲁迅突破了现实主义的描写,让沛君的手掌这一部分躯体发生变形和异化。

——他命令康儿和两个弟妹进学校去了;却还有两个孩子哭嚷着要跟去。他已经被哭嚷的声音缠得发烦,但同时也觉得自己有了最高的威权和极大的力。他看见自己的手掌比平常大了三四倍,铁铸似的,向荷生的脸上一掌批过去……[15]

鲁迅使沛君手掌的形貌发生变形,使沛君的手掌比平常大了三四倍。不仅如此,鲁迅还变换了沛君手掌的质性,使沛君手的内在属性和结构发生变异。原本柔软的手变为"铁铸似的"手,手由"软"变"硬"。据《正字通》解释,"铸"一字的含义是"镕金范成器也"。"铁铸"即把熔化了的铁水倒入模子中铸造金属器物,可见铸造金属器物是一个塑性的过程。沛君的手被"铁"塑形,变成

"铁手"。《正字通》也解释了铸造之器物的特性,"古器多用木,中古易以五金,取其坚久也",可以看出"坚硬"和"耐久"是这类金属器物的重要特性。由铁铸成的手有了坚硬的金属特性,比变成三四倍大的手更进一步增强了手掌的攻击性和杀伤力。沛君更是一掌"批"过去,更是加大了"铁铸似的"手的威力。荷生满脸流血,表现了荷生被"铁手"所打的惨状。

"铁铸似的"手和变大三四倍的手掌这一躯体的变形配合沛君"批"的这一动作,凸显了沛君暴虐的形象。表面上沛君是因为被孩子"哭嚷的声音缠的发烦",实际上是因为家庭经济压力把荷生看作生活负担。随着梦中靖甫的过世,沛君要负担抚养靖甫的两个孩子的责任,面临着突然袭来的经济压力。这一情节发生靖甫死后,沛君"命令"自己3个孩子上学去,不准弟弟靖甫的两个孩子跟去的梦的断片之中。荷生的诉求使得沛君情绪变得十分激动和愤怒,于是沛君不惜动用家长的权威给荷生以沉重一击。沛君把自身的痛苦发泄在荷生身上。沛君变身为强权的父辈形象。鲁迅以此揭露了传统的家长制的道德规范对人的扭曲。

"铁铸似的手"凝结着强大的力,也是鲁迅所创造的独特的艺术意象。庞德认为"一个意象是在瞬息间呈现出的一个理性和感情的复合体"。[16]"铁铸"一词出现在读者的头脑中立刻形成了它的构造和特征,与此同时,读者也能察觉到作者投射到铁铸一词上的情感因子。这种强大的力凸显了沛君此刻被孩子搅扰得极度愤怒的甚至是疯狂的心理状态。沛君的形象外在表现为"铁铸似的手"的异变,实质上表现的是沛君精神的异变。如此处理沛君的形象突出了沛君的强权和"坏脾气",极大地损毁了张沛君的形象。这一形象和沛君之前对弟弟靖甫的关爱形象之间形成了巨大的反差。在没有确定弟弟靖甫的病症之前,沛君是十分焦虑的。他紧张不安、事必躬亲,也真正十分关切弟弟的病情。这等关切绝非虚伪之举,而是真正的焦急,是真切的爱的表现。然而在对待荷生的态度上反映了沛君"恶"的一面。

沛君在现实生活场景中并未真的打荷生。鲁迅把沛君的"恶"的本性安置在沛君的梦里,安置在沛君被压抑的无意识中。荣格认为:"梦是无意识心理活动的直接表现。"[17]鲁迅通过梦的设置让读者接近沛君无意识的内容,展现了沛君复杂的内心世界。

二、铁手带来的情绪感知:幻觉暴露下沛君的痛感

沛君用"铁铸似的"手打荷生的事件都发生在梦里。梦境的设置为手的变形提供了现实合理性。梦是以断片的形式在沛君的头脑中以幻觉的形式不断显现。这种症状类似于发作性睡病(narcolepsy)。发作性睡病是在白天出现不可克制的发作性短暂睡眠,可能伴有睡眠麻痹的现象。[18]沛君在白天来到靖甫房间内,已经起得很迟的沛君在白天出现不可抗拒的睡意。沛君感到"头昏昏的",然后"梦的断片浮出",[19]可以说进入了短暂睡眠的状态中。沛君"因为这些梦迹的袭击,怕得想站起来,走出房外去,但终于没有动"。[20]这种没有动的状态可以看作是睡眠麻痹的表现。"睡眠麻痹(sleepparalysis)是在将入睡或将醒时,出现的一次性的全身躯体不能活动和不能言语的现象。为时数秒到数分,随后完全醒转或再入睡的现象"。[21]此后,沛君再度入睡,梦见自己再度"举起了手掌"。[22]在这一天早晨沛君醒来时,同样出现了睡眠麻痹的现象。

> 沛君在床上醒来时,朝阳已从纸窗上射入,刺着他朦胧的眼睛。但他却不能即刻动弹,只觉得四肢无力,而且背上冷冰冰的还有许多汗,而且看见床前站着一个满脸流血的孩子,自己正要去打她。
>
> 但这景象一刹那间便消失了,他还是独自睡在自己的房里,没有一个别的人。[23]

这一片段突出地表现了沛君进入了睡眠麻痹的状态。鲁迅曾

受过专业的现代医学教育,极有可能设计了小说人物沛君具有发作性睡病的临床表现。有论者把这一小说中的片段和果戈理的小说《肖像》进行比较,认为沛君的梦有另外一个解释的可能——梦中梦。[24]如果沛君第一次醒来实际上依旧在梦中,沛君看见的满脸孩子依旧是在梦中,那么沛君在第二次真正醒来时,应该能清楚地认识到自作了梦中梦。据医学研究解释:"这(梦中梦)是一种特殊的梦境表现。做梦者明确地知道自己处于做梦的状态。"[25]如果是梦中梦,叙述者恐怕不会对房间内无其他人的情况做出解释,并强调"景象一刹那间便消失了"。[26]沛君醒来之后,应该是进入了睡眠麻痹的状态,睡眠麻痹往往伴随产生睡眠幻觉。"睡眠幻觉"指的是"患者在处于从觉醒向睡眠转换(入睡前幻觉)或睡眠向觉醒转换时(入睡后幻觉)可出现生动的、通常是不愉快的感觉性体验,包括视觉、听觉和触觉等,偶伴睡眠麻痹和压迫感,患者常感十分恐惧"。[27]沛君在此过程中流了许多冷汗,说明其状态是惊恐的,并且产生了将要去打满脸流血的孩子的视幻觉。

医学研究表明,在这种发作性睡病状态下,"患者常叙述这些幻觉比一般的梦更可怕,因为这种梦境是从真实的(醒着的)环境中而来,区分现实状态与梦境十分困难"。[28]沛君在近似真实的幻觉状态下不断感知到梦的断片,并且出现了和梦相似的视幻觉。沛君看到自己毒打荷生,致使荷生满脸是血。这血淋淋的画面出现在沛君的幻觉世界中。沛君发冷汗的现象也反映了他内心受折磨的状况。这种身体的生理反应逐渐推到沛君的心理情绪。沛君感到害怕,并且因"怕"不断出现的冷汗表明沛君的心地非常柔软,并非愿意去打荷生。然而他用"铁铸的手"把荷生伤得血流满面。这些幻觉一直攻击他,使他不能从中挣脱。

在上述论及关于沛君用"铁铸似的"手打荷生的情节中,叙述视角从外视角即刻切入了沛君的内视角。在梦的断片中,沛君看到自己的行为。但是沛君在幻觉中只能看,却难以自控,也不能阻止这一事件的发生。在幻觉中,荷生不断流血,沛君不断流汗。因为沛君亲眼看见自己正在打孩子的行为,对此感到害怕。同时,沛君也无法补救。这种独特的艺术处理方式使得沛君既是伤害者,也是被伤害者,而且伤害沛君的人不是别人,正是沛君自己。沛君的痛感来自梦,更来自沛君的无意识。沛君无法控制,也无法摆脱幻觉的折磨。沛君在现实生活对弟弟的关爱与幻觉梦境中对弟弟孩子的虐待之间的悖论和撕裂的张力加深了沛君的痛感。

梦以断片的形式出现,也就是说,沛君不止一次地看见自己在打荷生。又如满脸是血的荷生带着"相识的和不相识的人"指控沛君的行为。沛君看见"——荷生就在他身边,他又举起了手掌……"[29]这一行为充满讽刺性。沛君打荷生的行为已经被众人看到,但是沛君却在否认。这种行径可以说是虚伪的,是卑劣的。鲁迅暴露了传统大家庭下家长制对人性的压抑,并不惜把沛君的形象处理为一个卑鄙的恶人。这些梦迹如同鹅毛一样,"终于非浮上来不可"[30]。这种不可改变的、不可抗拒的场景不断地攻击沛君。沛君能够感知到自己的行为,更加深了沛君的痛感。鲁迅把这一情景处理为梦和幻觉,和小说中真实的现实时空环境相隔较远。如果鲁迅真的安排在现实时空中,那么靖甫等人也会承受情感的伤痛,家里也会大乱,可能如同小说中的秦家兄弟一样,闹得不可开交。梦境的设置使得沛君在现实之中没有可以祈求原谅和诉说的对象。沛君在此过程中不断审视自己。沛君只能独自承担这一切,处于无法言说和孤立无援的境地中。沛君不断遭受着幻觉的折磨,无可自拔,无法诉说。在沛君的发作性睡病结束之后,沛君同样也无可对外言说自己的幻觉和梦境。

这种梦境的处理方式和《阿Q正传》中阿Q的梦的设置不同。阿Q的梦是美梦,是一次性完成的梦;而沛君的梦是在不断产生在幻觉中的,是比真实的梦境更为真实的噩梦,它不断给予沛君心灵的重创,以幻觉方式让沛君遭受了精神的折磨。同时,梦境的设置对无意识内容的表现也开拓了一定的艺术空间,噩梦的不断出现虐杀了沛君的精神,沛君容易产生"打在你身,痛在我心"之感。"铁手"以及梦的断片等艺术符码丰富了沛君的人物形象,使得沛君不再是疼爱弟弟的"扁平人物",而是成为丰满的"圆形人物"。苏珊·朗格在《艺术问题》中指出,"艺术结构与生命结构有相似之处"。[31]沛君的形象实际上也倾注了鲁迅自己"掘心自食"的伤痛。

三、艺术用心:释放生命能量与埋葬过去

鲁迅为毒打荷生的情节找到了合适的时空,把它安置在无比真实的幻觉梦境中,让沛君遭受心灵的重击。鲁迅独具艺术匠心地经过艺术变形放大了的沛君恶的无意识,并在被压抑的无意识中揭露了沛君的痛感和罪感。鲁迅自言:"我的作品,太黑暗了。"[32]这种黑暗其来有自。

沛君负罪感有着鲁迅的自我投射,其根源深植于鲁迅个人的生命体验之中。按照弗洛伊德的人格结构理论,当"超我"与"自我"关系紧张时,人就可能会产生负罪感。在"超我"层面,鲁迅曾想一家人永远生活在一起,同甘共苦,侍奉母亲。但是由于"自我"的存在,鲁迅对周作人妻子的态度无法得到转变。大家庭中的矛盾无法调和,理想与现实的矛盾也无法调和。鲁迅难免心生压抑。另外,据周作人讲:"沛君与靖甫很是友爱,但在心里沛君也不能没有私心,他怕靖甫死后遗族要他抚养,怕待侄子不能公平,于是造成了自己谴责的恶梦。事实上他(鲁迅)也对我曾经说过,在病重的时候我怕的不是你会得死,乃是将来须得养你妻子的事。"[33]当周作人患病时,鲁迅深切体会到了由此带来的重负。周氏兄弟失和以及失和前后的种种记忆都容易激发鲁迅精神上的苦痛。鲁迅写就《弟兄》的前一年翻译了《苦闷的象征》,其中介绍了弗洛伊德的梦的理论:"人生的大苦患大苦恼,正如在梦中,欲望

便打扮改装着出来似的,在文艺作品上,则身上裹了自然和人生的各种事象而出现"。[34]鲁迅极可能通过移情的作用,把自身的痛感转移到沛君身上,对此以梦的断片形式,释放自己的生命能量。

负罪感又会衍生出自我惩罚的需要。鲁迅也有类似的无法被原谅的生命体验。在《风筝》一文中,鲁迅偶然看到"一本外国讲论儿童的书,才知道游戏是儿童最正当的行为,玩具是儿童的天使"。[35]于是想起20年前自己把弟弟自己做的风筝折断踩扁,但是随着弟弟的忘却,鲁迅无法得到原谅。鲁迅说"我的心只得沉重着"。[36]无论《风筝》中的事件是否为实有,鲁迅的选择是因罪感而进行自我惩罚。鲁迅在结尾处写道"我倒不如躲到肃杀的严冬中去罢,——但是,四面又明明是严冬,正给我非常的寒威和冷气"。[37]鲁迅希望以自虐的方式通过环境的严寒使身体受到惩罚,给心灵以宽慰。严冬暂时缓解了鲁迅的痛苦,但是长久的愧疚却无法摆脱。鲁迅在处理沛君这一人物形象时,同样使其受到自我惩罚。他有意剥夺了沛君的能力。沛君被梦境袭击,却不能控制自己,停止这种幻觉的不断产生。在梦的幻觉中,沛君也无法被他人原谅,只能独自承受沉重,不断经受灵魂的折磨,遭受难以言说的痛苦。

沛君也是鲁迅生命的一部分。鲁迅时常有一种绝望感,现实无法解决的问题造成了鲁迅生命能量的郁结。《鲁迅全集》中就有近50次提及绝望。许广平说:"周先生病矣,病甚沉重,医生有最后警告,但他本抱厌世,置病不顾……"[38]病中的厌世加速了鲁迅的自我折磨。日本学者木山英雄说"鲁迅有一种'内攻性冲动',对自己拥有的全部观念、情感、选择,都要加以'多疑'的审视"。[39]在这一审视中,鲁迅可能始终都觉得无法放下。有学者指出,"自虐是一种生命能量找不到释放所形成的反弹,它指向生命本身,是一种自我折磨和自我摧残"。[40]面对兄弟失和,鲁迅极可能以自虐的方式找到了释放生命能量的出口,以自己沉潜的生命体验打造了沛君这一形象。让生命的痛感以艺术的形式加深和放大,进而排遣生命能量。与此同时,鲁迅也更进一步将这些旧事埋葬,得到了情感释放。

一向"无公可办"的公益局,送来了一则请求处置东郊倒毙无名男尸的公文,更是鲁迅的匠心所在。由于沛君内心的愧疚,梦中所不愿发生的事变为类似的现实,按常理应该会选择逃避。但沛君却选择坚持由自己处理无名男尸。这一情节疑窦丛生,留下了待言说的空间。有论者称这象征社会的阴暗面,或者是沛君罪感的外化。汪月生的话语在一定程度上有所遮蔽。在接到这一则公文之后,月生提出他来办,好让沛君回家照顾弟弟。可能相对于公文的内容,更是月生的话触动了沛君的情绪,激起了沛君内心对弟弟的羞愧感。沛君在第二天来到公益局,同样面对月生对沛君兄弟情谊的赞美,沛君的态度与之前相比发生了极大的转变。此时的沛君不再呼应,转而去问:"昨天局长到局了没有?"㊶他需要通过一些行动和言语逃避当前讨论的话题,因为沛君已经清楚地认识到无法摆脱经济关系来面对兄弟关系。沛君受到梦境的袭击,进行自我惩罚,但是内心依旧存有愧意。收到公文后,月生让沛君回家照顾弟弟的好意容易牵扯到沛君头脑中的回忆和幻觉中的情感体验。沛君对弟兄的看法发生了质的变化,此时的沛君正处于心理空窗期。他需要过渡,走出内心冲突与不安的阶段。沛君也许此刻不愿回家面对弟弟,以延宕面对弟弟的时刻,给自己更多心理过渡的时间。沛君更需要通过行动来表现自己,以遮蔽无意识中所暴露出的对兄弟情谊的一些新想法。在局里最好的办法就是通过工作调节自己的精神,这可能是沛君执着于办公的原因。

另外,鲁迅在小说中安置的是一具无名男尸。沛君曾设想弟弟去世后,由于经济困顿,可能要送去义庄暂存在一定程度上变为了现实。沛君执着要去办这件公事,由于与设想情境存在某种相似性,这件事不免带有沛君的情感。沛君"十分安心""沉静地"状态,[42]相比于汪月生,沛君更有可能妥善地处理这一事件。这是鲁迅贴着人物考量的结果,也是鲁迅艺术用心的体现。更进一步,这是鲁迅要给小说和自己一个交代的结果,也是按照鲁迅的思考方式处理"之后"问题的结果。在靖甫生病之时,沛君已经想到后事怎么办的问题,周作人生病时,鲁迅想到处理其遗孀的问题。鲁迅此时要处理的是经历了心理空窗期的沛君怎么办的问题。这也正是鲁迅的深刻之处。鲁迅设置公民郝上善等呈上的将无名男尸处以"拨棺抬埋"[43]的请求,颇有深意。它象征性地表达了沛君要亲手将过去埋葬,将往事埋葬。"埋葬"的也是沛君的片面的旧我,"埋葬"既是结束,也是开始,也体现了鲁迅和旧我告别,重新认识兄弟关系也是两个家庭的关系的意味,同时也体现了鲁迅埋葬过去的艺术用心。

四、结 论

"铁铸的手"以及出现这一情境的"梦的断片",加深了小说人物的痛感。这些艺术符码的处理服务于鲁迅释放生命能量以及埋葬旧我的需要。鲁迅以此让自己面对惨淡的现实,接受灵魂的审问,进行自我折磨以释放自己被压抑的能量,重新处理自我关系、兄弟关系和家庭关系。同时,这也是鲁迅独具匠心的艺术处理。鲁迅的人生经历和感受为小说增添了艺术魅力。关于创作主体和小说人物关系,鲁迅早已论及。"但小说里面,并无实在的某甲或某乙么?并不是的。倘使没有,就不成为小说。"[44]"然而纵使谁整个的进了小说,如果作者手腕高妙,作品久传的话,读者所见的就只是书中人,和这曾经实有的人倒不相干了。"[45]鲁迅以"铁铸似的手"的艺术变形揭露了沛君恶的性格一面,赋予了小说艺术性。小说人物沛君的形象因此更为鲜活和立体。

(内蒙古大学文学与新闻传播学院)

注释：

① 许寿裳：《关于〈弟兄〉鲁迅传》，九州出版社 2017 年版，第 177 页。
② 郜元宝：《〈弟兄〉二重暗讽结构——兼论读懂小说之条件》《文学评论》2019 年第 6 期。
③ [日]竹内好：《近代的超克》，孙歌编，生活·读书·新知三联书店 2005 年版，第 88 页。
④ 周作人：《鲁迅与"弟兄"》，《周作人谈鲁迅》，北方文艺出版社 2014 年版，第 74 页。
⑤ 邓小燕：《从"拟许钦文"到"再拟许钦文"——鲁迅〈弟兄〉新论》，《中国现代文学研究丛刊》2021 年第 2 期。
⑥ 钱理群：《鲁迅研究十五讲》，北京大学出版社 2003 年版，第 65、75 页。
⑦ "我相信可以在鲁迅的一系列作品中，发现明显的以被迫害和自虐为其心理特征的线索，包括上述例举的以'狂人'心态为其特征的作品和形象系列。……我想，这不是其它问题，而是由独特的文学和人性所决定的。它们都是普遍的和永恒的。"参见吴俊：《鲁迅个性心理研究》，华东师范大学出版社 1992 年版，第 116 页。
⑧ 徐晓宇：《"身份误认"、梦中梦与铁手——论鲁迅〈弟兄〉中的几个果戈理要素》，《绍兴文理学院学报》2024 年第 1 期。
⑨⑩⑪ 鲁迅：《随感录二十五》，《鲁迅全集》第一卷，人民文学出版社 2005 年版（以下所引各卷同版），第 312 页。
⑫ 鲁迅：《狂人日记》，《鲁迅全集》第一卷，第 455 页。
⑬ 鲁迅：《孤独者》，《鲁迅全集》第二卷，第 93 页。
⑭ 鲁迅：《我们现在怎样做父亲》，《鲁迅全集》第一卷，第 136 页。
⑮ 鲁迅：《弟兄》，《鲁迅全集》第二卷，第 143 页。
⑯ 庞德：《回顾，二十世纪文学评论》上册，上海译文出版社 1987 年版，第 108 页。
⑰ 荣格：《心灵的救治　寻求灵魂的现代人》，安徽人民出版社 2019 年版，第 4 页。
⑱ "发作性睡病（narcolepsy）是指白天出现不可克制的发作性短暂睡眠，伴有或不伴有猝倒发作、睡眠麻痹和入睡前幻觉。"参见谢斌主编，上海市医师协会组编：《医师考核培训规范教程　精神科分册》，上海科学技术出版社 2016 年版，第 163 页。
⑲⑳ 鲁迅：《弟兄》，《鲁迅全集》第二卷，第 143 页。
㉑ "睡眠麻痹（sleep paralysis）是在将入睡或将醒时出现的一过性的全身躯体活动不能和言语不能，是发作性睡病四联症之一，也可独立发生、属于睡眠倒错范围。常伴呼吸困难感，为时数秒到数分，醒后完全醒转或再入睡，触碰患者可使症状消失。发作时常使患者惊恐不安，特别与入睡前幻觉合并发生时更是如此。"参见刘新民主编：

《中华医学百科大辞海内科学》(第三卷),军事医学科学出版社 2008 年版,第 1133 页。

㉒ 鲁迅:《弟兄》,《鲁迅全集》第 2 卷,第 143 页。

㉓ 同上书,第 143 页。

㉔ "主角在'醒来'之后都继续着梦中的景象,并且景象都是单一场景的单一片段,张沛君看见的是床前满脸带血的孩子。在梦中的张沛君举起手掌准备打荷生之后,张沛君'醒来'了,但其实他还在做梦,梦中他躺在床上不能动弹,却准备去打一个站在床前的孩子,就在这时,一切景象都消失了——这才是真正的醒来,醒后他发现自己独自躺在床上。"参见徐晓宇:《"身份误认"、梦中梦与铁手——论鲁迅〈弟兄〉中的几个果戈理要素》,《绍兴文理学院学报》,2024 年第 1 期。

㉕ 杨惠民、郭瑞增、许延梅等编:《梦的科学解析》第 2 版,中医古籍出版社 2007 年版,第 214 页。

㉖ 鲁迅:《弟兄》,《鲁迅全集》第二卷,第 142 页。

㉗ 谢斌主编:《医师考核培训规范教程》,上海科学技术出版社 2016 年版,第 163 页。

㉘ 李延忠主编:《睡眠呼吸障碍性疾病》,山东科学技术出版社 2005 年版,第 379 页。

㉙㉚ 鲁迅:《弟兄》,《鲁迅全集》第二卷,第 143 页。

㉛ 苏珊·朗格:《艺术问题》,滕守尧译,南京出版社 2006 年版,第 35 页。

㉜ 鲁迅:《两地书》,《鲁迅全集》第十一卷,第 466 页。

㉝ 周作人:《鲁迅与弟兄》,《周作人谈鲁迅》,北方文艺出版社 2014 年版,第 74 页。

㉞ 鲁迅:《鲁迅译文集》第三卷,人民文学出版社 1958 年版,第 31 页。

㉟㊱ 鲁迅:《风筝》,《鲁迅全集》第二卷,第 188 页。

㊲ 同上书,第 189 页。

㊳ 鲁迅:《290521 致许广平》,《鲁迅全集》第 12 卷,第 168—169 页。

㊴ 钱理群:《鲁迅作品十五讲》,北京大学出版社 2003 年版,第 75 页。

㊵ 罗成琰:《历史的选择与选择的历史——中国现代文学综论》,湖南师范大学出版社 1999 年版,第 296 页。

㊶ 鲁迅:《弟兄》《鲁迅全集》第二卷,第 145 页。

㊷㊸ 同上书,第 146 页。

㊹ 鲁迅:《〈出关〉的"关"》《鲁迅全集》第六卷,第 537 页。

㊺ 同上书,第 538 页。

鲁迅抄录古籍之《梦书》

秦 硕

在鲁迅辑录古籍手稿中,有清乾嘉年间学者郝懿行(1757—1825)著作三种:《燕子春秋》《蜂衙小记》《记海错》,采自郝懿行孙郝联薇缮录、刊印于光绪年间的《郝氏遗书》[①]中。另有《梦书》一种,虽亦录自《郝氏遗书》,但实为郝妻王照圆[②]辑纂,系王氏从《太平御览》等诸类书中辑出的散佚古书一种。从历代史志目录看,述梦类古籍众多,有《黄帝长柳占梦》《甘德长柳占梦》《竭伽仙人占梦书》《杂占梦书》《占梦书》《解梦书》《纪梦要览》《梦占类考》《梦占元解》等。其中题名《梦书》者也非只一种,如阙名《梦书》十卷、卢重玄《梦书》四卷等。而王氏所辑《梦书》[③],虽未署明原作者,题名亦稍有差别,但实或即为古籍中所载周宣撰《占梦书》[④],依据有三:一,郝懿行《晒书堂文集》卷二《与孙渊如观察书》中有言:"而拙荆王婉佺[⑤]前著《葩经小记》,未有定本。又校《列仙传》二卷;辑周宣《梦书》一卷"。[⑥]二,王氏《梦书》中正文中,有两处注明"周宣《梦书》"(见下文表中右列第45及57条)。三,王氏在《梦书》跋语中识曰:"今姑录出为《占梦书》一卷,存古也。又诸书援引,但题曰《梦书》。唯《初学记》'鹦鹉'一条题为'周宣《梦书》'。盖其余难得而详矣。今兹所录,仍题曰《梦书》,阙疑也"。从以上三点可推知:王氏录此57条佚文,是以辑出已散佚的周宣"《占梦书》"为目的的,但因所引用抄录的五种古书援引皆"题曰《梦书》"[⑦],故仍以"《梦书》"题名,并志"阙疑也"。

周宣《梦书》具体散佚于何时已不可确考。元末明初陶宗仪所辑《说郛》卷一零九下中,录有《梦书》一种,凡27条,署"阙名"。但今所见《四库全书》本《说郛》既已是陶珽重编本,与陶宗仪原本有所相异;且《说郛》的编录原则是"每书略存大概,不比求全。亦有原本失亡,而从类书之中钞合其文,以备一种者"⑧。故陶宗仪是否目睹过《梦书》原本、其所辑文本又究竟为何皆不可知。后王照圆所辑《梦书》,采撷类书四种(《太平御览》《北堂书钞》《初学记》《艺文类聚》)、韵书一种(《广韵》),共得文57条。对照这两种《梦书》文本(参见下文"表一"),王氏《梦书》文本57条,除涵盖《说郛·梦书》全部27条外,另多辑录了30条。但二者相重的27条,文本又并不完全相同,有些条目差异较大。故王氏《梦书》,非定是在翻阅过《说郛·梦书》后产生了补全校正的想法而在其基础上增录30条得成"57条"本;而是并未读过《说郛·梦书》,由无而起,从诸书所引辑出的"57条"本的可能更大些。

鲁迅《梦书》手稿抄录于1911年1月间。手稿共九页,订为一册,封面题"梦书一卷　王照圆辑　在郝氏遗书中",后记"庚戌十二年录"。共录王氏《梦书》卷前"《题辞》"、卷末跋语及正文57条。此57条正文与《说郛·梦书》27条之文本见下表:

序号	《说郛》⑨卷一零九下之《梦书》	鲁迅抄录王照圆辑《梦书》
1	印钩为人子所禄也。梦见印钩,人得子;含吞印钩,怀妊妇也;钩从腹出,为其乳;失印,子伤堕;而怀之,妻有子;以口含之,子为宅中。【见右列第4条】⑩	(《梦书》曰)⑪梦者像也,精气动也。魂魄离身,神来往也。阴阳感成,吉凶验也。梦者,语其人,预见过失,如其贤者,知之自改革也。梦告也,告其形也。目无所见,耳无所闻,鼻不喘臭,口不言也。魂出游,身独在,心所思念忘身也。受天神戒,还告人也。受戒不精,忘神言也。名之为寱,告符臻也。古有梦官,世相传也。《太平御览》三百九十七。

· 109 ·

续表

序号	《说郛》⑨卷一零九下之《梦书》	鲁迅抄录王照圆辑《梦书》
2	凡梦侏儒事不成,举事中止后无名,百姓所笑人所轻。【见右列第6条】	(又曰)⑫昔圣帝明王之时,神气焰然先见。故尧梦乘龙上泰山,舜梦击天鼓,禹梦其手长,汤梦布令天下,后皆有天下。桀梦疾风坏其宫,纣梦大雷击其手,齐桓梦为大禽所中,秦二世梦虎啮其马。王者梦之,皆失天下。《御览》三百九十七。【《太平御览》⑬"泰山"作"太山"】
3	亭为积功,民所成也。梦筑亭者,功积成也;梦亭坏败,恩泽伤也。【见右列第9条】	梦见新岁,主命延长。(《梦书》)《北堂书钞》一百五十五。
4	桃为守御,辟不祥。梦见桃者,守御官。【见右列第41条】	(《梦书》曰)梦见印钩,主得子;妇吞含印钩,主怀妊;失印,主子伤堕。《书钞》一百三十一《初学记》二十六。按《初学记》引增多五句,而错误不可读。【《初学记》⑭此条为:"《梦书》曰:印钩为人子所禄也。梦见印钩,人得子;含吞印钩,怀妊妇也;钩从腹出,为其乳;失印,子伤堕;而怀之,妻有子;以口含之,子为宅中。"】
5	李为狱官。梦见李者,忧狱官。【见右列第42条】	(《梦书》曰)珠珥为人子之所贵,梦见珠珥,得子也。《御览》七百一十八。【《太平御览》"梦见"作"梦得"】
6	梦得香物,妇女归也。【见右列第20条】	(《占梦书》曰)凡梦侏儒事不成,举事中止后无名,百姓所笑人所轻。《初学记》十九。

续表

序号	《说郛》⑨卷一零九下之《梦书》	鲁迅抄录王照圆辑《梦书》
7	竹为处士,梦者当归隐也。【见右列第40条】	(《梦书》云)地为阴者,下冥人之。梦见地者,身安宁。《书钞》一百五十七。按:有误字。
8	梦梳箆,为忧解也;其发滑泽,心泰也;虮虱尽去,百病愈也。虮虱为忧,啮人身也。梦见虮虱,而有忧至也。【见右列第53条】	(《梦书》曰)城为人君,一尊也。梦见城者,见人君也;梦筑新城,有功名。《御览》二百九十一。按:一字误。【《太平御览》"一尊也"为"一县尊也";此条实出自《御览》一百九十二,或为王氏笔误。】
9	蛾为妇女肩偎也。梦见蛾者,忧婚也。【见右列第51条】	(《梦书》曰)亭为积功,民所成也。梦筑亭者,功积成也;梦亭败坏,恩泽伤也。《御览》一百九十四。【《太平御览》及王氏《梦书》"败坏"作"坏败"。】
10	松为人君,梦见松者,见人君之征也。【见右列第37条】	(《梦书》曰)灶主食,梦者食得。《御览》一百八十六。【《太平御览》"食得"作"得食"。】
11	榆火,君德至也。梦采榆叶,受赐恩也;梦居树,得贵官也;梦其叶滋茂,福禄存也。【见右列第38条】	(《梦书》曰)梦见灶者,忧求妇嫁女。何以言之,井灶女执使之象。《艺文类聚》八十。
12	柳为使者。梦,当出游也。【见右列第39条】	(《梦书》曰)梦见甑,欲娶妻;梦见甑带,媒妁来。《御览》七百五十七。
13	鹈鹕为斗,相见怒也。梦见鹈鹕,忧斗也。【见右列第46条】	(《梦书》曰)梦见得新铫,当取好妇也。《御览》七百五十七。

续表

序号	《说郛》卷一零九下之《梦书》	鲁迅抄录王照圆辑《梦书》
14	梦见鸂鶒,居不双也;妇见之,此独居也;婿见之,恐失妻也;雄雌俱行,滛佚游也。【见右列第47条】	(《梦书》曰)梦见新筭,妇女憙。《御览》七百五十七。
15	丈尺为人正长短。梦得丈,欲正人也。【见右列第31条】	(《梦书》曰)梦床所坏者,为忧妻也。【《太平御览》七百六。】
16	铨衡为人正也。梦得衡,为平端也;以铨秤,平财钱也。重者价贵,轻者贱也。铨衡折败,无平人也。【见右列第30条】	(《梦书》曰)梦见帷帐,忧阴事。《太平御览》七百。)
17	梦横缴,欲举荐。【见右列第28条】	(《梦书》曰)妇人梦粉饰,为怀妊。《太平御览》七百一十九。
18	梦见新筭,妇女憙。【见右列第14条】	(《梦书》云)簪为身。簪者,己之也。梦著好簪,身之喜欢也。《书钞》一百二十七。按:疑有误字。
19	梦见得新铫,当取好妇也。【见右列第13条】	(《梦书》云)转轴为夫妇。梦得转轴,夫妇之事也。《书钞》一百四十一。
20	梦围棋者,欲斗也。【见右列第24条】	(《梦书》曰)梦得香物,妇女归也。《御览》九百八十一。
21	妇人梦粉饰,为怀妊。【见右列第17条】	(《梦书》云凡)梦见杯案,宾客到。多客大案,少客小案。《书钞》一百三十三。
22	粗屣为使令卑贱类也。梦得粗屣,得僮使之也。【见右列第343条】	(《梦书》曰)梦帘、屏风,蔽匿一身也。【《太平御览》七百。】

续表

序号	《说郛》卷一零九下之《梦书》	鲁迅抄录王照圆辑《梦书》
23	梦持弹者,得朋友。 【见右列第27条】	(《梦书》曰)梦得钩带,受约束也。钩带着身,约敕己也。持钩带脱,事决已也。《御览》三百五十四。
24	梦帘、屏风,蔽匿一身也。 【见右列第22条】	(《梦书》曰)梦围棋者,欲斗也。《御览》七百五十三。
25	梦见帷帐,忧阴事。 【见右列第16条】	(《梦书》曰)梦得镶盾,忧相负也。【《太平御览》三百五十七。】
26	梦床所坏者,为忧妻也。 【见右列第15条】	(《梦书》云)簧为结约。梦得簧者,得贤友。《书钞》一百十。
27	梦得镶盾,忧相负也。 【见右列第25条】	(《梦书》曰)梦持弹者,得朋友。《御览》三百五十。
28		(《梦书》曰)梦横缴,欲举荐。《御览》八百三十二。
29		(《梦书》曰)牍札为人荐举。梦得牍札,欲荐举也。《御览》六百六。【《太平御览》无"人"字。】
30		(《梦书》曰)铨衡为人正也。梦得衡,为平端也;以铨枰,平财钱也。重者价贵,轻者贱也。铨衡折败,无平人也。《御览》八百三十。【《太平御览》"枰"作"秤"。】
31		(《梦书》曰)丈尺为人正长短。梦得丈,欲正人也。《御览》八百三十。
32		(《梦书》曰)锦绣为忧事。有文章,梦得绣,忧县官也。《御览》八百十五。

续表

序号	《说郛》⑨卷一零九下之《梦书》	鲁迅抄录王照圆辑《梦书》
33		(《梦书》曰)(占)梦得鞭策,欲有使也。(续补)《书钞》一百二十六。【《北堂书钞》⑮此条为:"占梦得鞭策,欲有使也。续补"】
34		(《梦书》曰)粗屦为使令卑贱类也。梦得粗屦,得僮使之也。【《太平御览》六百九十八)。】
35		(《梦书》曰)五谷为财饮食物。梦见谷,得财吉;五谷入家,家当盛。《御览》八百三十七。
36		(《梦书》曰)禾稼为财用之所出。梦见禾稼,言财气生。《类聚》八十五《御览》八百三十九。【《艺文类聚》⑯"用之所出"作"田之所出"。】
37		(《梦书》曰)松为人君。梦见松者,见人君也。《类聚》八十八《御览》九百五十三。【《太平御览》"见人君也"作"见人君之征也"。】
38		(《梦书》曰)榆为人君,德至仁也。梦采榆叶,受恩赐也。梦居树上,得贵官也。梦其叶滋茂,福禄存也。《类聚》八十八《御览》九百五十六。按:《类聚》存作荐,误;又脱去末二句。【《艺文类聚》此条为:"《梦书》曰:榆为人君,德至仁也。梦采榆叶,受赐恩也。梦居树上,得贵官也";《太平御览》及王氏《梦书》"恩赐"作"赐恩"。】

续表

序号	《说郛》⑨卷一零九下之《梦书》	鲁迅抄录王照圆辑《梦书》
39		(《梦书》曰)柳为使者,梦柳当出游也。《类聚》八十九《御览》九百五十七。按:《类聚》柳作杨,误;又脱去末句。 【《艺文类聚》《太平御览》此条皆为"杨为使者"。】
40		(《梦书》曰)竹为处士。田居梦见竹者,忧处士也。《太平御览》九百六十二。
41		(《梦书》曰)桃为守御,辟不祥。梦见桃者,守御官。《御览》九百六十七。
42		(《梦书》曰)李为狱官。梦见李者,忧狱官。【《太平御览》九百六十八。】
43		(《梦书》曰)鸡为武吏,有冠距也。梦见雄鸡,忧武吏也。众鸡入门,吏捕也。群斗舍中,惊兵怖也。《御览》九百十八。按:吏上疑脱忧字。
44		(《梦书》曰)鹰鹞为攻剽残心。梦鹰鹞,忧贼人也。《御览》九百二十六。按:心字疑误。
45		(周宣《梦书》曰)鹦鹉为亡人居宅也。梦见鹦鹉,忧亡人也。其在堂上,忧豪贤。《初学记》三十《御览》九百二十四。按:《初学记》引作周宣《梦书》,《御览》亦同;忧亡人作是亡人,盖误。 【《太平御览》"豪贤"作"贤豪"。】

续表

序号	《说郛》⑨卷一零九下之《梦书》	鲁迅抄录王照圆辑《梦书》
46		(《梦书》曰)鹁鹠为斗,相见怒也。梦见鹁鹠,忧斗也。《御览》九百二十四。
47		(《梦书》曰)梦见鸤鹊,居不双也。妇见之,此独居也。婿见之,恐失妻也。雌雄俱行,淫佚游也。《御览》九百二十五。 【《太平御览》"雌雄"作"雄雌";"淫"作"滛"。】
48		(《梦书》曰)伯劳为忧口舌声可恶也梦见伯劳忧口舌也。《御览》九百二十三。按:俗本忧口舌误作夏口话。又脱梦见伯劳四字,今补正。
49		(《梦书》曰)梦蜘蛛者,其日遂有喜事。《御览》九百四十八。按:蜘蛛长脚者俗呼喜子,见《尔雅注》。
50		(《梦书》曰)蜘蛛为大腹,其性然也。梦见蜘蛛,忧怀妊妇人也。《御览》九百四十八。
51		(《梦书》曰)蛾为妇女肩偎也。梦见蛾者,忧婚也。《御览》九百五十一。按:肩偎二字疑讹。 【《太平御览》"肩偎"作"眉偎"。】
52		(《梦书》曰)守宫为寡妇,著垣墙也。梦见守宫,忧寡妇人也。《御览》九百四十六。

续表

序号	《说郛》⑨卷一零九下之《梦书》	鲁迅抄录王照圆辑《梦书》
53		(《梦书》曰)梦梳篦,按:《御览》七百一十四作梳枕。为忧解也。其发滑泽,心泰也。虮虱尽去,百病愈也。虮虱为忧,啮人身也。梦见虮虱,有忧至也。《御览》九百五十一。 【《太平御览》七百一十四此条为:"《梦书》曰:梦梳枕,为忧解也。虱尽去,百病愈也。"】
54		(《梦书》曰)蜣蜋为忧财辅以行者。梦见蜣蜋,忧财粮也。《御览》九百四十六。按:疑有误字。
55		(《梦书》曰)螳螂为亡人蔽其草也。梦见螳螂,忧亡命者也。《御览》九百四十六。 【《太平御览》"忧亡命者也"作"忧亡命者"。】
56		(《梦书》曰)蚍蜉为小盗,衔食行也。梦见蚍蜉,小盗众也。《御览》九百四十七。 【《太平御览》"衔食"作"御食"。】
57		塑像也(出周公《梦书》)。《广韵·十一暮》塑字注云出周公《梦书》,按:周公当即周宣,此所引不全,存之。

对校王氏《梦书》刊印本[17]和鲁迅抄录本:其一,鲁迅《梦书》手稿是对王氏《梦书》的全文抄录,无任何校改。仅有的两处不同(见上表右列第9、第38条),只是词语的近义颠倒,或为鲁迅抄录时的笔误。其二,鲁迅抄录了王氏辑佚《梦书》的前言《题辞》及正文后的跋语。但王氏《梦书》的"跋语"之后,还有王氏以附记"录

存之"的《古占梦书》文9条,分别采自《诗》《列子》《庄子》《论衡》等;另有《三国志·蜀志》"见血者事分明也"1条、《广韵》"宜檓"1条、《酉阳杂组·诺皋记》"趾离"1条。这12条内容鲁迅并未抄录。

由上推知,鲁迅抄录王氏《梦书》,起初或是把其规划为自己"古籍辑佚"计划的一部分的。所以只抄正文而未录附记——正文稿留备之后作汇校、补辑用。但不知何故,鲁迅并没有继续《梦书》的辑校工作,故现今只留传下这样一份抄录手稿。

2021年,国家图书馆出版社、文物出版社新版《鲁迅手稿全集》,将鲁迅抄录《梦书》手稿编入鲁迅辑校抄录的与博物有关的"博物"类古籍中。《梦书》内容以"述梦解梦"为主,并非探究梦境产生之生理、心理等医学方面的原因,归入"博物"类并不准确。笔者以为按2021年版《鲁迅手稿全集》古籍编的八种分类法——"乡邦文献""中古文史材料""古小说钩沉""唐宋传奇集""小说史材料""书目题记""博物""其他",似编入"其他"类更为妥当。

[北京鲁迅博物馆(北京新文化运动纪念馆)]

注释:

① 除郝懿行所著外,《郝氏遗书》还收录郝懿行父郝培元、妻王照圆纂述数种。如郝培元著《梅叟闲评》、王照圆辑《梦书》等。
② 郝懿行初于乾隆四十二年(公元1777年)成亲,娶妻林氏。后林氏在乾隆五十一年(公元1786年)夏病逝,次年底郝氏与王照圆再婚。王照圆出身福山县望族,其父王锡玮早逝,母林孺人通诗书,自王氏幼年教其读习亡夫所遗藏书。王氏聪慧,十岁时即可作诗。二十五岁嫁郝懿行后,夫妻诗文唱和,心同琴瑟,感情甚笃。
③ 下文简称"王氏《梦书》"。
④ 《隋书》卷三十四记"《占梦书》一卷,周宣等撰";《旧唐书》卷四十七记《占梦书》三卷,周宣撰";《新唐书》卷五十九记"周宣《占梦书》三卷"。
⑤ 王照圆名瑞玉,字照圆,号婉佺。
⑥ 光绪十年(1884年)东路厅署刊刻《郝氏遗书》之《晒书堂文集》卷二《与孙渊如观察

⑦ 据笔者对校援引古籍,只"梦侏儒"条记"《占梦书》曰"(见表格右列第 6 条),其余皆记出自"《梦书》"。

⑧ [清]纪昀、陆锡熊、孙士毅:《说郛·提要》,《影印文渊阁四库全书》之子部一八二,台湾商务印书馆 1986 年版。

⑨ [明]陶宗仪:《说郛》卷一百九下,《影印文渊阁四库全书》之子部一八八,台湾商务印书馆 1986 年版。(按:古籍引文及鲁迅手稿标点为笔者试加,下同)。

⑩ 【】内为笔者所加按语,下同。

⑪ 王照圆辑《梦书》所引诸条皆略去出处文字,鲁迅所录同。( )内为笔者据原文所补。援引一种以上的条目,所补据条文后王氏注第一种。

⑫ 此条在《太平御览》卷三百九十七中接其上"梦者像也"条,故记"又曰"。

⑬ [宋]李昉等:《太平御览》,《影印文渊阁四库全书》之子部一九九—二〇七,台湾商务印书馆 1986 年版,下同。

⑭ [唐]徐坚等:《初学记》,《影印文渊阁四库全书》之子部一九六,台湾商务印书馆 1986 年版,下同。

⑮ [唐]虞世南:《北堂书钞》,《影印文渊阁四库全书》之子部一九五,台湾商务印书馆 1986 年版,下同。

⑯ [唐]欧阳询等:《艺文类聚》,《影印文渊阁四库全书》之子部一九四,台湾商务印书馆 1986 年版,下同。

⑰ 光绪八年十二月(1883 年 1 月)东路厅署刊刻《郝氏遗书》之《梦书》。

鲁迅生平研究

鲁迅西安之行向教育部请假了吗？

王鹏程

拙著《1924：鲁迅长安行》问世后，先后有读者和专家问到这样一个问题：鲁迅当时在教育部任职，西安之行长达36天（从1924年7月7—8月12日），他向教育部请假了吗？这的确是个问题。但笔者写作时未曾想到，也没有看到相关文字记录。鲁迅1912年5月离开南京临时政府教育部，进京任职于北洋政府教育部。1920年后，教育部欠薪日益严重，默许部员在外兼职。鲁迅先后或同时在北京的八所大、中学校兼课，主要精力也放在教学和写作上，与教育部的关系若即若离，到部里点卯也几不提起，也很少在日记里记录，但仍为教育部官员，并未与教育部脱离关系。那么，鲁迅到底向教育部请假了吗？

一

关于职员请假，教育部1913年颁布的《修正教育部请假规则》有着明确要求：

第一条　本部为慎重职务起见分配请假单于各个职员如遇有重要事故需请假者应将事由及期限详记于请假单在参事秘书各司长总务厅之处长各科长呈总次长在佥事主事录事送各司长或科长均需得其认可

第二条　请假者无论久暂均应将所任职务托同僚一人代理并将代理人姓名记明于请假单

第三条　请假单皆须于前一日呈送惟病假及紧急事故不在此例

第四条　凡不及先一日呈送请假者仍须于当日或次日补填

第五条　请假日期逾于原定期限者仍需依据前法续假

第六条　凡因特别事故请假至半月以上者得呈请总次长派员代理

……

第九条　请假人员有事假逾三十日以上病假满九十日以上者呈由总长查照中央行政官官俸法第六条分别办理一面抄单知照会计科①

鲁迅在北洋政府教育部任职期间，共离京5次。1912年6月10—12日，与同事齐宗颐到天津广和楼考察新剧（即现代话剧），为公差；再就是3次回绍兴探亲和1924年的西安之行。3次回绍兴探亲，都履行了请假手续，工作由别人代理（目前笔者未见鲁迅1916年12份请假时教育部发布的工作由别人代理的公告）：

第一次　1913年6月19日从北京启程，拟7月22日返京，后因士兵封城搜捕土匪延迟至27日启程，8月7日回京。共计48天。《教育部编纂处月刊》1913年1卷7期发布通告："佥事周树人请假，派沈彭年暂行代理社会教育司第一科科长。"

第二次　庆祝母亲六十寿辰，1916年12月3日从北京启程，1月7日回京。共计34天。鲁迅《日记》12月1日记"休暇"②。

第三次　1919年12月1日从北京启程，29日回京。共计29天。1919年教育部《部令第九十七号（八年十一月二十七日）》通告云："本部社会教育司第一科科长周树人现经准予给假省亲应派佥事戴克让暂代科长职务此令。"③

按照北洋政府教育部请假规则第六条"凡因特别事故请假至半月以上者得呈请总次长派员代理",以及第九条"请假人员有事假逾三十日以上病假满九十日以上者呈由总长查照中央行政官官俸法第六条分别办理一面抄单知照会计科"的规定,鲁迅的西安之行是应该向教育部总、次长请假的。国立西北大学和陕西省教育厅合办的暑期学校为期一月,往返路途需15天左右,这两点鲁迅通过1924年6月28日陕西省长驻京代表邀请鲁迅的"办事人之宴"和7月4日的"王捷三来约赴陕之期",是应该知道的。

那为什么会有鲁迅是否请假的疑问呢?因为从1920年之后,教育部欠薪问题日益严重,到了1924年,已经完全不能维持正常的秩序,甚至处于无政府状态。因之,有学者认为,鲁迅可能没有向部里请假。

二

吴海勇的专著《时为公务员的鲁迅》是研究鲁迅任职教育部时期比较全面的一部专著。该书认为,1924年——"此时教育部已进入无序状态,部员大多"放羊",鲁迅《日记》长久不见有到部的记录,赴陕可能根本没有报告领导。"④

但这完全是揣测,可靠吗?

鲁迅是个行事严谨、做事有度的人。初到教育部上班,他是严格遵守办公时间和考勤制度的。据鲁迅当年在教育部的同事李维庆回忆,"当时,机关有坏习气,如部长迟迟不下班,则其他司长、参事等均不得离开,否则,恐遭责问"。但"鲁迅却遵守办公时间,按时上下班,毫不顾虑"⑤。另一位同事冀贡泉回忆鲁迅说:"我和他同桌办公,感到他正是所谓'直''谅''多闻'的益友。"教育部公务不多,上司也不无事找事。"人们好几天才有一件公事办。我们两个并不是闲的,没公事办,有私事办。恰好我们两个人都喜欢读书,我们每天对面坐下各读各的书,记得好像他是经常读的一本西文书(德文,他在日本学医,懂德文),他津津有味地看,天天如此。同事们佩服他看书有恒心。总之,他是整天看书,不把时间浪费在闲谈上。"⑥教育部规定,部员上班后须由本人签个"到"字,以监督按时上班。但执行的并不严格,迟到早退现象并不少见,鲁迅日记中也偶有记录。如1913年2月18日,鲁迅上班途中遇到日本弘文学院的同学夏揖颜,"折回邑馆,赠以《或外小说》第一、二各二册"⑦,这样中途折回,再去部里上班,很可能上班迟到。另如1918年9月10日下午,鲁迅瞅空冒雨前往北大,为胡博厚"往大学作证讫"⑧,可谓早退。这些,都颇能说明考勤并不严格。这跟教育总长的频繁更换也有很大关系。这一时期,北洋军阀各派势力为了争夺统治权,教育总长上下台如同走马灯一般。据统计,"从一九一二年到一九二六年,即鲁迅在教育部工作的一段时期,这个部就曾更换过三十八次教育总长,二十四次教育次长"⑨,如总长陈振先在位40天、刘冠雄在位45天、马君武在位20天、易培基在位14天、范源廉在位9天,次长何煜在位2天等。⑩时间愈后,尤其是教育部欠薪后,部员迟到早退甚至旷工就屡见不鲜了。鲁迅的小说《弟兄》可谓教育部上班情况的真实写照——"公益局一向无公可办,几个办事员在办公室里照例的谈家务"⑪,局长"杳如黄鹤",天天不见人影,属下竞相效仿,能溜则溜,哪天回到办公室了,"去簿子上补画上一个'到'就是了。"⑫从1920年开始,教育部薪俸发放开始拖延,且不能足额,部员也就无心上班了。据当时也在北大、女师兼职的钱稻孙回忆:"教育部上班时间不一定,八点摇铃,但我一般都是十点到";"每天十点左右才能到部里。部里每天大约有三四十件公事,但都是照例公文,如果刻一个木板,照例印下去就行。公事一会就可以完。"⑬外出兼职的部员越来越多,也正是从这一年,鲁迅的干劲锐减,开始在北大兼授中国小说史课程。对此,教育部是完全知情并允许的,但部员仍须到部里上班点卯,请假也须履行手续。此年,鲁迅的请假次数较多,如3月

31日,"甚疲,请假",4月1日,"续假"[14]。5月13日,"小疾休息"[15]。11月23日,"发热,休息"[16]。12月25日,"休假"[17]。初到北京的几年,鲁迅常带病上班,而这时候,连疲劳也要请假了。1921年,北京教育界罢教索薪,鲁迅积极响应,于3月份停止在各校的授课。此次国立八校教职员工索薪请愿,在新华门遭遇军警殴打。在师生的坚持抗争下,政府最终屈服。到了1923年,政局动荡,曹锟以贿选在"双十节"登上总统宝座,但依然无法解决财政困难。此前一月多教育总长彭允彝辞职走人,长期欠薪的教育部濒临绝境。[18]鲁迅5月份才领到1月份薪水的一半,6月份领到2月份薪水的三成三,而且是特别流通券。此后一次性领取的薪水少得可怜,如8月18日"上午收到二月分奉泉四元",鲁迅"即付工役作夏赏"[19]。薪俸一成、三成地发放,成为常态。这一年,社会上甚至传出教育部将被拍卖的流言,报纸上甚至登出了拍卖广告。鲁迅11月份接受媒体采访时说,这只是谣传:"教育部决定拍卖房屋和图书的传说,我也听说了。但教育部并无此种决议,这种房屋器材图书能不能拍卖,稍微有常识的人,都立刻可以明白。不过确实有这样的说法,大概有人向报纸写过信,说是如果拍卖,四库全书就可卖很多的钱。"[20]教育部拍卖房屋和图书虽属子虚乌有,但却反映了不少人的心声,因为教育部欠薪实在是严重。鲁迅说——"原来从(民国)九年秋季以来,北京政府各部经常发不出经费。(民国)十年三月,曾发生国立八大学联合罢课,参谋本部及其他各部,也常常发生罢业。其间政府有几次变动,任何一个政府登台,总是发不出经费来,因此在(民国)十年、十一年两年中,曾几度发生各部部员与总长发生冲突的事,索薪团大举涌入国务院,与国务总理等人大打出手,有时甚至发生流血事件。北京政府发不出经费,已成了一种普通的现象,而每月发给经费的倒被看做不可思议的怪事了。"[21]在"政府机关中,教育部是仅次于参谋本部的欠薪最多的部,已经九个月没有发薪了,部员中生活困难的确实不少,其中有回乡的,也有不能再到部的。最困难的是彭允彝教育总长时代今春进部的人,这些人连一个月的月薪也没有领到过。加之彭已经不在了,所以那时进部的人,差不多连一个同情的人也没有,其中有的部员还是特地从家乡出来的,在北京无一相识,其情况更为狼狈。教育部人员常在部里开会,上国务院奔走,向曹氏请愿,要求早日任命总长,决定部的负责人,要求迅速发给经费,看样子都无结果。我觉得做这些活动也不会有办法,因此开会时从未去过。这样的内阁,不管说多少话,差不多都是空的。所以部员们觉得反正没有希望,就有人发表过激的言论,有人说,必须作彻底的改革,我们是革命派。真要革命就得到民间去宣传革命,依靠人民的力量来反对政府。依然留在当官的地位,因为领不到薪水便变了革命家,实在太滑稽了。这些人只要把薪水十足领到,他就可以当官,并不是什么革命家。所以他们的话是毫无作用的。不管哪个国家也找不到官吏更兼革命家的人物,身为官吏,口谈革命,既为官吏又兼革命家的人,也只有我国才有。教育部拍卖房屋图书的话,大概也只有我国才能听到。总之,对于我国的现状,我不想认真去想,也没有什么好说。"[22]

到了 1924 年,欠薪情况非但没有缓解,而且越来越严重。1924 年底,上一年 7 月份的薪俸还没有发全。鲁迅这一年多病,休假较多。如 3 月 25 日至 29 日,"皆休假,闲居养病",26 日"终日偃息",这几天"虽间欲作文,亦不就"[23],可见病情不轻。这一年,鲁迅的其他收入(兼课费、稿酬、版税等)超过了教育部的薪俸收入。[24]不过,鲁迅仍需要到教育部上班,他已懒得在日记中去记录了,但我们通过他给友人的书信还是可以寻绎到蛛丝马迹。

如 1924 年 2 月 26 日,鲁迅在致李秉中的信中说:

秉中兄:

我的时间如下,但星期一五六不在内。

午后一至二时　在寓

三至六时　　在教育部(亦可见客)
六时后　　　在寓
星期日大抵在寓中。[25]

由此可见,鲁迅每周二、三、四下午3—6时,需在教育部坐班。1924年5月19日,教育部召开全体大会,决定由"索薪会"派人轮流赴财政部索薪,鲁迅没有像1921年那样,积极响应参与。此月,鲁迅日记载8日"晚上孙伏园来部"。10日"下午收去年四月俸泉卅"[26],可能去过部里。6月份,鲁迅日记5日记"下午收去年五月分奉泉百,六月分者六十九"[27],可能去部里领薪。由此看来,鲁迅每个月去部里一两次,点卯应差。此月以前,最晚5月底鲁迅已经答应赴西安讲学,6月2日西安的《新秦日报》教育界消息之《筹办中之暑期学校》(续)已预告了鲁迅(周树人)将赴西安讲学的消息。6月28日,鲁迅"至先农赴西北大学办事人之宴"。30日,"得傅佩青信,王品青转来"[28]。傅佩青即西北大学校长傅铜,这是他发来的正式邀请函。

那么,鲁迅什么时候请假呢? 我们只能从鲁迅1924年7月初的日记里寻绎了。

7月1日,鲁迅记"午伏园来部,同至西吉庆午餐"。

7月1日是星期二,这表明鲁迅这一天到部里上班了。前一天,他刚收到西北大学的正式邀请。这天,他可能是去请假,但没有请成。

7月3日,"休假"。隔了一天,鲁迅向部里请假终于成功。因而才有7月4日"王捷三来约赴陕之期"[29],计划7月7日晚启程。

由此可见,鲁迅西安之行,是向教育部履行了请假手续的。因此,他8月4日从西安提前返程(暑期学校8月20日结束),的确是讲演已完,夙愿已了,无心再逗留了,并非是急着回京到部里报到;也决不是吴海勇所言的"鲁迅《日记》长久不见有到部的记录,赴陕可能根本没有报告领导"。

三

关于鲁迅的西安之行,吴海勇其他一些错误的论述也应予纠正。他说:

> 1924年7月7日,鲁迅与京津等地高校学者、报纸记者10余人应陕西省教育厅和西北大学之邀,赴西安作暑期讲学,8月12日返京,前后历时1月又6天。
>
> 可能有人视此为民间学术文化活动,但就鲁迅个人而言,陕西之行带有相当强烈的官方色彩。当初西北大学的邀请名单中并没有鲁迅,是他的学生王品青知道后与主办单位通气,才为鲁迅争取到了这个机会。诚然,那时鲁迅已是名满天下,且在各所高校兼课,也算个文人学者,但是他的主要身份还是教育部官员,王品青只要强调这点,邀请方就会肃然起敬——别忘了,此次西北暑期讲学的举办是在陕西省教育厅的领导之下进行的。
>
> ……鲁迅的加盟却无意中提升了赴陕讲学团的待遇规格,因为对陕西教育系统而言,中央派员来了。[30]

这段话基本上是臆测,经不起分析,也不可信。就陕西方面而言,暑期学校为国立西北大学和陕西教育厅合办,无疑是"带有强烈的官方色彩呢"的,但就鲁迅方面,完全是个人性质的学术交流活动。无论是向陕西方面推荐鲁迅的王品青和王捷三,还是鲁迅本人以及陕西方面,都没有资料可以证明突出了鲁迅的教育部官员身份,陕西方面突出的,也只是鲁迅的北京大学教授和新文学大家的身份。

1924年春夏之际,时任西北大学校长的傅铜与陕西省教育厅商议成立"暑假学校",聘请学者名流赴陕讲学。在邀请名单中,本没有鲁迅,王捷三知道后,认为鲁迅既是北大、女师大的兼职讲师和教授,又在全国有着巨大影响,因而很希望能邀请鲁迅到自己的家乡陕西讲学,传播新文艺和新学术。于是,他与王品青商议。王品青、王捷三与傅铜有同在北京哲学社的关系,"知道鲁迅先生为了创作历史小说,尝有西来之意,曾以'孔子西行不到秦'这句话劝先生答应游陕。"[31]因之,二人致函傅铜表达了希望邀请鲁迅的意见。傅铜很快接受了他们的建议,向鲁迅发出邀请函。鲁迅也欲借此机会到西安为历史小说《杨贵妃》的写作积累感性的材料,欣然接受了邀请。鲁迅1924年6月28日日记载:"至晨报社访孙伏园,而王聘卿亦在,遂至先农赴西北大学办事人之宴,约往陕作夏期讲演也,同席可八九人。"[32]办事人之宴由陕西省长驻京代表、众议院议员郭光麟做东,宴请赴西安讲学学者及经办诸人。傅铜请王捷三以西北大学驻北平代表身份陪同鲁迅来陕讲学,并担任北京方面的招待员。[33]陕西方面呢,也从未突出鲁迅教育部官员的身份,如先期的"暑期学校"预告,都介绍为"周树人,北京大学教授"。[34]鲁迅在北大任教时被聘为讲师。当时北大规定,兼任教师只能聘为讲师。西安报纸一律写为北大教授,可能信息资料不够准确,但也不排除特意将讲演人职级抬高以示尊敬,并以此来壮大讲演队伍之声势。"鲁迅"的名字第一次出现在西安的报纸上,是1924年7月30日《新秦日报》所载之《暑期学校新闻三则》其中第三则为"鲁迅讲演已终,定于今日离陕":"小说大家周树人别号'鲁迅',此次来陕所讲演之《中国小说的历史的变迁》,截至昨日,业已终讲,现定于今日离陕东返云。"(本报道时间有误,鲁迅是8月4号才离开西安的)此后的报道,都突出了鲁迅为"小说大家",从未提及鲁迅即周树人教育部官员的身份,陕西方面也并未因为鲁迅的教育部官员身份而"肃然起敬"。

国立西北大学和陕西教育厅合办的暑期学校邀请鲁迅,无疑"带有强烈的官方色彩",但他们邀请的是学者周树人和"新文学大家"鲁迅,并未考虑他的教育部官员身份,也不认为是"中央派员来了"。也没有材料证明"鲁迅的加盟却无意中提升了赴陕讲学团的待遇规格"。就鲁迅而言,也是纯粹个人意义上的学术交流和文化考察。

(西北大学文学院)

注释:
① 《法令 教育部令第五十五号(十一月二十八日)修正教育部办事规则、修正请假规则、修正会议细则》,《教育部编纂处月刊》1913年第1卷第10期。
② 鲁迅:《鲁迅日记》(1),人民文学出版社2022年版(以下所列皆此版,不另注),第253页。
③ 《教育公报》1920年7卷1期。
④ 吴海勇:《时为公务员的鲁迅》,广西师范大学出版社2005年版,第118页。
⑤ 李维庆:《我的回忆》,转引自吴海勇:《时为公务员的鲁迅》,广西师范大学出版社2005年版,第61页。
⑥ 冀贡泉:《我对鲁迅壮年的几点印象》,转引自吴海勇:《时为公务员的鲁迅》,广西师范大学出版社2005年版,第38页。
⑦ 鲁迅:《鲁迅日记》(1),第49页。
⑧ 同上书,第342页。
⑨ 孙瑛:《鲁迅在教育部》,天津人民出版社1979年版,第79页。
⑩ 同上书,第80页。
⑪ 鲁迅:《彷徨》,人民文学出版社2024年版,第132页。
⑫ 同上书,第142页。
⑬ 《访问钱稻孙记录》,《鲁迅研究资料》(4),天津人民出版社1980年版,第205页。
⑭ 鲁迅:《鲁迅日记》(1),第401页。
⑮ 同上书,第404页。
⑯ 同上书,第417页。
⑰ 同上书,第419页。
⑱ 吴海勇:《时为公务员的鲁迅》,广西师范大学出版社2005年版,第240页。
⑲ 鲁迅:《鲁迅日记》(1),第482页。
⑳ 《教育部拍卖问题的真相 教育部第一科长周树人氏谈》,日文原载1923年11月18日出版的、藤原镰兄编辑的日文《北京周报》第89期,楼适夷译,鲁迅研究室编:《鲁迅研究资料》(3),文物出版社1979年版,第52页。

㉑ 同上书,第51页。
㉒ 同上书,第52页。
㉓ 鲁迅:《鲁迅日记》(1),第509页。
㉔ 吴海勇:《时为公务员的鲁迅》,广西师范大学出版社2005年版,第71页。
㉕ 鲁迅:《鲁迅书信》(1),第116页。
㉖ 鲁迅:《鲁迅日记》(1),第509页。
㉗ 同上书,第515页。
㉘ 同上书,第519页。
㉙ 同上书,第522页。
㉚ 吴海勇:《时为公务员的鲁迅》,广西师范大学出版社2005年版,第118页。
㉛ 单演义:《鲁迅讲学在西安》,长江文艺出版社1957年版,第12页。
㉜ 黄乔生:《鲁迅年谱》,浙江大学出版社2021年版,第210页。
㉝ 王鹏程:《1924:鲁迅长安行》,陕西人民出版社2024年版,第100页。
㉞ 1924年6月2日《新秦日报》教育界消息之《筹办中之暑期学校(续)》、6月19日《建西报》所载的《暑期学校之组织》、7月20日《旭报》所登的《国立西北大学、陕西教育厅合办暑期学校简章——(讲演题目)续》对鲁迅的介绍均是如此。

鲁迅儿时的玩具

吴仲凯

"玩具是儿童的天使。"[①]与大多数的孩童一样,儿时的鲁迅也与玩具有缘。晚清绍兴的玩具店不少,过年时还会有各种小贩。鹅项街里就有几家玩具店,招牌上写着"耍货"二字,卖竹木的兵器、纸糊面具、不倒翁、泥人、染色的木盘杯碗,或是可以吹响发声的泥蛙老虎。由轩亭口到大善寺的路上还有一些火漆玩具,将火漆烧软后制成青蛙、金鱼、三脚蟾、果品及摸鱼的老渔翁等。[②]鲁迅的笔下也提到过不少儿时的玩具,或简单质朴,或饶有趣味。

一、小鼓、刀枪、泥人与糖菩萨

在《阿长与〈山海经〉》中,鲁迅就提到不少玩具,在除夕夜,"睡在枕上,看着红包,想到明天买来的小鼓,刀枪,泥人,糖菩萨……"[③]

19世纪末20世纪初的绍兴,每到新年,孩子不仅能收到压岁钱,还有给长者"叩岁"拿到的"拜岁钱",这些钱多半要消费在玩具上。当地的孩子买的大多是花灯、木制的刀枪、竹削的小笛、纸糊的面具、泥塑的孩童神仙和会发声的鸡虎。[④]

糖菩萨即糖人,晚清绍兴的糖人以斤论买,有鸡、马、鳌鱼、有桥亭、财神和被称为"哈啦菩萨"的弥勒佛等。在一些便宜的糖色店,一斤可以买到三四只大糖人或二三十只小糖人,只要约二百文,极为便宜。[⑤]如果打碎了,还可以吃。1935年出版的《新年风俗志》里还记载着一些绍兴的糖人游戏:有一种叫做"拨糖菩萨"的游戏,小贩会拿出一只包着白纸的圆板放平,上面贴着狭长的红绿纸条,写着状元、解元、会元、进士和举人,还有写着秀才的白纸条。纸条中间摆着糖制模印的鱼、兔、财神、魁星、寿星、麻姑、东方朔等,中间有一根立柱,上面串着可以转动的竹条和引针。只需付一文钱,便可以转动引针,引针带动竹条停在纸条上就可以得到相应的糖人。⑥还有"摸糖",即抽奖,在竹片上写着头奖、二奖等装进袋里,依抽到的奖项给糖。⑦

木制的刀枪也是鲁迅儿时爱玩的玩具,鲁迅的母亲曾回忆,鲁迅小时有一位木工朋友,名叫"和尚",大家都叫他"和尚师傅"。他比鲁迅大10来岁,和鲁迅关系很好,曾做一把木头"关刀"送给鲁迅玩,鲁迅很喜欢这把"关刀",还曾拿着它到处"示威"。⑧实际上鲁迅身边不乏会做竹木玩具的能工巧匠。"闰土"的父亲章福庆会做竹工,会做竹笛、竹箫、竹蛇、风筝竹架、竹刀、竹水枪等,还做过一样用竹皮编成扁圆形的球,镂空,里边又有一个小球,中装石子,下有把手,摇起来哗喇有声。⑨

泥人也称泥孩、摩侯罗、黄胖。绍兴的泥质玩具以动物造型闻名,泥人并不精细。有一种泥像,仅正面着色,称"烂泥菩萨"。这是一种粗制的泥人,有儿童、老妪、"一团和气"等。"一团和气"是一种粗看像弥勒佛,细看由儒、道、释三人组合而成的人像,制作工艺可能也不高,一说"越中所作但粗末泥人,如'一团和气'之类而已"。⑩民国时较为有名泥人有虎丘泥人和惠山泥人,后来鲁迅也曾收到过林语堂夫人赠送的泥孩儿和费慎祥赠送的惠山泥玩具等。

小鼓指的是拨浪鼓,绍兴的拨浪鼓不仅仅是玩具,也是行商叫卖的工具,当时似乎多由杭州人用兔革所作。⑪鲁迅曾多次提到拨浪鼓,后面往往还要引朱熹的一段话:"鼗,小鼓,两旁有耳;持其柄而摇之,则旁耳还自击。"⑫这里大约还带着一些对理学的讽刺意味。这种讽刺意味在《二十四孝图》一文里更为明显。鲁迅提到在《老莱娱亲》和《郭巨埋儿》两则故事里,"躺在父母跟前的老头子"和"抱在母亲手上的小孩子",手里虽然都拿着拨浪鼓,命运却很不同——一个是躺在父母跟前拿"肉麻当作有趣",一个是父亲正在挖着窟窿"要将他埋掉了"。[13]不过在《我的种豆里》里,他也回忆年幼种痘时,自己曾醉心于父亲送与的两个玩具,其中的一样便是拨浪鼓。[14]

二、吹嘟嘟

鲁迅在《五猖会》一文中还曾提到一种名为"吹都都"的玩具,那是每年迎神赛会的日子,神像还未抬过时"化一文钱买下的,用一点烂泥,一点颜色纸,一枝竹签和两三枝鸡毛所做的,吹起来会发出一种刺耳的声音的哨子"。[15]鲁迅似乎很喜欢这种朴素的泥哨,总要"呲呲地吹它两三天。"[16]

鲁迅的二弟还给它做过两首诗,一首是:"门前迎会闹哄哄,耍货年年样式同。买得纸鸡吹嘟嘟,木头斗虎竹蟠龙。"[17]诗后有序,介绍吹嘟嘟:"城中神佛按时出巡,俗称迎会,多有街卖玩具者。率极质朴,以纸片、泥土及以羽毛为鸡形,中有竹叫子,吹之有声,名曰吹嘟嘟,大抵只值一钱一个"。[18]

吹嘟嘟的别名很多,有诗称其为"纸叫鸡",曰:"亦有纸叫鸡,名曰吹嘟嘟。"[19]除了"纸叫鸡",民国的《杭州府志》也称其为"吹鸡儿""哺哺鸡"和"叫鸡儿":"有竹喇叭吹鸡儿者,口衔箸管巡街吹卖,其音曰哺哺哺,故名哺哺鸡,亦名叫鸡儿。"[20]这里说说有种竹喇叭叫"吹鸡",是口中衔着竹哨沿街售卖的,能发出"哺哺"的声音。

吹嘟嘟这种泥制的鸡形玩具曾广泛流行于中国大江南北。绍兴的吹嘟嘟据周氏兄弟的回忆是泥土捏成,插有羽毛,制作简单的一种。清代绍兴本就以泥捏小鸡玩具闻名[21],是一种普遍的节日玩具。云南昆明也有相同的玩具,当地人回忆一些老人曾"用点纸和一小节竹管,做成一鸡形,插根鸡毛在尾上,便是吹鸡。这些东西拿到街上,极容易售卖"。[22]山东白沟河地区则有一种"大叫鸡"泥玩具,是模制成形的,大小不等,都以白粉作底,鸡冠鸡尾鸡羽皆彩绘,罩清漆,座底装苇哨,身上留有气孔,造型古朴可爱,设色明快。[23]

还有一些与吹嘟嘟相似的动物玩具。如山东的"鸟哨",也是泥制的,鸟形彩绘。[24]梅志回忆,鲁迅曾送给她家孩子一种木制小鸟,"尾部有一哨子,可以吹响。"[25]也是一种鸟哨。江西上饶的"雄鸡哨"较为奇特,通体用棉花塑成,内部有竹骨,尾巴插彩羽,鸡爪抓着竹哨。[26]山东的"叫虎""叫狮"一类。都是由陶土烧制的。分首尾两段,中间用高强度的纸或皮革连接。装上钢丝弹簧、哨子以后可以靠挤压空气使哨子发声,按动头尾,就会发出"咕咕"的响声。[27]广东开平镇濠村的"泥鸡"与之相似,以泥、纸为主要结构,鸡尾有竹哨,插硬纸片,鸡头与鸡尾中间有纸风箱,可以吹响也可以按压作响。[28]

吹嘟嘟可以算是一种泥哨,不少地方的泥哨虽然造型各异,却在命名上与"鸡"有关。如云南建水地方的"吹鸡"。这些"吹鸡"有各种造型,尤以十二生肖闻名,一般头尾有孔,内有空腔,不需竹哨便能能吹出"咕咕"声。[29]河南浚县的"泥咕咕"与建水吹鸡一样造型各异,有战马、家禽、孙悟空等,通体黑色,施彩。当地的一些民谣把它们称作"咕咕鸡"。[30]相似的还有贵州黄平的苗族泥哨。[31]这或许与鸡的啼叫打鸣有关,也可能与吹嘟嘟的历史有着联系。

吹嘟嘟是一种元旦的节日玩具。《杭州府志》在讲到杭州元旦风俗时,说当地儿童有吹太平箫的习俗,吹嘟嘟就是其中的一种:"京师儿童击太平鼓,吾杭则吹太平箫,元旦即卖之,制如单管以供儿戏,其类有竹喇叭吹鸡儿者。"[32]其后还收录《东园竹枝词》一首,曰:"新年无事买吹鸡,更有高擎数串鱼。"[33]讲的就是儿童在元旦时的嬉戏。《清嘉录》中的《新年杂咏》同样描写儿童玩吹嘟嘟的景象,内有"儿童能起舞,壮志定何如。"[34]一句,即"闻鸡起舞"的好意。

不过在《清嘉录》中对吹嘟嘟的起源还有一种新奇的说法。据这本描写吴地节日习俗的书记载,当地每逢新年伊始便有人沿街叫卖黄连头和"叫鸡":"献岁乡农,沿门吟卖,黄连头、叫鸡,络绎不绝。"[35]这里的"叫鸡"有两种解释,一是指会叫的公鸡,另一种便是指"吹鸡"即"吹嘟嘟"。原文之后并未解释"叫鸡",却开始解释"吹鸡",书引《新年杂咏》一诗的小序说:"吹鸡,揭竿缚草以处鸡群,口衔篙管巡街吹卖,其音曰哺哺哺,故名哺哺鸡。"[36]这段文字与《杭州府志》大致相同,却多一句"揭竿缚草以处鸡群",就是说"吹鸡"是在鸡群中售卖的。结合前文,似有"吹鸡"本是卖鸡的工具,后也随鸡一同售卖之意。如依照此说,"吹鸡"本也不必拘泥于鸡的形状,或许是因为与鸡的渊源,才做成鸡形玩具。这或许可以解释云南建水的"吹鸡"为何造型多样。在广东的一些方言中"吹鸡"即为吹口哨之意[37],也与此说颇合。

丰子恺在为周遐寿的《儿童杂事诗》作图时,曾绘有一张吹嘟嘟的笺纸[38]。笺纸上一位商人手执长杆,杆上插着不少吹嘟嘟。这些吹嘟嘟画的很简略,只能辨出鸡喙、翅膀和尾巴,几乎是一个缩小的鸡形。每只鸡身下身都插着一支竹签可供拿捏,吹气口在鸡背。商人手中拿着一只吹都都正在吹卖,一旁是玩耍的小孩。笺纸上的吹鸡有鲁迅所提的竹签,商人边吹边卖的情形与《杭州府志》所述亦同,应当是有所考据的。

三、万花筒

"万花筒"可能是鲁迅儿时的玩具之一。在《我的种痘》里鲁迅醉心的另一种玩具便是"层出不穷"的万花筒。鲁迅笔下的万花筒有着无限的趣味:"一个小小的长圆筒,外糊花纸,两端嵌着玻璃,从孔子较小的一端向明一望,那可真是猗欤休哉,里面竟有许多五颜六色,希奇古怪的花朵,而这些花朵的模样,都是非常整齐巧妙,为实际的花朵丛中所看不见的。况且奇迹还没有完,如果看得厌了,只要将手一摇,那里面就又变了另外的花样,随摇随变,不会雷同。"[39]正因为这种奇妙,儿时的鲁迅甚至因为"要探检这奇境"所以背着大人,拆掉玩具一探究竟:"剥去外面的花纸,使它露出难看的纸版来;又挖掉两端的玻璃,就有一些五色的通草丝和小片落下;最后是撕破圆筒,发见了用三片镜玻璃条合成的空心的三角。"[40]可惜,想要复原时却没有成功,此后也耿耿于怀。"真不知道惋惜了多少年,直到做过了五十岁的生日,还想找一个来玩玩。"[41]

后来在一次"巡阅马路的工夫",鲁迅无意中又看见了万花筒,因为是某大公司的制造品,便立刻买了一个,送给儿子。只是这一次的万花筒却不能使他满意:"不但望进去总是昏昏沉沉,连花朵也毫不鲜明,而且总不见一个好模样。"等到孩子将其拆开,"露出来的倒还是十九世纪一样的难看的纸版,待到挖去一端的玻璃,落下来的却已经不是通草条,而是五色玻璃的碎片。围成三角形的三块玻璃也改了样,后面并非摆锡,只不过涂着黑漆了"[42]。鲁迅对这种工艺十分失望:"黑玻璃虽然也能返光,却远不及镜玻璃之强;通草是轻的,易于支架起来,构成巨大的花朵,现在改用玻璃片,就无论怎样加以动摇,也只能堆在角落里,像一撮沙砾了。这样的万花筒,又怎能悦目呢?"[43]

其实在1925年民国《日用百科》中,万花镜的制作工艺已有所转变:"用纸制成长筒,内置玻璃镜二三枚,其相交之角度各为六十度,筒底装一玻璃匣,匣内散置着色之玻璃小片。"[44]这里内部装的还是玻璃镜,却已经不用通草了。

四、风 筝

鲁迅在《风筝》一文里描写了一段兄弟二人与风筝的故事:

"小兄弟"爱风筝,"我"却很厌恶,一日撞见"小兄弟"偷偷的在糊风筝,在"破获秘密的满足"和被欺瞒的愤怒中,便将风筝的翅骨折断,风轮踏扁了。时隔多年意识到自己的错误,再想对他说明时,"小兄弟"却说什么也不记得了。[45]

据鲁迅二弟的回忆,这篇文章里有"诗与真实"的成分。真实的是鲁迅确实不放风筝,而鲁迅的三弟周建人爱放。他同时也是做风筝的好手,会做蝴蝶、老鹰形的各种风筝,蝴蝶的有两眼,在腿的上下两部分也都装上灵活的风轮,还有装"斗线",连线也特别巧妙,几乎超过专家。"诗意"的是周建人做风筝大约是十二三岁的事,鲁迅已在南京上学不在家中,且鲁迅对兄弟与游戏,一直很理解,没有那种发怒的事。[46]

但据许广平的文章,这是确有其事的——因为鲁迅曾和人谈起过这则故事。"他还说过一件事:有一次放学回家后他不知道弟弟(周建人)到那里去了,后来看见他在一间堆积杂物的小屋里糊风筝,他觉得这是件没出息的事,就把弟弟的风筝撕毁了,当他长大后觉得这样对弟弟是很不对的。曾对弟弟提起这件事,他弟弟说有这件事情吗,我都不记得了。后来鲁迅伯伯就说,他不记得这件事使我更不好受。还说:自己做过的错事应该牢牢记住,并不是人家不记得就以为可以过去了。"[47]尤其最后的两句话不见于鲁迅的《风筝》,所以这段"他还说过"应该并不是指《风筝》的概括。

虽然两人的说法矛盾,但鲁迅似乎确实不爱放风筝。在鲁迅自己的文章里,有时也会"借题发挥"。他在批判一种叫"科学灵乩"的迷信时曾讽刺说:"风水,是合于地理学的,门阀,是合于优生学的,炼丹,是合于化学的,放风筝,是合于卫生学的。"[48]这里是拿"风筝"合于"卫生"来讽刺"灵乩"合于"科学"——风筝自然与卫生有关,孩子可以运动与呼吸新鲜空气,炼丹也确实用到化学——但如果混为一谈,便可能是别有用心,正如将"笔仙"与心理学混同,将科学作迷信的幌子。风筝与卫生学的关系也并非鲁迅杜撰,当时《申报》上的儿歌里就有类似的句子:"我欢喜,放风筝,春日广场空气清,昂头挺胸合卫生。"[49]这篇文章写在1934年,正是"科学救国"的口号盛行的时候,鲁迅的本意是批驳那些假借"科学"的名号搅浑水的骗子,他认为"每一新制度,新学术,新名词,传入中国,便如落在黑色染缸,立刻乌黑一团,化为济私助焰之具,科学,亦不过其一而已"。[50]

五、鲁迅对儿童玩具的看法

鲁迅重视儿童的发展,也重视玩具。1934年的"儿童年"他写了一篇关于玩具的文章说:"今年是儿童年。我记得的,所以时常看看造给儿童的玩具。"[51]他认同"玩具是儿童的天使",被迫失去玩具的儿童无异于一种"精神的虐杀"。[52]

鲁迅欣赏朴素的中国民间玩具。这些民间玩具多用泥、竹、木、纸等材料制作,有塑、编、缝、雕等不同工艺,可以运用简单的物理结构运动、发声。在"儿童年",他发现不少玩具虽然写着"完全国货",却是从外国引进的,这种虚假让鲁迅感到厌恶。他转而提到一种竹制"机关枪":"用两个长短不同的竹筒,染成红绿,连作一排,筒内藏一个弹簧,旁边有一个把手,摇起来就格格的响。"[53]这种简单的竹工玩具深得鲁迅的喜爱,他和孩子一起摇着"机关枪"在路上走,全然不顾周围西洋人和日本人的鄙夷或悲悯的苦笑。鲁迅盛赞玩具制造者的创造力,称"江北人却是制造玩具的天才……也是我所见的惟一的创作"。[54]他认为这种粗笨的玩具是以"坚强的自信和质朴的才能与文明的玩具争。他们,我以为是比从外国买了极新式的武器回来的人物,更其值得赞颂的"。[55]在鲁迅眼中,朴质的民间玩具有源自乡土的生命力和创造力,这往往是"大公司"的仿制玩具所没有的。

1938年商务印书馆出版的《儿童竹制玩具》里详细记录了这种竹工机关枪的图样和制法:以两段竹子为枪管,一段竹子为枪身,以钉相连,枪管与枪身重合处有可以转动的把手,把手上有四只订书钉般的铅丝。㊶转动把手时靠着铅丝拨动两段竹子相互击打,便能发出响声。这种玩具并不拟真,却与原物十分神似,只要摇摇把手,却可以发声,确实是很巧妙的。

不过在战争年代,鲁迅也注意到笼罩在儿童玩具背后的战争阴影。在另一篇杂文《新秋杂识》中,鲁迅曾表露出这种担忧,他说:"我们只要看外国为儿童而作的书籍,玩具,常常以指教武器为大宗,就知道这正是制造打仗机器的设备,制造是必须从天真烂漫的孩子们入手的。"㊷鲁迅注意到,越来越多的战争道具正在被玩具化,战争正通过玩具与书籍灌输给天真烂漫的孩子。不少玩具早已脱离了竹工"机关枪"的"纯粹",朝着战争拟真发展。在1934年《申报》上的一则新年礼物广告里,就曾推荐一种儿童玩具百宝箱,里面有航空飞机、军用汽车、机关火、军用喇叭、军用虞鼓、机关枪、机关炮等。㊸较为粗糙的手工玩具也不满足于传统民间玩具的简单可动与发声,利用现代枪械的基本构造和原理的玩具枪炮也开始出现。㊹直到1939年,孩子就真的带着钢盔坐进小小的坦克车中,与"给战士做棉衣的女孩""捐废铁的孩子""自制机关枪、坦克车、飞机"一起作为一种"儿童教育"了。㊺

鲁迅认为这是一种预备让孩子参与到战争中来的信号,是危险而可悲的。他觉得人类正在毁掉孩子的将来,儿童如同一只幼虫,"不但服役,每当武士蚁出去劫掠的时候,它还跟在一起,帮着搬运那些被侵略的同族的幼虫和蛹去了"㊻。人类不是单纯的动物,不能只是侵略和杀害。鲁迅清醒地意识到,在国家存亡的战争年代,战争是必要的,但必须是正义的。"仗自然是要打的,要打掉制造打仗机器的蚁冢,打掉毒害小儿的药饵,打掉陷没将来的阴谋。"㊼这是鲁迅由玩具所想到的,也是他为孩子们的将来所发出的声音。

注释：

① 鲁迅：《鲁迅全集》第二卷，人民文学出版社2005年版（以下所引各卷皆此版），第188页。

② 周作人：《周作人散文全集》第4卷，广西师范大学出版社2009年版，第459—460页。

③ 鲁迅：《鲁迅全集》第二卷，第251页。

④ 娄子匡：《新年风俗志》，商务印书馆1935年版，第35页。

⑤ 周作人：《周作人散文全集》第4卷，第460页。

⑥ 娄子匡：《新年风俗志》，商务印书馆1935年版第37—38页。

⑦ 同上书，第38页。

⑧《鲁迅回忆录——专著》下册，北京出版社1999年版，第1542—1543页。

⑨《鲁迅与他的乡人三集》，西泠印社出版社2014年版，第206页。

⑩⑪《鲁迅研究资料13》，天津人民出版社1984年版，第50页。

⑫ 鲁迅：《鲁迅全集》第二卷，第262页。

⑬ 同上书，第262—263页。

⑭ 鲁迅：《鲁迅全集》第八卷，第386页。

⑮⑯ 鲁迅：《鲁迅全集》第二卷，第269页。

⑰⑱ 周作人：《老虎桥杂诗》，河北教育出版社2002年版，第71页。

⑲ 同上书，第24页。

⑳ 李格：《杭州府志》第76卷，1922年铅印本，第2页。

㉑《中国民间美术全集》第13卷，山东教育出版社1993年版，第282页。

㉒ 罗养儒：《纪我所知集——云南掌故全本》，云南人民出版社2015年版，第176页。

㉓《中国民间美术全集》第13卷，山东教育出版社1993年版，第58页。

㉔ 同上书，第74页。

㉕《鲁迅诞辰百年纪念集》，湖南人民出版社1981年版，第508页。

㉖《中国民间美术全集》第13卷，山东教育出版社1993年版，第92页。

㉗ 张锠、张宏岳：《民间彩塑》，河北少年儿童出版社2007年版，第164页。

㉘ 时旺弟：《五邑侨乡开平泥鸡的价值内涵与创新设计》，五邑大学学报（社会科学版）第25卷第3期，第14页。

㉙ 杨晓：《试论云南民族泥土造型的生命力》，《东亚民族造型文化——中韩民族造型文化国际学术研讨会论文集》，云南科技出版社2002年版，第165页。

㉚ 李友友：《民间玩具》，中国轻工业出版社2005年版，第40页。

㉛《中国民间美术全集》第13卷，第97页。

㉜㉝ 李格:《杭州府志》第 76 卷,第 2 页。

㉞㉟㊱ 顾禄:《清嘉录》第 1 卷,1830 年刻本,第 9 页。

㊲《龙门路溪方言词典》,世界图书出版广东有限公司 2020 年版,第 158 页。

㊳ 钟叔河:《儿童杂事诗笺释》,安徽大学出版社 2011 年版,第 124 页。

㊴㊵㊶ 鲁迅:《鲁迅全集》第八卷,第 386 页。

㊷㊸ 同上书,第 390 页。

㊹ 阮湘:《日用百科全书》下册,商务印书馆 1925 年版,第 1549 页。

㊺ 鲁迅:《鲁迅全集》第二卷,第 187—189 页。

㊻ 周作人:《周作人散文全集》第 12 卷,第 586、630—631 页。

㊼ 许广平:《许广平文集》第 1 卷,江苏文艺出版社 1998 年版,第 537 页。

㊽㊿ 鲁迅:《鲁迅全集》第五卷,第 505 页。

㊾《申报》,1933 年 12 月 17 日,第 17 版。

51 鲁迅:《鲁迅全集》第五卷,第 523 页。

52 鲁迅:《鲁迅全集》第二卷,第 188 页。

53 54 55 鲁迅:《鲁迅全集》第五卷,第 524 页。

56《儿童竹制玩具》,商务印书馆 1938 年版,第 20—21 页。

57 61 鲁迅:《鲁迅全集》第五卷,第 286 页。

58《申报》,1934 年 2 月 1 日,第 20 版。

59 何雷时:《玩具枪炮》,《科学画报》1934 年第 8 期,第 318 页。

60《今日中国》1939 年第 6 期,第 26 页。

62 鲁迅:《鲁迅全集》第五卷,第 287 页。

鲁迅与同时代人研究

私人学术偏好与经验传递
——解读鲁迅开给许世瑛的书单

陈艺璇

1930年,许寿裳的长子许世瑛在考入清华大学中国文学系后,请教鲁迅应该看些什么书。鲁迅作为许寿裳的挚友,也是许世瑛的开蒙先生,便为许世瑛开列了一份书单,罗列出12种中国古代书籍,并对书目内容和版本做了简要介绍,尤其指出所列书目与社会、历史的关系。这份书单于1938年被收入《集外集拾遗补编》,题名《开给许世瑛的书单》,之后也被许寿裳收在《亡友鲁迅印象记》中。

这份书单的书目选择体现了鲁迅独到的文学和文学史眼光,再加上他指导性的介绍、评点文字,原本开给许世瑛的书单在进入公共视野后,被赋予了更广泛意义上的参考价值。许寿裳就认为,鲁迅所列"虽仅寥寥几部,实在是初学文学者所必需翻阅之书"[①],王瑶也说"这张书单虽然只是为一个人开的,但它可以了解为鲁迅对于有志学习中国古典文学和中国文学史的人所开的一个初步阅读书目"[②]。学界对于这份书单的批评也同样着眼于其普遍的指导意义,比如陈平原指出,鲁迅"为一个大学中文系学生开列这么十二部入门书,其实不大恰当。没有诗文专集和小说戏曲不说,此书单明显带有鲁迅的个人印记,尤其是其注重从'作者的环境、经历和著作'解读'某一时代的文学'的习惯"③。事实上,鲁迅开给许世瑛的这份书单具有极强的私人性和针对性。许世瑛固然是刚入学的大学中文系学生,但这并不意味着这份书单是为所有的"初学文学者""有志于学习中国古典文学和中国文学史的人"或者"大学中文系学生"而开的,对于这份书单的解读不能站在普适性角度,而应该回归鲁迅的私人领域。出于对许世瑛的特殊关怀和期待,鲁迅开给许世瑛的不仅是入门性质的文学书目,更寄托着他个人的学术偏好和学术志向,鲁迅或许希望许世瑛能够接续他的学术研究路径。

一

鲁迅重视教育,对于为青年开列书目一事持谨慎态度,他拒绝在公开场合不区分对象地开列所谓的青年必读书。1925年,《京报副刊》曾发起征求"青年必读书十部"的活动,鲁迅交了"白卷",他说自己"从来没有留心过,所以现在说不出"④,便不列举书目,更是在必读书的"附注"中发出了备受争议的"我以为要少——或者竟不——看中国书,多看外国书"⑤的惊人之语。周维东认为,鲁迅拒绝开列"青年必读书"是基于他对现代学院文化的认识,书目应该是为培养专业技能而开⑥。这一解释符合鲁迅开列书单的实际情况,因为在私人领域和某些特定场合,鲁迅并不吝惜为青年读书提供参考意见,除了开给许世瑛的这份书单外,他还为章廷谦开过研究中古文学的书目、为曹靖华开出六种文学史的参考书目、为徐懋庸推荐了6种文艺理论方面的书籍,也在为广州知用中学所做的演讲中指出过研究新旧文学的书目和阅读文艺作品的方法,以上种种均带有明确的学术针对性,鲁迅会根据接受对象的具体情况进行专业书目推荐和阅读指导。

在公私两个领域,鲁迅对于书目推荐的态度和侧重有所不同。在公开场合,比起给出具体书目,鲁迅更倾向于指点使用书籍的方法。比如在关于"青年必读书"的讨论中,鲁迅就通过对"中国书""外国书"的比较,劝导青年不要囿于僵化的书本,而要多关注人生、注重实践。在给知用中学所做的演讲中,鲁迅则讽刺了开一大篇书目给青年的行为,直言无用,"因为我觉得那都是开书目的先生自己想要看或者未必想要看的书目"[7],鲁迅只为学生提供了几本研究文学的入门书,如张之洞的《书目答问》,本间久雄的《新文学概论》,强调学生应该经由这些书去摸门径,做进一步的思考和博览。在私人领域,面对具体的青年学者,鲁迅才会根据他们的需求推荐合适的专业书籍,进行有针对性的指点。

鲁迅开给许世瑛的书单内容详尽,从书名、版本到评点一应俱全,是他开列过的最长且最具体的一份书单,同时所列全是中国书,与在公共领域提倡少读或者不读中国书的鲁迅形成鲜明对比。因此,若想解读鲁迅开给许世瑛的这份书单,应该首先把握其私人属性,书单的接受对象是许世瑛,那就需要结合许世瑛个人的学习需求以及鲁迅与许世瑛的关系进行分析。这份书单的具体内容如下:

计有功　宋人　《唐诗纪事》四部丛刊本　又有单行本
辛文房　元人　《唐才子传》今有木活字单行本
严可均　　　　《全上古……隋文》今有石印本,其中零碎不全之文甚多,可不看。
丁福保　　　　《全上古……隋诗》排印本
吴荣光　　　　《历代名人年谱》可知名人一生中之社会大事,因其书为表格之式也。可惜的是作者所认为历史上的大事者,未必真是"大事",最好是参考日本三省堂出版之《模范最新世界年表》。
胡应麟　明人　《少室山房笔丛》广雅书局本　亦有石印本

《四库全书简明目录》 其实是现有的较好的书籍之批评,但须注意其批评是"钦定的。

《世说新语》刘义庆　晋人清淡之状

《唐摭言》五代王定保《雅雨堂丛书》中有　唐文人取科名之状态

《抱朴子外篇》葛洪　有单行本　内论及晋末社会状态

《论衡》王充　内可见汉末之风俗迷信等

《今世说》王晫　明末清初之名士习气⑧

按照目录学传统的四库分类法,这份书单未列"经部"书目,除《四库全书简明目录》是文献目录类工具书外,《历代名人年谱》一书属于"史部",《唐诗纪事》《唐才子传》《少室山房笔丛》《世说新语》《唐摭言》《抱朴子外篇》《论衡》《今世说》八种属于"子部",书单中的《全上古……隋文》《全上古……隋诗》全称分别为:《全上古三代秦汉三国六朝文》《全汉三国晋南北朝诗》,属于"集部"。书单中的书籍内容多与魏晋、唐代的文学和社会状况有关,偏重笔记杂说,体例混杂,仅有的两部诗文集所收全是唐以前的作品。同时,鲁迅自己的学术研究如《魏晋风度及文章与药及酒之关系》《古小说钩沉》《汉文学史纲要》《中国小说史略》等作,都能在这份书单中找到相应的参考文献,这份书单确实如陈平原所说,"明显带有鲁迅的个人印记"。

这份书单的接受者许世瑛是一名刚刚考入清华大学的中国文学系学生,他此时向鲁迅请教阅读书目,便很容易让人将这份书单理解成是鲁迅为中国文学的初学者所开列的。在这样的接受预期下,这份书单的价值必然大打折扣,因为鲁迅选择的书目在文学类型和朝代分布上过于集中,诗文只列唐以前的,并不涉及元明清的诗文小说和戏曲作品,放在整个中国古代文学的大背景下,存在严重的缺漏。对于刚入学的中文系学生来说,这份书单并不能指导他们建立完整的中国文学架构。此外,参照当时清华大学中国文学系的课程设置,鲁迅为许世瑛开列的也不能算是一份优秀的中文系入门书目。《国立清华大学本科学程一览》(1929—1930)对清华大学中国文学系的课程组织有详细的介绍和说明,除注重研究旧文学外,清华大学还开设了英文必修课和西洋文学概要选修课,鼓励学生参考外国文学,以此"增进我们创造自己的文学的工具"。⑨就旧文学的课程设置而言,则涵盖了史学、音韵学以及对诗、文、词、曲、小说等各体文学类型的学习。站在现代中文学科的人才培养角度,鲁迅开给许世瑛的这份书单在书目选择上不仅过于专门,也不曾涉及外国书,仅在介绍《历代名人年谱》时提到日本出版的《模范最新世界年表》,这不过是参考性质的历史类工具书。民国时期包括北京大学在内的许多高校都注重培育中文系学生的世界眼光,开设外国文学的相关课程。⑩鲁迅先后在北京、厦门、广州的高校任教,他必然熟悉现代中文学科的培养方案,此前更在对"青年必读书"的回应中倡导多读外国书,但他开给许世瑛的这份书单又全是中国书,似乎在人才培养方面存在理念上的落伍和矛盾。

因此,鲁迅开给许世瑛的这份书单充满疑点,对书目版本与内容的详尽介绍分明显示出鲁迅的用心,既然不是随意开列,又并不适合作为学习中国文学的入门书目使用,鲁迅选择这些书目的真正用意实在耐人寻味,或许应该结合他与许世瑛的关系进行考察。

鲁迅与许世瑛之父许寿裳是同乡好友,他们的情谊并非一般意义上的朋友,用许寿裳自己的话来说,"我和鲁迅生平有三十五年的交谊,彼此关怀,无异昆弟",⑪他是将鲁迅当作亲兄弟来看待的。那么鲁迅视许世瑛便不会是普通的有志于学的青年学生,而是自家子侄。同时,鲁迅还是许世瑛的开蒙先生,他最初教给许世瑛认识的两个字是"天"和"人",许寿裳感慨,这两个字将一切的现象和道德都包含在内,从这段往事也可看到鲁迅与许氏父子的深厚感情,他对许世瑛的教育充满关怀和重视。1930年,鲁迅同周作人失和数年,他唯一的孩子周海婴刚出生不久,三弟周建人的孩子尚且年幼,面对考入清华大学中国文学系的许世瑛,鲁迅很可能对他寄予较多的学术期待。同时,清华大学中国文学系自有全面、细致的教学安排,不需要鲁迅多做面面俱到的考虑,许世瑛向鲁迅请教的真正用意应该是出于对鲁迅的尊重和信任,希望从他那里得到学术研究方法、方向的嘱托和教导。所以,鲁迅开列的这份极具个人印记的书单中隐含了他的学术研究方法和学术兴趣偏好,固然对相关方向的研究者有启发意义,但并不适合被简单地解读为中国文学的入门书目。这份书单具有极强的私人属性,不仅含有鲁迅希望许世瑛接续他学术研究路径的寄托,也隐藏着鲁迅人生经验中的执念和伤痛。

二

关于这份书单的具体内容,王瑶、杨义等学者已经做过简要分析,它最突出的特征在于重视文史杂学。不过,长期为研究者忽略的是书目的排列方式问题,鲁迅列举的12种书既不按时间先后排列,也不依类别加以区分,似乎有些随意,但值得注意的是,鲁迅列举书目的方式并不统一。根据《集外集拾遗补编》的收录,这份书单从《唐诗纪事》到《少室山房笔丛》均先列著者姓名、朝代,再写书名、版本,《四库全书简明目录》是官修目录,因此不写著者,后面的《世说新语》等书则先列书名,再写著者,鲁迅也只对包括《世说新语》在内的后几本书的社会、历史价值进行了评点。这份书单现有手稿存世,共两页,从《世说新语》开始的5种书恰好单独成页,它们的卷数、篇幅比起另一页的7种书较少。因此,或许可以结合鲁迅手稿的实际样貌与书目的著录格式,将这份书单分成两部分:

第一部分是《唐诗纪事》《唐才子传》《全上古三代秦汉三国六朝文》《全汉三国晋南北朝诗》《历代名人年谱》《少室山房笔丛》

《四库全书简明目录》7种,内容较多且全。这里的"全",首先是指书目偏重诗文全集,《唐诗纪事》和《唐才子传》虽然不是专门的诗集,但《唐诗纪事》的书写体例是先录诗,再纪事,与《唐才子传》一起使用能够对唐代诗歌、诗人、历史形成较全面的了解,比起卷帙浩繁的《全唐诗》,更适合还未从事专门研究的许世瑛阅读。这两种书与后面的《全上古三代秦汉三国六朝文》《全汉三国晋南北朝诗》尽管都有具体的朝代指向性,但它们并不是针对某一作家的诗文专集或针对某朝某代的选集,鲁迅选择全集类书目,应该是想引导许世瑛对相关朝代的诗文建立较全面的认识。其次,《历代名人年谱》和《四库全书简明目录》作为工具书,覆盖面全,《少室山房笔丛》论述驳杂,整理了许多古代文史哲类文献,它们在内容上都较为全面,综合性强。

第二部分是《世说新语》《唐摭言》《抱朴子外篇》《论衡》《今世说》5种,专门性强,鲁迅也做了相应点评,尤其注重它们在呈现社会历史方面的文献价值,这不仅明显不同于前一部分书目的列举方式,也说明这几部书的开列和使用是有针对性的。这5种书与书单第一部分的书并非毫无关联,它们可以作为第一部分书目的参考和辅助:《世说新语》和《抱朴子外篇》与魏晋时期的人事相关,第一部分书目中就有魏晋诗文;《唐摭言》展现唐代科举状况,可以与第一部分的《唐诗纪事》《唐才子传》一起使用;王充的《论衡》论及汉末的风俗迷信,能够作为理解第一部分所列举的汉代诗文的背景。至于《今世说》一书,著书体例仿照《世说新语》,记录了"明末清初名士习气"。这部书除了体现鲁迅对于《世说新语》的偏好外,在一定程度上呼应了鲁迅在介绍《四库全书简明目录》时所写的略带春秋笔法的那句"须注意其批评是'钦定'的"。鲁迅对明清易代、异族统治的那段历史有着别样的关注。总体上,书单的第二部分可以作为对第一部分书目的补充。

鲁迅开给许世瑛的这份书单既有必备的文献工具书和诗文全

集,注重对文献、文学作品的全面掌握,也有专门针对不同朝代的历史、文化类书目,两个部分相互对应、配合。厘清这份书单书目排列的内在逻辑,才能掌握正确使用这份书单的方法,也可以见出鲁迅给许世瑛开列这份书单是经过深思熟虑的,他兼顾书籍的实用性、针对性,用概要性评点指导许世瑛结合社会历史文化去了解具体朝代的文学。不过,这12种书无论放在中国古代文学的大背景下还是放在断代文学的小背景下,体量均较小,属于非常基础的阅读书目,鲁迅对书单第二部分的5种书所做的评点,不仅说明了要从中读什么,也解释了自己选择这些书的原因。细究这12种书目的内容,它们一方面来源于鲁迅自身的学术兴趣,尤其是他对魏晋文学、魏晋风度的偏爱,另一方面鲁迅在这份书单中隐藏了私人经验的伤痛,即对科举和奴于异族的介怀。

鲁迅著有《汉文学史纲要》《嵇康集》《魏晋风度及文章与药及酒之关系》,这份书单中就有5种与汉代和魏晋的文学、社会有关。鲁迅的《中国小说史略》对小说类型的划分以及"传奇"等小说概念的定义多借鉴《少室山房笔丛》,这本书也被列在书单中,除此之外,书单中就仅剩两种工具书和3种关于唐代文学、士人的书了。鲁迅曾计划写一本《中国文学史》,由于身体原因未能写成,根据许寿裳的回忆,鲁迅为这本书所拟的提纲仅设想到唐代,相关章节名为"廊庙与山林"[12]。鲁迅为许世瑛开列的书单中有3本与唐代相关,这或许与他的文学史编写构想有关,尤其是《唐摭言》一书,内容涉及唐代文人取科名的状态,科举恰好是决定唐代士人能否走入仕途、居于廊庙还是山林的一大关键因素。因此,这份书单与鲁迅自身的学术研究紧密相关,既是鲁迅学术兴趣的缩影,也是鲁迅擅长和关注的研究领域,从中可以看出鲁迅给许世瑛开列书单的谨慎,他选择的都是自己精通、熟悉的书籍。

此外,鲁迅点明《唐摭言》写唐代文人取科名的状态,唐代是科举制度的完善和成熟时期,用这个角度切入唐代文学,虽有一定的历史依据,但更与鲁迅的自身经历有关。鲁迅曾在1898年参加会稽县考,但他并未参加之后的府考、院考,转而去南京矿路学堂念书,仅就科举成绩而言,鲁迅连秀才都还没中,这促使他走上了新学的道路。⑬鲁迅家中的一大变故也与科举有关,即他祖父周福清遭遇的科场舞弊案,让他们从小康人家坠入困顿,这段经历使鲁迅饱尝人情冷暖,他在《呐喊自序》中就有谈及。科举是鲁迅生命中的羁绊与隐痛,他因此对饱受科举之苦的读书人投以较多关注,他在《孔乙己》《白光》等小说中塑造的孔乙己、陈士成等人物形象,都是可悲可叹的科举牺牲品。鲁迅为许世瑛列举《唐摭言》,让他了解唐代科举制度,以此切入文学研究,应该也是他结合自身经验择定的角度。

另一部分体现鲁迅私人经验的是他对《唐才子传》《四库全书简明目录》《今世说》的列举和说明。许寿裳和鲁迅在日本留学时期谈到民族性问题,觉得我们民族最缺乏的东西是诚与爱,"而两次奴于异族,认为是最大最深的病根"⑭。他们所说的两次奴于异族,分别指元朝和清朝汉人被少数民族统治的历史,鲁迅的《病后杂谈》《病后杂谈之余》》等杂文就有论及清代的文字狱和留辫对汉民族血性骨气的磨灭。鲁迅认为历史上只有做稳了奴隶的时代和想做奴隶而不得的时代,这里的"奴隶"主要是指精神上的奴性,为异族统治则让汉人在身份上成了真正的奴隶,比如清代统治者强制汉族男性留辫,汉人的身体不再是自己的,这是"奴于异族"为汉人带来的深重创伤。结合鲁迅对民族性的思考,书单中的《唐才子传》创作于元代科举制度中止时期,有为知识分子抱不平的考虑。⑮至于《四库全书简明目录》和《今世说》,前文已经说到鲁迅强调目录是"钦定"的,所指正是清朝统治者在编《四库全书》的过程中对古书进行了篡改、删修。鲁迅在《中国小说的历史的变迁》中对《今世说》的评价并不高,认为包括《今世说》在内的一批模仿《世说新语》的书,写作背景与晋朝已然不同,"到今日还模仿那时底小说,是很可笑的"[16],但他依然开了《今世说》给许世瑛读,必然是重视明末清初这段历史的缘故。不过《今世说》的作者王晫"对于周围发生的抗清活动,他总是尽力回避,偶而提及某些抗清志士,也都无例外地是言以他事"[17],《今世说》记载的名士习气和名士心态自然更与魏晋时候不同,鲁迅应该是希望许世瑛看到在奴于异族的背景下,士人风骨的坚守与转变。鲁迅对于社会历史的思考以及他的人生经验,都包含在这份书单中了。

三

至于这份书单所包含的学术研究方法,除了根据书籍种类可以看出鲁迅注重文史杂学、善于结合历史文化背景研究文学以外,这些书的具体内容和相互之间的联系也同样值得玩味。

首先,鲁迅并不倚重一家之言,这从他选择诗文全集而不列《昭明文选》之类的选本就可窥知一二。他在杂文《选本》中指出,任何选本都不能真实展现一类或者一代文学作品的全貌,"读者的读选本,自以为是由此得了古人文笔的精华的,殊不知却被选者缩小了眼界……选本既经选者所滤过,就总只能吃他所给与的糟或醨。况且有时还加以批评,提醒了他之以为然,而默杀了他之以为不然处"[18],鲁迅让许世瑛读全集,应该是希望他首先建立自己对文学作品的总体认识,拥有自己的判断,而不是盲目遵从他人的观点。除此之外,鲁迅开给许世瑛的这份书单中有《世说新语》和《抱朴子外篇》两种展现了晋代的社会状况,这不仅是因为鲁迅偏爱魏晋,还因为这两种书的内容构成了褒与贬的对话。《世说新语》以人物品评见长,尤其展现了魏晋时期的名士风度,《抱朴子外篇》则有《酒诫》《讥惑》等篇,批判晋末社会的酗酒、奇装异服等风气,正好可与《世说新语》对读,说明魏晋风度不是外在行为,而是内在气质,并非任何人、任何时候的放浪形骸都可被称作风度。《抱朴子外篇》中还有《正郭》《弹祢》两篇,痛斥当时为人推崇的郭泰、祢衡，葛洪认为他们不尊礼法，从而导致名教衰毁，希望重铸士人气节[19]，《世说新语》则记载了郭泰善于人伦鉴识、祢衡袒裸击鼓以羞辱曹操等事，推崇他们的反礼教精神，两书的书写立场、价值诉求以及看待同一人物、事件的角度有明显区别。鲁迅同时列举这两种书，为许世瑛提供了看待魏晋士人和社会状况的辩证视角，体现出包容、客观的学术眼光。

其次，鲁迅列出的虽然全是中国古代书籍，但它们的内容和暗藏的研究方法并未与现代社会以及现代学术研究脱节。比如王充的《论衡》一书，除了鲁迅指出的"内可见汉末之风俗迷信"外，鲁迅推荐此书可能也与五四以来提倡的科学精神有关。1917年，宣扬有鬼论、鼓吹鬼神迷信的灵学会在上海成立，之后陈独秀等新文化运动的倡导者与灵学会成员展开论战，陈独秀发表《有鬼论质疑》一文，其中许多观点与《论衡》相似，遭到灵学会抨击，刘叔雅、易白沙等人继而在《新青年》上肯定《论衡》的无神论思想。[20]这一事件说明新文化运动的倡导者有选择地继承了传统，鲁迅开列《论衡》给许世瑛，或许也是对现实事件与潮流的回应。同时，这份书单所指示的文学研究方法也是新的，是鲁迅私人学术研究路径的缩影。上文已经分析过，这份书单是由相互补充的两部分构成，鲁迅自身师承清儒家法，有很强的文献学功底和文献研究基础，但他在这份目录中并不囿于清儒对文献本身的沉迷和固守，他为许世瑛开启了结合社会、历史背景研究文学的新方法。陈平原评价："作为一个文家史家，鲁迅的最大长处其实不在史料的掌握，甚至也不在敏锐的艺术感觉，而在于其跨学科的知识结构以及对历史和人生真谛的深入领悟。"[21]鲁迅开给许世瑛的书单正是基于他的学术偏好和人生经历，融汇跨学科的知识结构以及他对人生真谛的深入领悟，是鲁迅学术研究方法的精髓所在，这比直接为许世瑛开列任何一本中文或者外文的文学理论、文学研究著作都更具指导意义。

这份全是中国书的私人书单,除了可以见出鲁迅的学术研究方法以外,也透露出鲁迅内心对中国古代文学与文化难以割裂的复杂情感。正如鲁迅既有对旧文学的研究又有新文学创作,他对旧文学的批判与他承续旧文学的责任感也是一体的。在公共领域,面对绝大多数需要被唤醒的人们,鲁迅亟须发出少读或不读中国书之类有明确指向性、批判性的声音,做一个勇毅的斗士,但在私人领域,他开给许世瑛的这份书单则像一个殷切的嘱托,鲁迅结合个人的生命经验,将学术偏好与学术研究路径和盘托出,他不仅对许世瑛的学术发展寄予了期望和关怀,也肩负起了延续中国文学和中国文化的重担。

许世瑛在之后的问学和任教岁月中,以《世说新语》和汉魏六朝诗赋为研究对象,撰写了许多论著,他的文学趣味、史家视野和目录学根柢都对鲁迅多有承袭[22]。这份书单如脐带一般,显示着鲁迅与许世瑛之间学术经验的传递与继承。

[本文作者系中国矿业大学人文与艺术学院副教授,本文系中国矿业大学社会科学基金项目(中央高校基本科研业务费专项资金资助项目)"鲁迅作品对中国志怪传统的转化及开拓"(2024SK18)前期成果]

注释:
① 许寿裳:《亡友鲁迅印象记》,峨嵋出版社1947年版,第111页。
② 王瑶:《从鲁迅所开的一张书单说起》,《王瑶文集》第6卷,北岳文艺出版社1995年版,第519页。
③ 陈平原:《作为文学史家的鲁迅》,《陈平原自选集》,广西师范大学出版社1997年版,第299页。
④⑤ 鲁迅:《青年必读书》,《鲁迅全集》第三卷,人民文学出版社2005年版(本文所引各卷皆此版,不另注),第12页。
⑥ 周维东:《"青年必读书":文化错位与鲁迅的侧击》,《中山大学学报》(社会科学版)2012年第6期。
⑦ 鲁迅:《读书杂谈》,《鲁迅全集》第三卷,第460页。

⑧ 鲁迅:《开给许世瑛的书单》,《鲁迅全集》第八卷第 497—498 页。
⑨ 李森主编:《民国时期高等教育史料汇编》第 2 册,国家图书馆出版社 2014 年版,第 245 页。
⑩ 张珂:《通向世界文学之路:民国时期中文系与外文系的世界文学课程设置与沟通》,《中国比较文学》2017 年第 3 期。
⑪ 许寿裳:《亡友鲁迅印象记》,峨嵋出版社 1947 年版,第 86 页。
⑫ 许寿裳:《亡友鲁迅印象记》,峨嵋出版社 1947 年版,第 62 页。
⑬ 李新宇:《鲁迅的旧学学历》,《齐鲁学刊》2020 年第 3 期。
⑭ 许寿裳:《我所认识的鲁迅》,中国青年出版社 1961 年版,第 19 页。
⑮ 王会丹:《〈唐才子传〉编纂学研究》,广州大学 2012 年学位论文。
⑯ 鲁迅:《中国小说的历史的变迁》,《鲁迅全集》第九卷,第 320 页。
⑰ 陈大康:《王晫和他的〈今世说〉》,《明清小说研究》1994 年第 1 期。
⑱ 鲁迅:《选本》,《鲁迅全集》第七卷,第 139 页。
⑲ 章义和:《正郭与弹祢——〈抱朴子外篇〉汉末名士评议》,《河南科技大学学报》(社会科学版)2005 年第 1 期。
⑳ 吴光:《王充的无神论与五四时期的反迷信斗争》,《浙江学刊》1981 年第 3 期。
㉑ 陈平原:《作为文学史家的鲁迅》,《陈平原自选集》,第 296 页。
㉒ 杨焄:《文学趣味、史家视野和目录学根柢——鲁迅与许世瑛的学术因缘》,《学术界》2017 年第 2 期。

"越轨"的笔致与女体的"寓言"
——以萧红《生死场》《呼兰河传》《红玻璃的故事》为言说中心

郭艺璇

詹明信指出,第三世界的文学在一定程度上是作为民族"寓言"出现的。对于萧红创作的阐释多遵循民族主义/女性主义两条路径进行,同时代人孙犁就这样评价萧红:"她初期的作品,虽显幼稚……但每篇的主题,是有革命的倾向的"。[①]也有不少学者将萧红自述其小说人物都是"自然奴隶,一切主子的奴隶"这一说法归因为地主、男权压迫及异族侵略等对人的迫害,此类研究固然有其合理性,但本质上是以20世纪三四十年代的社会情状、时代话语对萧红小说意旨的规约和召唤。

"越轨的笔致"是学界对萧红其文一贯的评价。自20世纪30年代初登文坛,其创作就呈现出与同时代其他作家迥然不同的面貌,从内容到形式均致力于打破秩序,坚持弱小者立场与女性经验,从人情人性出发,通过日常叙事传达悲悯情怀。这一模式同样贯穿于萧红的身体叙事,为理解她的文学及精神世界提供了另一种思路。身体的发现脱胎于"人的发现",发现身体内面的张力在于,"发现"本身包含由内而外的审视和由外及内的复写。在此意义上理解萧红小说的身体书写则应看到其背后更为深层的思想价值:生与死、扭曲与变形、受难与反抗受难之不得的绝望、原始欲望与被欲望压倒后人性的荒蛮……通过书写身体实则形塑了一个由

"身体"及至"乡土"、由"身体"及至"国民"的复杂空间。质言之,由《生死场》向《呼兰河传》直至《红玻璃的故事》的转变,体现的是"北方人民对于生的坚强和死的挣扎",是对所谓"民族"寓言化阐述的祛魅。萧红以"越轨"的笔致展陈男女老少等形态各异的身体,所辐射的正是她对于故乡人习性的观察与她在20世纪前期启蒙与革命话语交锋的背景下对二者的遐想,呈现着与时代话语间的张力。

一、身体的发现:野性与怪诞交织的女性身体

萧红的文学世界具有鲜明的复调性,投射在其身体书写之上,力、欲望、野性与卑贱、丑怪、异化交织一体,呈现为国民身体的分裂与变形。一方面,萧红笔下北中国儿女的身体成为容纳原始强力和自然欲望的场所;另一方面也展现着在一众的"杀人场"中难以解脱的愚昧、麻木的劣根,以一种扭曲、怪诞的姿态出现。

逢增玉认为由于受日神文化影响,东北人民对自然生命和现实人生具有原始般的迷狂与冲动,东北流亡作家群的文学创作也因此在时代的激荡下与讲求中庸的小品文情趣存在根本对立。萧红笔下呈现出对肉体多层次的审美观照,在疾病、生育、死亡的过程中,身体迸发出强大的力量并介入话语、制度的社会关系中,快感、欲望、力比多等交织于一体。萧红笔下的女性多蕴含一种超越性别的生命之力,外表往往健美且富有生机,如《呼兰河传》中的小团圆媳妇儿,又黑又长的辫子快到膝间,脸长得黑忽忽、笑呵呵的;王大姑娘的脸红得像盆火似的,膀大腰圆的带点福相;《红玻璃的故事》中的王大妈也以健壮的面貌示人:"生就一身结实的筋肉,身量又有男人高,腰粗,臂膀壮,有着一双充满生命力的眼睛,和一双能操作的大手。"[②]她们通常具有勤劳、爽直的性格底色,较为典型的是王婆:"她的牙齿为着述说常常切得发响,那样她表示她的愤恨和潜怒。"[③]她非常支持丈夫赵三组织镰刀会,对他后来

向地主感恩戴德的行为则表示讥讽;即使因丧子服毒自杀,也能活下来,并鼓励女儿为兄复仇。在高压社会里,这些女体呈现为对社会规制的去蔽,对感性身体的"反规制"具有症候性意义。

而身体固然承载了不加雕琢的自然力量,但在封建麻痹的场域内最终沦为庸常、无物与病态的异形,实则作为符号指向几千年积淀下的性别困境,展现了一幅惊人的受难图景:既有来自他人的外部凌虐,又有源于自身精神、疾病的内部苦难。首先,萧红笔下女体多以怪诞、丑陋的一面直接出场,如麻面婆和王婆:"汗水如珠如豆,渐渐顺着每个麻痕而下流。"④"她的脸纹绿了些,眼睛发青,她的眼睛是大的圆形。"⑤另一个表征就是被凌虐病体的丑怪化,如病重的月英:"她的骨架在炕上正确地坐成一个直角,这完全用线条组成的人形只有头阔大些,头在身子上仿佛是一个灯笼挂在杆头。"⑥小团圆媳妇儿被虐待后身体也发生了变异:"瞪着眼睛,张着嘴,连哭带叫的,那力气比牛还大,那声音好像杀猪似的。"⑦而当绝望抵达了身体核心,自杀便出现了,这是一种走向极端的反抗行为。王婆自杀后的身体十分诡异:"她的肚子和胸膛突然增胀,像是鱼泡似的。她立刻眼睛圆起来,像发着电光。她的黑嘴角也动了起来,好像说话,可是没有说话,血从口腔直喷。"⑧作为中国北方麻木儿女中的异端,王婆有着强烈的反抗意识,而她出乎意料的自杀对此形成了解构,自杀后怪诞的身体特征进一步消解了反抗的崇高,但其孤独者/异端者的身份又使自杀行为合理化,因此形成了一种荒诞却命定的循环,从而显现萧红深沉的焦虑。而王大妈逐渐萎靡的过程也可象征其精神的自杀:觉醒的代价就是死亡,启蒙的通路被堵死。

其次,萧红常用物种拟态手法使身体向兽性返归,人的生育、疾病、死亡均和动物同构,主体性则被消解:强悍能干的王婆变成了大鸟,行为笨拙的麻面婆是一只母熊,无人照料的月英成了病猫。人的行为被转化为动物行为:"让麻面婆说话,就像让猪说话一样,也许她喉咙组织法和猪相同,她总是发着猪声。"⑨人和动物的命运也互相印证:王婆在送老马去屠宰场的路上仿佛自身也被宰割;伴随着李二婶子的生产,猪正在生小猪。动物甚至压倒了人,《生死场》中疫病后出现了野狗吃人的惨象。可以预见的是,这种动物性身体一旦被卷入话语的洪流,既可以被权力肆意处理而自身毫无牺牲价值,也可以被权力积极地干预教化,最终以精神自虐的方式使身体萎缩,生命本身无意义。较为特别的是萧红对性场面的描写,两性的身体同样被物化:"五分钟过后,姑娘仍和小鸡一般,被怪兽压在那里。男人着了疯了!他的大手敌意一般地捉紧另一块肉体,想要吞食那块肉体,想要破坏那块热的肉。尽量地充涨了血管,仿佛他是在一条白的死尸上面跳动,女人赤白的圆形的腿子,不能盘结住他,于是一切音响从两个贪婪着的怪物身上创造出来。"⑩巴塔耶认为色情是身体的自然冲动,但理性的世俗世界视之为向动物世界的野蛮返归,并做出不洁的谴责。事实上,对"身体"的关注自晚清就已显露,但五四一代是以身体为媒介重塑国民精神,使之成为建构现代民族国家的重要一环。同时对"性"抱有排斥,欲望化的身体言说呈现为受抑状态,从对鸳鸯蝴蝶、新感觉派的批评便可见一斑。而身体实则是在制度、话语、肉体三个维度上形成的,那么萧红以"越轨的笔致"书写被赋予动物原始色彩的性形态,其实是以一种裸体叙述向纯粹身体回归,追寻的是对宗法理念中诸种束缚的解除,从而形成不同于五四一代的明显表征。

质言之,萧红笔下的女体在总体上呈现为以原始野性与怪诞变形为代表的两大范式,前者是对东北地域文化经验所辐射形成的身体特质的还原,并以强力的一维突入当时"无声的中国";后者再现了原本自然、健康的女体在无意识杀人团迫害下的扭曲。同时,也是对福柯所谓"规训"和"铭写"的反叛,指向更深层次身体的"发现",将人与动物的区隔打破,意在用一种非理性力量破除意识形态的藩篱。事实上,身体刻写了历史和权力关系的印记,后者则进一步塑造和摧毁身体。所谓女性解放在现代中国通常被各种话语淹没:五四时期从属于人道主义思潮,与反封建潮流合为一体;20世纪30年代后更融入了集体解放中,集体、阶级是先于女性的。在此意义上,萧红的女体书写也是对女性价值和女体存在本质的重估,映射了她对宰制女性的各种权力关系的揭露,从而构成对五四以来主流话语统摄下女性书写范式的越轨。

二、身体存在的空间形态:"铁屋子"与"生死场"

梅洛-庞蒂指出:"躯壳对我们意义重大,我们就是通过自己的身体来确定世界上的位置的——也就是在地球上,广袤的天空下。"[11]即身体的空间性是一种处境的空间性,空间是身体生成的土壤。鲁迅曾提出著名的"铁屋子"理论,"绝无窗户而万难破毁"与"无可挽救的临终的苦楚"是组成"铁屋子"的基点,涉及个体/群体、肉体/精神、历史/现实等面向,展现的是20世纪前期中国社会和国民的历史运命,意在表达他对当时体制与文化的憎恶和决绝。作为鲁门弟子,萧红的空间受到"铁屋子"的影响,形成了黑土地上的"生死场",但与前者有所不同。萧红笔下女体是在社会文化、意识形态的场域中被逐渐掩盖和变形的,处于家、国、乡土所错综的空间中:《生死场》明显融汇了这三者;《呼兰河传》和《红玻璃的故事》则逐步剥离显性的民族国家话语,呈现为纯粹的乡土空间,虽然其写作正介于抗战背景下。事实上,萧红是现代文坛的流浪者,离家—失家—归家的情结始终环绕着她,葛浩文将"家"的书写及表达设定为宏大叙事的反面。家、国、乡土的三位一体是萧红创作的原点,也造成了理解其小说主题的多重可能性。

东北乡土构成女性生存的公共空间,以其野性哺育女体的活力,以其沉滞造就女体的异化,在公共空间中,社会文化对身体的规约达到极致。首先,表现为示众的场地,他们既把金枝和成业的恋情当丑闻,又秉持看客心态围观小团圆媳妇儿被虐杀的过程,就连麻面婆偷瓜也引得观看:"平常最没有心肠看热闹的,不管田上发生了什么事,连沉埋在那里的娘们,现在也来围住他们了!"[12]其次是一座庸常的、自足的埋葬了一切生命活力的大坟场,正如呼兰河城里那个无人处理、吞噬生命的大泥坑,隐喻的是东北乡民臣服、依附自然的思维方式;又如王大妈居住的榆树屯子是她基本的生活空间,可视为其精神的自留地,这里的王大妈健谈、爱笑,从沙河子屯走亲回来后却变得萎靡。以这篇遗作的诞生,或可见出萧红在生命尽头对乡土意义的质询:它禁锢了王大妈的精神,使她习以为常地活在滞重的循环场里。据此,该空间下的人们必是麻木的,对他人身体的死毁不甚在意,对自身又有着自虐般的忽视:卖豆芽菜的丧子的女疯子虽常去庙台哭一场,但之后仍是回家吃饭、睡觉、卖豆芽菜;人的价值也相应被消解,小团圆媳妇儿的婆婆被豆秧扎了手,肿胀得如簸箕一般也不去看。处于公共空间中的身体还是失语的,所有行为都受到群体的钳制,祖父明白小团圆媳妇儿的不幸遭遇,但在群体之下能做的仅是让胡家搬家,并在小团圆媳妇儿死后施舍一块地方给她埋骨。而这均建立在东北物质极度匮乏的现状之上,乡民对生存资料有着天然追求,因此金枝的娘斥责女儿摘青柿子的行为便具有了合理性。叶君指出:"'乡村荒野'是作家对乡村的观照在刻意剥离诗意之后的图景裸理,直接指涉人的生命状态。"[13]即这种肉身饥饿势必导向人精神的贫瘠,并以前者最终压倒后者,因此上述身体行为实则遵循"身体的饥饿——饥饿的驱动——主体的丧失"这一逻辑。中国北方的儿女以一众"愚夫愚妇"形象登场,只有在直接危及自身的情境下才会萌生"民族情感",但这并非自觉的意识觉醒,因此回顾二里半寻羊的过程,只有当他失去妻儿后才最终献出了自己的羊。

此范围内又有三个核心场域:生育场、自杀场、被杀场/被阉割场。萧红用"刑罚"定义女性生育,赋予生育以病态,生育场内遍布血腥污秽和凄惨喊叫。她还原了生育最原初的身体体验,难产的妇人"和一条鱼似的,爬在那里","横在血光里,用肉体浸着血"。男性对生育的漠视和暴力进一步造成女性精神的苦痛:男人举起水盆泼向生产中的妻子,承受暴力的女人"几乎一动不敢动,她仿佛是在父权下的孩子一般怕着她的男人"。[14]生育本身不具价值,王大姑娘因生产丧命,却连一寸安定的墓地都无法获得。本质是对母体生育神话的解构,破除了它所承载的种族延续等意义赋值,生育仅作为灵与肉双重刑罚的代名词出现,从而回应了"父权制文化秩序中身体作为女性的象征,被损害被摆布,然而却未被承认"[15]的历史困境。自杀场和被杀场/被阉割场不可割裂,共同构成了特定时空下北中国的"杀人场"。它以沉滞的宗法习俗和病态的社会氛围,阉割了女性的生命力,在这行将衰败的非人世界中,异化与变形、疾病与死亡成为个体万难避免的命运。

同时存在一种私人空间对公共空间产生解构,展示着人更为本能的欲望及情绪,萧红笔下的私人空间包括后花园、冯歪嘴子和小团圆媳妇儿等人物的居所等。《生死场》的女人们在公共空间中对金枝冷嘲热讽,在王婆家这一私密空间中暴露了真实想法:"每个人为了言词的引诱,都在幻想着自己,每个人都有些心跳;或是每个人的脸都发烧。"[16]在公共空间中,胡家干净利落、一派和睦,在私人空间里却对小团圆媳妇儿百般凌虐。可见,公共空间和私人空间的话语存在割裂,后者遭受了前者压制,从而造成身体的分裂样态:一方面以豪强粗野的原始姿态出现,另一方面又无可挽回地萎靡;一方面刻意压制欲望,另一方面以更粗暴的方式宣泄欲望,直至被它淹没。

空间托举起了身体。萧红笔下的空间呈现出与"铁屋子"相似的麻痹性,较之后者更显现为一种生与死的循环。其中固然有停滞、庸常的一面,但毕竟是萧红赖以生存并数次追寻的精神原乡,因此也具有了温情属性,如在女性所构成的私人空间中不乏其互相关心。同时显现了与"铁屋子"的另一点不同:鲁迅在"常"与"变"的书写中传达其决绝,萧红则在"常"的塑造中表达了东北乡民对传统空间及生活方式的体认,这种含有温情的写作态度也直接致使了胡风、茅盾等人对其斗争性不足的批评。事实上,身体与空间交叠,共同建构出萧红自我言说的场域,从而给出她对"国民性改造"的回答:《生死场》以诸多愚夫愚妇在无知无觉中的死亡揭开了国民的精神病苦;《呼兰河传》在将矛头对准人类愚昧的同时,多了对人类普遍命运的关怀;《红玻璃的故事》则以更决绝的姿态宣示"梦醒后无路可走"的悲剧。可见,萧红对生命的悲剧性感受,已超越了东北,达到对整个民族生存方式,以及当时流行的启蒙与革命话语的追问和反思。

三、写在"家""国"之间:萧红女体书写的立场与姿态

身体作为理论提出,已不纯粹是身体自身的问题,涉及身体体验和对这种体验的符号化。鲁迅认为:"凡是愚弱的国民,即使体格如何健全,如何茁壮,也只能做毫无意义的示众的材料和看客,病死多少是不必以为不幸的。"[⑫]由此奠定了五四以后现代文学描写身体与想象民族国家的基调。不可否认的是,萧红笔下身体的确在某种程度上成为一个观察民族危机、国民劣根、乡土文化与性别政治的独特存在。但也有学者认识到萧红的某些"悖反性",摩罗在论述《生死场》时指出文本中不可忽视的"话语断裂"现象,即个体琐碎化叙事与抗日的宏大话语之间存在鸿沟。

九一八事变后,抗战成为社会各界统一的主题,鲁迅等人所提倡的改造国民性思想被迫中断,知识分子批判的锋芒由国民自身精神弱点转向外部环境,"劳工神圣""文学大众化"的口号成为主流。可以看到萧红笔下女体一定程度上被赋予了民族寓言的属性:充满野性和原始生命力的身体代表了她向民族深处的寻根,寄托了她对理想国人的愿景,是对所谓瞒与骗的"顺民"的反抗与解

构;诸如小团圆媳妇儿等人身体本富有的生命强力逐渐萎靡的过程则预示着宗法文化环境对人的压榨,使其活力被疾病、死亡的阴影笼罩。但民族寓言无法成为解读萧红身体书写的全部,其笔下身体更呈现为与主流话语的割裂与"越轨",甚至提供了抗拒民族寓言化解读的例证。一个明显的例子就是,萧红对女体的关注绝不仅是在民族战争的场域下使之成为民族歌哭的工具。除却前述被男权中心主义和宗法观念所压抑、变形的怪诞身体书写,还出现了一种更隐秘的身体诉说形式:《生死场》中宣誓的人群是寡妇和亡家的独身汉。也就是说当女性解构了自己的性别本位之后,才能加入"弟兄们"的行列,拥有进入阵营的可能,从而作为民族"主体"出现。"男性父权"和"民族国家"话语构成了联姻关系,广阔的、进行着生死搏斗的抗日战争的大天地固然宽阔,女性的天空却是狭窄的。[18]同时寡妇和独身汉的相关性在于两者都是亡家后才能无所顾忌地投向反抗行列,隐喻着乡民的反抗仍遵循原始的由家及国逻辑。此外,《生死场》中黑胡子的人"弄着骗术一般"对王婆说起她女儿的死:"死了就死了吧!革命就不怕死,那是露脸的死啊……比当日本狗的奴隶活着强得多哪!"[19],实则是用救亡的宏大话语压倒了个体生命,而王婆反因女儿之死变得畏缩,这就形成了对前者话语的解构。这些"越轨"和"悖反"书写的根本在于存在一个身体的"属己/属他"问题。革命文学要求个人身体的献身,如《雾》中陈真的宣言:"我这个身体所属于社会的"[20]。而萧红不同于左翼作家的一个表现在于她笔下的身体是属"己"的,革命文学不可忽视的矛盾是它最终追求的是身体的"属己",但在实现过程中必然要求身体的"属他",而萧红甚至质疑并解构了"属他"的正当性。

前文指出萧红笔下身体存在于由家、国、乡土组成的复合空间中,这也是她写作的精神原点。"家"和"乡土"情结促进萧红对非抗战主体的理解,也造就她不同于主流的写作姿态,"国"内生于"家"之中,反抗的行为是由"毁家""失家"为基础诞生的。萧红是以怎样的姿态进入历史叙事的,这种姿态是怎样影响她身体写作的?这是需要回答的问题。不可否认的是,萧红的文学之路伴随着萧军、舒群、金剑啸、罗烽等革命文艺工作者的精神影响,在《王阿嫂的死》中就书写了阶级压迫现象,《看风筝》《哑老人》亦承载了阶级反抗情绪,因而同时代人有不少是从阶级、革命的视角来论述萧红其人其文的。但萧红相比于左翼文学的异质性在于她接近的是人性的原始母题,所关注的始终是人的存在及精神状态,阶级如同异己之物无法全然融入其创作中。如《两个青蛙》和《腿上的绷带》都以革命作为显性叙事,并设置恋爱情结调节叙事,革命无法压倒个人,甚至个人会以异质姿态强势突入革命主题,直至解构后者。同时,20世纪前期中国文学走向了一个逻辑:国家对个人的争夺。即使是在20年代呼吁"真的人"的鲁迅,也逐渐转向对阶级群众的关注,萧红却边缘于主流,如果说她在《生死场》中尚有表现底层群众投奔抗战,在40年代的《呼兰河传》中则彻底回归了"家",避开了流行的抗战叙事。她在《七月》杂志社于1938年召开的第一次座谈会上有过这样的自白:"作家不是属于某个阶级的,作家是属于人类的。现在或是过去,作家写作的出发点是对着人类的愚昧!"[21]舒群这样回忆萧红:"萧红的态度是一向愿意做一名无党无派的民主人士,她对政治斗争十分外行,在党派斗争问题上,她总是同情失败的弱者,她一生始终不渝地崇拜的政治家只有孙中山先生。"[22]可见,萧红反对狭隘的阶级意识,她继承的是鲁迅"改造国民性"的思想传统。

从《生死场》到《呼兰河传》,萧红一直走在"改造国民性"的道路上,但对比后可发现,《呼兰河传》已明显加入了故乡人的视角,而在《后花园》《红玻璃的故事》中,所表现的更多是对乡土乡民的温情叙事。东北作家群的创作诞生于流亡语境,东北于他们而言是"已失"并"难再复得"的故土,其故乡书写并非写实,更多是一种想象和追忆。因此萧红笔下的乡土不单是启蒙者眼中落后闭塞、亟需拯救的宗法社会,也并非左翼知识分子眼中的阶级社会。一方面她并未忽视故乡保守、封建的陋习,另一方面故乡亦成为她心目中的"原乡",如其《给流亡异地的东北同胞书》:"家乡多么好呀,土地是宽阔的,粮食是充足的,有顶黄的金子,有顶亮的煤,鸽子在门楼上飞,鸡在柳树下啼着。马群越着原野而来,黄豆像潮水似的在铁道上翻涌。"[23]萧红最开始的国民性书写也是站在启蒙者立场,以愚夫愚妇为批判对象,但她逐渐转变了:"我开始也悲悯我的人物,他们都是自然奴隶,一切主子的奴隶。但写来写去,我的感觉变了。我觉得我不配悲悯他们,恐怕他们倒应该悲悯我咧!悲悯只能从上到下,不能从下到上,也不能施于同辈之间。我的人物比我高。"[24]因此所谓"国民性改造"又上升到"普遍人性"的层面,是对鲁迅在继承基础上的根本创新。早在《生死场》中就已见端倪,前述已论述女体命运与动物命运的同构,而这种同构并不仅以丑陋之态出现,如:

> 房后的草堆上,温暖在那里蒸腾起了。全个农村跳跃着泛滥的阳光。小风开始荡漾田禾。夏天又来到人间,叶子上树了!假使树会开花,那么花也上树了!
>
> 房后草堆上,狗也在那里生产。大狗四肢在颤颤,全身抖擞着,经过一个长时间,小狗生出来。
>
> 暖和的季节,全村忙着生产。大猪带着成群的小猪喳喳跑过,也有的母猪肚子那样大,走路时快要接触着地面,它多数的乳房有什么在充实起来。[25]

因此,虽然萧红刻画的身体和家乡充满了"非积极性",但她在面对这种"非积极性"时,总是极力挖掘其身体"积极"的一面,从而不同于鲁迅所奠定的国民身体书写基调。而她对于男权主义和宗法理念交织下女体被侮辱、被损害的呈现,也映照出她对时代主流话语的反叛,这就不可避免地使其写作呈现一种暧昧的态度,也因此显现了她"越轨"的姿态:站在弱小者和女性的立场,批判未被全然打破的宗法理念和统摄在启蒙与革命之上的被忽略的男权主义。但这并非意味着萧红以一种个人化的立场背离了时代的总体性,主流与边缘、个人与民族并不能成为断定萧红的依据。萧红所针对的是民族解放逻辑内部的结构性缺失和矛盾,与其说萧红背离了民族国家叙事,不如说她是对启蒙与革命文学"走出家庭"模式的越轨。而萧红对于国民性的关注最终也转向了人性层面,社会批判与文化批判均让位于对普通人命运的关注,启蒙主义的思想诉求与人的生存悲剧之间产生了不可避免的悖论。故此,与其说萧红完成了我们的人民由"个人主义"到"集体主义的转变",不如说她是对五四以来启蒙乃至20世纪三四十年代左翼所倡导的民族国家话语的质询和反思。她正是以一种"越轨"的姿态和立场,以女体的多维塑造寄予自己对民族生命原力的发掘,并以女体的被损害揭露甚至质疑了启蒙与革命的不彻底性。

四、结 语

总体而言,从《生死场》《呼兰河传》直至其遗作《红玻璃的故事》,通过女体书写,进一步显示了萧红独特的思想世界:其笔下的女体并不仅是形象的呈现和分类,也并非作为叙事的背景板出现,它所指涉的是在20世纪前期中国传统父权社会与现代新文化语境联姻下的权力关系。萧红以"越轨"的姿态多维观照了女体的存在状态及精神状态,展现出女性主义与民族主义的复杂关系,挖掘出在革命大背景下女性的声音,从而揭示女性的身体性困境。"越轨"的立场也并非意味着萧红对革命和启蒙的叛离,她解构的正是男权主义视角下启蒙与革命浮于表面的弊端,所针对的是中国几千年积淀下的文化结构的不合理。她以另一种姿态回应了时代需要。

(新疆大学中国语言文学学院硕士研究生)

注释:

① 孙犁:《尺泽集》,百花文艺出版社 1982 年版,第 161 页。
② 萧红:《红玻璃的故事》,《萧红全集》第三卷,燕山出版社 2014 年版,第 100 页。
③ 萧红:《生死场》,《萧红全集》上卷,人民文学出版社 2020 年版,第 144 页。
④ 同上书,第 140 页。
⑤ 同上书,第 144 页。
⑥ 同上书,第 170 页。
⑦ 萧红:《呼兰河传》,《萧红全集》下卷,人民文学出版社 2020 年版,第 124 页。
⑧ 萧红:《生死场》,《萧红全集》上卷,人民文学出版社 2020 年版,第 189 页。
⑨ 同上书,第 141 页。
⑩ 同上书,第 151 页。
⑪ 参见王华伟:《空间叙事的身体性思考》,《中州学刊》2018 年第 2 期。
⑫ 萧红:《生死场》,《萧红全集》上卷,人民文学出版社 2020 年版,第 156 页。
⑬ 叶君:《荒野里的生与死——论〈生死场〉兼及一种乡村书写方式》,《南方文坛》2020 年第 5 期。
⑭ 萧红:《生死场》,《萧红全集》上卷,人民文学出版社 2020 年版,第 181 页。
⑮ 玛丽·伊格尔顿:《女权主义文学理论》,湖南人民出版社 1989 年版,第 359 页。
⑯ 萧红:《生死场》,《萧红全集》上卷,人民文学出版社 2020 年版,第 167 页。
⑰ 鲁迅:《呐喊》,《鲁迅全集》第一卷,人民文学出版社 2005 年版,第 439 页。
⑱ 孟悦、戴锦华:《浮出历史地表》,中国人民大学出版社 2004 年版,第 174 页。
⑲ 萧红:《生死场》,《萧红全集》上卷,人民文学出版社 2020 年版,第 207 页。
⑳ 巴金:《巴金选集》第四卷,四川人民出版社,1982 年版,第 45 页。
㉑ 季红真:《萧红传》,十月文艺出版社 2000 年版,第 343 页。
㉒ 赵凤翔:《萧红与舒群》,《新文学史料》1980 年第 2 期。
㉓ 萧红:《呼兰河传》,《萧红全集》下卷,人民文学出版社 2020 年版,第 478 页。
㉔ 聂绀弩:《回忆我和萧红的一次谈话——序〈萧红选集〉》,《新文学史料》1981 年第 1 期。
㉕ 萧红:《生死场》,《萧红全集》上卷,人民文学出版社 2020 年版,第 180 页。

正解与误读
——再谈鲁迅评梅兰芳

黄培莉

梅兰芳曾前后在沪演出、生活15年,海派文化因梅兰芳而增辉,日益显示出独特的价值并与京派各领风骚;梅派乃至京剧艺术借上海舞台发展升华,并作为"国粹"走向世界。在京昆艺术被联合国教科文组织颁布为世界非物质文化遗产,梅兰芳也成为中国传统文化标志之一的今日,其百余年前的沪上首演已成为历史节点,具有多重意义而值得纪念。

同时,戏曲作为源自民间的舞台表演艺术,其编演与观看聆听紧密相连;它离不开社会大环境,离不开戏迷、剧评和舆论,它融合了审美心理、价值取向、社会风尚等文化要素,有特定的文化背景。上海作为多元文化、异质文化交汇的重镇,也是思想活跃的舆论场,即使在几乎众口一词的称善赞叹当中,也不免有直言甚至异声。对于"梅博士"乃至京剧,曾有言辞激烈的评论,其中来自鲁迅的评论影响至深。梅兰芳、鲁迅都是最重要的文化名片,在名人效应叠加的上海"滩",批评虽说"兹事体大"却也毋庸讳言,关键是不可误读,但"正解"又是什么?

戏剧界对于鲁评梅,"梅党"支柱齐如山、冯耿光没有回应,整理《梅兰芳回忆录》的许姬传、许源来兄弟更如高山仰止,着力维护梅先生的声誉。晚辈徐城北提出"从两家到多元"问题:"非好即坏,非此即彼,非我即他,就是认识问题上的一种绝对化,一种有害的方法论与世界观。"① 也有学者从鲁迅戏剧观的逻辑体系、戏剧发展道路的哲学思考、戏曲审美认同与异趋等方面加以阐述。在鲁迅研究界,已基本将鲁迅言行、相关历史事件与人物作了系统而深入的发掘梳理,对于鲁评梅已有专门的论著,从表面看,都把梅兰芳归入被"骂"人士,如《鲁迅与他"骂"过的人》(《"男人扮女人"之外——鲁迅与梅兰芳》章)②、《另册——那些鲁迅"骂过"和"骂过"鲁迅的人》(《三人行 双城记》章)③ 读者如果单纯循着"骂"声看问题,难免走入非此即彼的两个极端——既然是"骂",按常理就有对错、分胜负,这也是大多数圈外人士至今仍停留在鲁迅"骂"过梅兰芳的浅层信息上的原因,回味鲁迅"男人看见'扮女人',女人看见'男人扮'"那令人印象深刻的犀利言辞而不明就里。

那么,"骂"的背后究竟意味了什么?当我们今天谈论鲁迅评梅兰芳这个话题时,我们到底在谈什么?

背景与交集

黄佐临认为梅派京剧已经构成梅兰芳戏剧体系,结合梅先生本人的艺术活动,该体系的形成发展和影响大致可分早中晚三期。从投身京剧活动起至 1915 年前后是早期即"准备期",演出传统唱工戏为主;自 1915 年至抗战前 10 余年为中期,是梅派形成、影响至大的旺盛期,排演时装新戏、古装新戏,整理传统剧目,完成了以旦角表演艺术为标志的京剧革新,是对前辈如王瑶卿的继承发展;自抗战胜利复出舞台至去世是晚期,达到炉火纯青的境地,以《宇宙锋》《贵妃醉酒》《霸王别姬》等梅派特色剧目为主,并排演新戏《穆桂英挂帅》,趋于清淡含蓄、更富内在魅力。1929 年梅剧团访美获得巨大成功,那次更大的收获是引起学术界、电影界的重视,波摩那大学、南加州大学授予梅兰芳文学博士荣誉学位,戏剧权威斯塔克·杨与梅兰芳作 4 小时研讨访谈,充分肯定京剧程式是含蓄而有深度的美,公认中国戏是世界艺术。1935年梅兰芳访苏演出时,与斯坦尼斯拉夫斯基等戏剧权威人士研讨,各抒伟论,互相交流,对推动戏剧事业的发展起了深远的影响。④作为戏剧的京剧,在民国面对的五四新文化和传统旧文化交替的大背景下,在纵向上继承开拓,优化演变为精致的艺术,同时又因为与世界文化的交流从而在横向上成为世界的艺术;在1949年后的新中国文化背景下,梅派京剧进一步吸收其他地方戏曲所长,在梅兰芳生前即已定型为古典的经典艺术。

鲁迅以"立人"、建设以"人"的觉醒和解放为标志的新文化为毕生奋斗的最终目标。他将中国传统文化整体上归结为"吃人"和"被吃","所谓中国的文明者,其实不过是安排给阔人享用的人肉的筵宴。"⑤"中国之治,理想在'不撄'。"⑥"不撄"影响了几千年来中国文化的传统面貌,维持了固态永存的文明古国的生活秩序。在停滞和封闭的思想文化氛围中,反对艺术"撄人"和言志的审美品性,约束和限制艺术自由表达人的情感,极大削弱了艺术创作宣泄感情和表达意志。整个民族的精神状态沉溺于固有而陈旧的文明,这种陈腐、僵化的感情、意志和精神,支配着20世纪中国人的心理与灵魂,成为广大民众推理和行为的规范与动力,很难跟上浩浩荡荡的世界洪流,无异也是造成"走到灭亡的路"的强烈内因。⑦文化改革是鲁迅毕生思考的重点,在他看来,改革的理想结局是国人能够实现"人"的自主意识和独立精神,懂得"人"的价值和尊严,进而形成公民意识。"人"的觉醒和解放须通过不断澄清、消除传统文化中禁锢人性、"硬化"思想的糟粕,批判正统儒家长期培育渗透的封建主义、纲常伦理等精神枷锁才可实现。具体方法上,鲁迅提出:一是"深入民众的大层中,于他们的风俗习惯,加以研究解剖,分别好坏,立存废的标准";⑧二是"必须用存在于现今想要参与世界上的事业的中国人的心里的尺来量,这才懂得他的艺术"。⑨衡量包括艺术创作在内的近代文化活动,不能用传统的旧尺度,只能用新尺度;不能用西方的尺度,而要用既放眼世界又立足本民族思想文化土壤的"中国人的心里的尺"。

因此,京剧艺术在中国社会原来的空间中,作为源自民间、雅俗共赏、寓教于乐的文艺活动,作为自徽班进京至鲁迅-梅兰芳时代已历经一百余年的传统文艺,正落在鲁迅心目中的改革文化大框架中。可以说,梅兰芳的京剧改革从理论上说本来可以是对鲁迅搭建的新文化框架的填充。鲁迅说:"现在已不是在书斋中,捧本书高谈宗教,法律,文艺,美术……等等时候了,……仅大叫未来的光明,其实是欺骗怠慢的自己和怠慢的听众。"[10]从这个角度看,梅兰芳恰是对鲁迅倡议的实践。他们一位是思想家,一位是艺术家,人生轨迹不同,在生活中仅有一次接待萧伯纳时的相遇,此前并无私谊亦无交恶。他们的交集完全是因为对于京剧以及文化改革,梅兰芳坚持不懈地在"做",而鲁迅面对"国民精神的灯火"的文艺必须有话要"说","梅兰芳现象"成了恰当的题材。

我们还须将这种"做"和"说",置于近代以来随着西学、域外艺术东渐,质疑京剧的声音不断出现的大背景下去观察。新型知识人要建立个人主义的文学和现代艺术,审美判断就须远离旧的尺度。陈独秀认为,现代西方艺术中戏剧影响最大,诗与小说次之,所以文学进步不能不涉及对旧戏的改造,以视觉形式开启现代人文主义宇宙观。但西洋戏剧与中国戏曲颇为不同,"最初的新文人中,没有几个是戏剧方面的专家,也缺乏戏剧创作的经验,他们对于旧戏的批判,多还是属于文化批判的一种,并非专业的沉思,带来的思想的歧义,也是自然的。而这期间鲁迅戏剧观念的变化,让世人看到了新文化人审美意识的丰富与复杂性,可深入思考的地方是很多的。"[11]

"实骂"与"虚骂"

巴赫金曾说:任何话语都是说者、听众和被议论者或事件这三者相互作用的表现和产物,⑫顾颉刚批判"层累的历史"的缘由也在于此。梳理历史,对于所谓"骂"、所谓"公案",最简单的办法还是回归源文本,分析其语境和原因,才有可能知道鲁迅在讲什么、想什么,理解其真正用意。

鲁迅评梅兰芳,公开发表又花费笔墨较多的文章有两篇,前后间隔10年。最早是1924年11月所写、次年1月发表在《语丝》上的《论照相之类》。该文稍长,分三节循序渐进。文中说北京照相馆里唯一永恒张挂不变的只有"梅兰芳君"的剧照《天女散花》或《黛玉葬花》,显出厚嘴唇、凸眼睛的麻姑式福相,与鲁迅认为的林妹妹消瘦的痨病脸不同,当然更与他收藏的改琦绘《红楼梦图咏》木刻白描画里丹凤眼、樱桃小嘴的林妹妹不同。然而国民对于外来新生事物几乎一概拒绝或妖魔化,对于传统包括扭曲了的"国粹"则不加分辨,男旦的剧照得以经久不衰地张挂在国民的心中。男旦当然只是一个象征,透出的是病态的、既奴既主"二我"式的人格。因此,该文是从梅兰芳扮女子生发开去,由扮演林黛玉"像或不像"的美学问题引申开去,主要"抨击的是太监化了的'男人扮女人'这一中国人的变态人格"。⑬

在10年之后的1934年11月,才有正式以梅兰芳为话题的文章《略论梅兰芳及其他》,文中大致包含三层意思:改编剧本的士大夫"灭亡"了民间"有生气"的作品;梅兰芳由"俗"到"雅",是从"有生气"到"死板板";梅兰芳是"为艺术而艺术"的"第三种人"。此文更多是从审美和艺术功能出发,扬民间声腔之"俗"而抑"新国剧"之"雅"。鲁迅推崇以民间草台为剧场的"花部"地方戏,欣赏年已七十的梆子演员侯俊山(老十三旦),也称赞没有视觉包装时的梅兰芳,可见他也不是刻意要诟病男旦,而相形之下更欣赏"有生气"的艺术。经过"梅党"改编的古装新戏走进现代剧场,减少唱念,吸收昆曲中的舞蹈要素,"皮黄"从属于突出了的"艳段",这是京剧形式流变中洋、古、雅的三结合,也正是鲁迅反对的"假新实旧"的"国剧"自动升格。鲁迅一是反对缺乏审美现代性的"雅",另外是警惕成为"国剧",犹如成为皇家提倡的艺术,往往容易遮蔽民间审美的潜流,造成文化的失调。至于"第三种人",其主要成员胡秋原(又自称"自由人")、苏汶(杜衡)、韩侍桁、杨邨人等,均脱离自左翼文艺运动,自称居于国民党文人和左翼革命文学阵营之间,主张"文艺自由"论,反对文艺为革命政治服务。"第三种人"与左翼、鲁迅的交集是文坛的一段历史,梅兰芳并非其中成员,把他归入是由于"为艺术而艺术"。

除首尾两文之外,鲁迅在1924—1934年10年间发表的文章中谈及梅兰芳的不多,或顺便带过,或引作话头,但言语中对梅先生所扮形象乃至所唱戏文、别人将自己与"梅博士"相提并论多有不屑。1934年"评梅"比较集中,包括最有名的《拿来主义》。鲁迅反对将京剧中的象征手法与象征主义艺术流派混为一谈,是要避免对当时中国而言崭新的苏俄文艺推向东方没落的旧路,这也是左翼文化运动支持苏俄正统文艺理论的大势所趋。[14]

鲁迅说自己的文章:"论时事不留面子,砭锢弊常取类型。"[15]即常常从针对具体事物开始,生发出超越具体对象的概括,从"这一个"概括出"这一类",属于"开口小而开掘深"的"类型化写作"。[16]以梅兰芳为例,提到的是梅兰芳,却往往言外有意,指桑说槐,不能单看表面。他剖析国民病态的人格,批判文人士大夫灭绝民间艺术,都是借梅兰芳说事。当然,鲁迅不喜欢"雅化"了的京剧,也由于他"崇力尚俗"的美学思想,"就是崇尚阳刚、悲壮、雄浑、阔大之力度美,就是推崇质朴、纯真、自然的民间大众的通俗美"。[17]

综上,鲁迅与梅兰芳之间,既无个人恩怨,也无唇枪舌剑的论战,所以谈不上有龃龉。在鲁评中,语言确有苛刻之处,但最尖锐的称呼票友、戏迷是"梅毒"出自私人信件,虽然透露出鲁迅对"梅党"扼杀民间艺术的厌恶,但并未公开;鲁评梅有时属揶揄、有时是轻薄,不是对梨园个人的攻击,相对于"痛打落水狗""洋场恶少""丧家的资本家的乏走狗"……有很大区别。鲁迅的批评就其性质应该算一种文化上的聚焦,不宜简单俗化为"骂"。陈漱渝先生专著《鲁迅骂语》,将鲁迅所骂对象分作几类:军阀、政客、"友邦","国民性与国粹"等,尤其是"文坛百态"(如"中国文坛人渣多""资本家及其帮闲""专持粪帚的张资平""钱未通文的邵洵美""为主子送丧的'民族主义文学'""黑暗的动物——走狗文人"),还有《现代评论》·新月派·"第三种人"(如"写香汗,还是写臭汗?""丧家的、资本家的乏走狗""教穷人往上爬"),"同一营垒内的文攻笔伐"(如"才子加流氓""化了妆从背后捅刀")等,用词都比较尖锐。[18]梅兰芳虽然也被归入"第三种人"却并非文坛中人,严格说并不在鲁迅那种"骂"法的范围内。有学者撰文,将鲁迅评梅兰芳的"骂"称作"虚骂":意即抓住当时的某人某事,然醉翁之意不在酒,乃在于借题发挥,生发开去。问题的本身不过是起了触发鲁迅灵感、引出话题的作用。鲁迅与引出话题的这类人并无直接冲突,所涉之事亦无利害干系,梅兰芳、马寅初和杨荫榆都属于这类例子,所以鲁迅"'骂'梅兰芳,是'骂'梅兰芳所象征的男扮女妆之类不男不女的'太监文化','男人看见扮女人,女人看见男人扮'的病态的社会人格"。[19]该观点较合实情,可备一说。

京剧在表演体系上、道德观念上都是传统文化精神和传统艺术的载体,可谓"戏以载道"。由于儒道佛墨法诸家的学说都在思想家的著作里,掌握甚至研究这些思想的仅局限于相当少的知识阶层,于是立贞节牌坊、搞祭典仪式、宣扬三纲五常,把"统治思想"和"正统"观念输送到民间直至穷乡僻壤的渠道,正是包括戏曲在内的"寓教于乐"的民间娱乐和民间艺术。王元化先生引用芮斐德(Robert Redfield)提出的"大传统和小传统"理论来解释道:大传统是上层士绅、知识分子所代表的文化,相当于五四时期所说的贵族文化,也接近于"雅文化"或"高雅文化";小传统是一般社会大众特别是乡民代表的民间文化,五四所称平民文化,约相当于"俗文化"或"大众文化"。[20]鲁迅反对的是"戏以载道"里"道"的糟粕部分,以及艺术审美中他认为扭曲了人性的部分,再就是强调艺术的功用要面向大众、反映生活,不能成为单纯"阔人"的艺术。梅兰芳的京剧改革,鲁迅看来是唱词上的"雅化"而不是"还俗",没有回到大众的审美视野里。田汉曾请教京剧要怎样改革,鲁迅答复也是要回到民间。

总之,鲁评梅本来就构不成一桩"文案",说"鲁迅骂梅兰芳"既不确切也简单粗浅,是误读也容易误导。

[上海市历史博物馆(上海革命历史博物馆)]

注释:

[1] 徐城北:《梅兰芳与二十世纪》,三联书店1990年版,第266页。
[2] 房向东:《鲁迅与他"骂"过的人》,上海书店出版社1996年版,第67页。
[3] 诸荣会:《另册——那些鲁迅"骂过"和"骂过"鲁迅的人》,北岳文艺出版社2014年版,第237页。
[4] 许姬传:《梅兰芳表演体系的形成和影响》,载许姬传、许源来:《忆艺术大师梅兰芳》,文化艺术出版社2015年版,第11、12、33、34页。
[5] 鲁迅:《灯下漫笔》,见上海鲁迅纪念馆编《鲁迅文萃》,上海辞书出版社2021年版(本文所引《鲁迅文萃》皆此版,不另注),第408页。
[6] 鲁迅:《摩罗诗力说》,见上海鲁迅纪念馆编《鲁迅文萃》,第341页。
[7] 林非:《鲁迅和中国文化》,学苑出版社1990年版,第3—7页。
[8] 鲁迅:《习惯与改革》,见上海鲁迅纪念馆编《鲁迅文萃》,第855页。
[9] 鲁迅:《当陶元庆君的绘画展览时》,见上海鲁迅纪念馆编《鲁迅文萃》,第758、759页。
[10] 鲁迅:《习惯与改革》,见上海鲁迅纪念馆编《鲁迅文萃》,第855页。
[11] 孙郁:《鲁迅戏剧观念的几个问题》,《湖北大学学报(哲学社会科学版)》2021年第9期。
[12] [苏]巴赫金著,吴晓都译:《生活话语与社会话语——论社会学诗学问题》,《巴赫金全集》第2卷,河北教育出版社1998年版,第92页。

⑬ 房向东:《鲁迅与他"骂"过的人》,上海书店出版社 1996 年版,第 68 页。
⑭ 张晴滟:《"观剧"的诞生——从鲁迅对梅兰芳的批评谈起》,《现代中文学刊》2019 年第 6 期。
⑮ 鲁迅:《伪自由书·前记》,见上海鲁迅纪念馆编《鲁迅文萃》,第 1027 页。
⑯ 钱理群:《鲁迅杂文》,《南方文坛》2015 年第 4 期。
⑰ 焦振文:《探寻鲁迅戏曲批评的美学基点——也从批评梅兰芳谈起》,《鲁迅研究月刊》2022 年第 1 期。
⑱ 陈漱渝:《鲁迅骂语》,湖南教育出版社 2006 年版。
⑲ 季慧:《"实骂"与"虚骂"——鲁迅"骂人"现象的文化解析》,《绍兴文理学院学报》2006 年第 3 期。
⑳ 王元化:《清园谈戏录》,上海书店出版社 2023 年版,第 3 页。

馆藏一斑

"我们是同志"
——读馆藏胡也频手稿

丁佳园

上海鲁迅纪念馆保存着胡也频的8篇手稿,可分为三类。[1]第一类:《自祷》是一篇完整稿,描写一位青年知识分子的内心独白;第二类:《艰苦中》《在雾中》《我的生涯(第一章)》和《秋》,均为未完稿,和第一类作品一样,大部分是在胡也频还没有走上革命道路之前创作的,还处于"为文艺而文艺"的阶段;第三类:《故乡》《在×镇》《无题》,这类作品明显带有革命色彩,"不但革命者成了主人公,而且作者还满怀热情地歌颂革命是'光明的事业'"。《故乡》《在×镇》已有论述,唯有《无题》一篇由于未完稿,胡也频的各类作品选集较少收录也少有解读。1983年上海文艺出版社出版《中国现代文艺资料丛刊·第7辑》中有作者为纪文的《关于胡也频烈士的遗稿》,有一段相关介绍,指出《无题》是一篇革命题材的小说,题材、思想等方面都和早期作品不同,创作时间应当在作者参加"左联"以后。

本文将从手稿研究的角度分析《无题》手稿,并对比胡也频1930年发表的小说代表作《光明在我们的前面》进行相关探讨。

一

首先看胡也频这8篇手稿的保存流转过程:胡也频不幸牺牲

后,丁玲"因为深怕遗失而把一部分寄存在朋友的家里"②,她还告诉赵家璧说"这些手稿遗迹、照片、信札等","是用一个小箱或小包袱保管起来,一直寄存在她的好友王会悟处。她被捕后,由冯雪峰、楼适夷取出,存放在南市谢旦如家里"。③胡也频的 8 篇手稿就在其中。这些手稿由谢旦如保存下来。于谢旦如先生 1962 年 9 月去世后,由谢先生的夫人捐给了上海鲁迅纪念馆。

8 篇手稿均为道林纸、钢笔书写,无写作日期。《无题》手稿共计 3 页,从右往左竖向书写。在第一页和第二页的左上角有钢笔字迹的页码"1."和"2.",第 3 页无。第一页最右侧一列有钢笔字迹"未完稿"3 个字,其正下方有着用稍小字体、铅笔写成的"胡也频"三字。"未完稿"三字应是由后人添加上的。

目前未发现胡也频生前公开发表过同题小说,手稿还处于起草阶段,全篇均有或大或小的改动,尤其后半部分有较大篇幅的删改。全文篇幅不长,根据胡也频本人在这件手稿上所呈现的最终面貌全文如下(下划线处为笔者所加,系原修改处):④

叫嚣的夜,终于沉默起来了。灯火的红色,渐渐的由天边淡薄下去。黑暗张着巨大的口,把广大的沪西的工厂,荒地,街道,房子,树,完全静静的吞没了。好象山岳一般的站在地面上的一百多幢的永善里的房子,也沉没在伟大的黑暗的肚子里。

在永善里第五弄的末一家,<u>间断的开闭着</u>黑的小门。黑的人影,一个两个地,从那里<u>轻脚轻手地</u>走了出来。

——再见!低声的,一点也没有触动夜的空气。

——明天早上八点钟! 以及这样说。

走出的人们,悄悄地在黑暗里握着手;虽然彼此的脸色被黑暗<u>遮住了</u>,但是大家都可以从握手的用力之中,感觉着<u>血的活动</u>,心的跃跃的欢喜,光明的微笑在眼睛里闪烁……

黑的小门继续地开闭了七次。最后走出了两个人。<u>那些</u>

人们一走出弄口,便装做不相识的样子而各自走开了。

——我们一路走吧。我想不要紧的。郑柏英说。和他并肩地走出小门来的林清便给他低音的回答:

——好极了。老郑,我正想和你谈谈呢。

这两个人便大胆地走出弄口去,彼此很谨慎的把眼睛向马路的两边望了一下:没有人影;街灯可怜地在黑暗里吐着弱小的光,更显得夜的伟大的力量。

于是一双皮鞋和一双布鞋踏在碎石的马路上的声音,匀整地,卡卡息息的响在平静的空气里。在前面的远处,也响着皮鞋的卡卡的声音。

——林清,我真欢喜我今天看见你。但是,假使在两个星期以前,我看见你,一定不痛快。

——啊,为什么呢？林清带笑的声音问。

——你知道,你从前给我的印象是很坏的。那时,你曾经反对我献身给×工作。你是相信资产阶级的德谟克拉西的。因此,当我知道你也转变了,也加入到××会的时候,我曾经在几个同志面前反对你。我说你是机会主义者。并且,老实说,我还疑心你受了雇用来我们这里做间谍……

——不错,你应该这样想。林清在对方说话的停顿之间,欣然地插口说。

话又继续着:

——可是在十天以前,几个同志说到你,同样的给你一个非常之好的批判。他们都说你很积极。都说你的工作表现得非常好。并且,他们说我不应该那样的反对你。你知道,现在,我简直不把你看做以前的老同学。郑柏英说着,一面微笑了,快乐的把手臂勾到林清的肩头上,亲切地把他勾过来。

他们象一对爱人似的并排着。

——我知道,林清回答说,有人告诉我,说你对于我没有好的意见。我当时只想和你作一次谈话,可是在工作当中,一点钟的时间也抽不出来。

好,现在,我觉得不必再和你说什么了。

两个人的脸上都是微笑地;这微笑,恰恰在一盏街灯底下,映在彼此的眼睛里。于是,不自觉的,两只手便紧紧的握起来了。

"我们是同志。"这声音,在彼此的心的深处,热烈的响着。

又继续的谈话——关于工作上的。

他们的谈话的声音,轻轻的响在他们的嘴与嘴的距离之间,而

开头段未见修改,从第二段起原稿有较多改动。"间断的"原为"不断地","开闭着"原为"开着",增加了"轻脚轻手地"。这三处改动分别强调了人员走出不是连贯的而是有间隔的,"开闭着"表示门不是常开的,强调了有"闭门"这个保密动作;"轻手轻脚"体现出故事发生的背景中人物主观上的意愿,说明了这是一个秘密的地点发生的秘密的事件,将第一段所渲染的在那100多幢房屋所处的地带、本应喧闹拥挤的环境,反而被黑暗"长着巨大的口"吞没了、"沉没在伟大的黑暗的肚子里"的"沉默"的氛围所笼罩,既点出夜色已深,又营造出了一种紧张、悬疑的氛围。

第五段"虽然彼此的脸色被黑暗遮住了"原为"虽然彼此的脸色被黑暗挡隔着",如此改动更符合在浓浓夜色中看不清人脸的环境,且不会产生遮挡脸部的歧义,"被黑暗遮住"更强调这些人们是刻意借着夜色的掩护这一明智的做法,更进一步的暗示他们之间是没有隔阂的同志。此段另一修改"感觉着血的活动,心的跃跃的欢喜"原作"感觉心的欢喜",划去"心的",先写物理的"血的活动"进而到心理的"心的欢喜",并且还加上"跃跃的",更加突出强调了这种欢喜的雀跃,应该是为了某种共同的使命达成了某

种心照不宣的共识。

第六段"那些人们"原作"其他的人",修改后强调了这最后的两个人也是属于整体的,作者并不想将他们与其他人孤立、区别开来,因此换掉了"其他的人"这种说法。此段另一处改动是将"而自走开了"改为"而各自走开了",也将这些人有计划的往不同方向撤离写了出来,避免了原文表述那种"兀自走开"的表达漏洞,给读者的感受是整个活动不仅秘密举行,连撤退也是井然有序。

第九段"没有人影"原作"好远都没有人影"。删去"好远都"首先更符合前文的叙述,在他们两人前面应该是有别的撤退人员的,只是借着夜色的掩护看不见人影了,若说"好远都没有人影"则逻辑不通顺,与后文"前面的远处,也响着皮鞋的卡卡的声音"前后矛盾。且删去后变成短句,读来更有紧张感,此时的故事气氛已经烘托到了主角登场即将展开故事情节的边缘。

第十一段"我看见你,一定不痛快"原作"我感觉看见就不痛快"。其本质都是有隔膜和误会,但是初始表述更突出了一种个人的、不理智的主观情感,修改之后则偏向于客观,只是强调一种必然性,而这种必然性不一定是主观情感导致,也有可能是借由某些客观事实引起的误会,为下文化解误会埋下伏笔。

第十三段"你是相信资产阶级的德谟克拉西的"原作"你是相信民主主义的";"加入"原作"参加"。这段最值得关注的改动是作者将"民主主义"改为"资产阶级的德谟克拉西"。"德谟克拉西"本就指的是民主,民主与科学乃五四新文化运动所提倡的,出于反帝反封建的立场本身并没有问题,但是加上"资产阶级的"这个前缀就值得玩味,反映出说话者当年对这不彻底的假民主表示不屑、不认可的态度;"参加"一词也较正式和书面化,改为"加入"后更显口语化。整段几处改动都能使这段对话更加轻松和随意,为后面误会的化解做铺垫。

第十六段至第十八段,"郑柏英说着,一面微笑了,快乐的把手臂勾到林清的肩头上,"原作"郑柏英说了最后的一句,便举起手臂勾到他肩头上",这里的"微笑""快乐"与后面一句"亲切地把他勾过来"形成一系列呼应,强调了倾诉完内心的真实想法、化解了误会之后如释重负的愉快心情。另有两处改动较轻微,对文意的影响不大:第十六段中"他们都说你很积极。都说你的工作表现得非常好"的"都"原本作"并且";第十八段"有人告诉我,说你对于我没有好的意见"原作"有人告诉你,说你对于没有好的意见",这些改动应该是对写作过程中笔误的更正。

最后四段有较大的改动和大幅删除。

在"于是"前原本有一段:"而且使彼此的心密切起来,而且在同一的彼此的精神上□□一种光照的映射。拥抱。不。"这个改动也许是这段表述太过于抽象和拗口,因此删除了。

这段在"两只手紧紧的握起来了"后原本还有一段:"他们的精神,一直冲破这黑暗的包围,飞到光明的世界里,庆祝着他们的前进。"这个删除的句子并不算拗口,甚至和胡也频另一篇小说《光明在我们的前面》的名称有相似的元素,或者说在写作时有心在这个主题上有更进一步的可能性,由一种理想进化为理想的现实。这点下文将具体展开再做分析。

"我们是同志"这句原文加了突出的引号,这句后面原本写了"深入地"3字,划去后改为"在彼此心的深处"后跟"热烈的响着"。

"又继续的谈话——关于工作上的。"这句原作"他们又继续地说了许多工作上的事情。"改后把谈话的内容"关于工作上的"用破折号后置,有一种强调突出的意味,比原文平铺直述更优。

"他们的谈话的声音,轻轻的响在他们的嘴与嘴的距离之间"原作"他们的谈话的声音,轻轻的响在他们的两个脸颊之间,嘴与嘴的距离之间",并且原始稿在这段的前面,有很长一段描写,都被原作者划去了:"他们的脚步的声音有规则的响着,并肩的走了

□□□□。一路上都是有规则的走着,不断的响着卡卡息息的脚步的声音,同时这声音又不断地被巨大的黑暗吞去了。"推测作者对这段描写并不满意,划去后又暂无更好的改法,因此暂时搁笔,未曾想之后因工作和被捕牺牲,此篇小说自此成未完稿。

从胡也频对这篇小说的不断修改来看,他是十分重视这篇小说的细节的,改后的文字更凝练、突出重点,在一些细节的处理上也更得当。

二

前有学者判断本篇小说的写作时间是作者胡也频加入左联后。[⑤]本篇小说提到故事发生的第一个地点是"沪西"。在上海的近代历史上,沪西是上海最早建立近代工业、产业工人最集中的地区之一,也是中国工人运动的发源地之一。早在1919年就由沪西日商棉纱厂工人率先全市开展罢工,声援北京的五四运动。1920年6月上海共产主义小组成立,并在沪西锦绣里创办党的第一个工人半日学校,给工人补习文化和传播马克思主义,为中国共产党的诞生做思想和干部上的准备,犹如播下了黑夜中的火种。1924年9月,工运领袖邓中夏、李立三、项英等根据党中央的指示在沪西筹建了沪西工友俱乐部,这不仅是工人学习文化的课堂,也是共产党人传播马克思主义的阵地,更是沪西地区党组织的发源地。党的早期革命活动家蔡和森、恽代英、瞿秋白、杨之华、杨开慧等在这里留下了足迹。1925年2月沪西、沪东日纱厂3.5万工人联袂发动二月大罢工,是"五卅"爱国运动的前哨战。5月15日,沪西发生内外棉七厂日本资本家枪击罢工工人领袖、共产党员顾正红,打伤工人10多人的流血事件,成为"五卅"运动爆发导火线。而席卷全国的"五卅"反帝爱国大革命运动正是中国共产党第一次领导中国人民自觉反抗帝国主义的斗争。胡也频的小说《光明在我们的前面》(简称《光明》)就是以"五卅"反帝爱国大革命运动为时代背景展开写作的。

1926年6月—1927年3月在上海爆发了迎接北伐军、消灭反动军阀统治的三次工人武装起义,这是大革命时期中国工人阶级的一大壮举。而胡也频的小说《无题》除了故事地点选在上海的沪西地区,故事内容也更倾向于有组织地开展一项秘密的集体性革命运动。故事的主角分别是林清和郑柏英,开端描述了一次党内秘密会议之后的人员离场,从某种程度上带领读者从主角林清的个人视角切入当时工人运动的革命生态、即共产党领导的工人运动中来。"明天早上八点钟!以及这样说。走出的人们,悄悄地在黑暗里握着手。虽然彼此的脸上被黑暗挡隔着,但是大家都可以从握手的用力之中,感觉着血的活动和心的欢喜,光明的微笑在眼睛里闪烁。"与小说《光明》所描绘的"五卅"反帝爱国大革命运动不同,这种定好时间的集体行动显得更有组织性和纪律性,也更有革命性。推测《无题》的写作要晚于《光明》。

《光明》是1930年5月起在武汉的文学刊物《日出》上连载,9月付排单行本。1930年7月胡也频跟丁玲一起加入中国左翼作家联盟,不久后胡也频加入中国共产党,11月当选左联主席,第一届苏维埃代表会议代表。所以在《光明》发行后,胡也频的文章创作数量锐减。按丁玲的回忆,这时他的工作重心已完全转移到党的事务上去了。《无题》应该正是创作于这时期而没能尽快完稿,直至1931年1月被捕,2月牺牲。

对于《光明》这篇小说,大多数研究和解读都认为是对无政府主义的批判。但总的来看,《光明》更应该被视为是胡也频在济南时期,结合现实生活中的自己与爱人革命战线统一的自我说服和互相说服的一次纸上的实操。女主角白桦是一个热情的无政府主义者,作为共产党员的男主刘希坚,借"五卅"期间的事实说服白桦脱离无政府主义。在小说的最后,北京的、响应上海工人斗争的群众运动完全获得胜利,人们在天安门广场集合演讲,男女主角的情感和思想达成了完全的一致。这个小说采用了当时流行的革命加恋爱的写法。《光明》中还有较多的理论阐述,但是并不枯燥,通过人物对话探讨了无政府主义、资本主义和共产主义的基本方针和理论差异。

而未完稿《无题》,两位先期出现的人物角色林清和郑柏英的革命理念无需被说服已经达到了一致。它是一种革命者最理想的状态。并不是写恋爱,而是写朋友,写同志,是一种更纯粹的革命理想叙事。《光明》的结局十分理想,两对男女主角分别投入了无产阶级农民运动和工人运动的工作中去,而《无题》极有可能是在《光明》之后的又一次理想续写。

小说《无题》未完稿的最后的"我们是同志",在《光明》中也曾两次出现。在小说第十章,主角刘希坚在梦中听到机关枪"扑扑扑"的响,群众们喊着"前进"口号冲锋苦斗,暴动后带来了一个新的时代到来,他高声的叫"世界的无产者万岁",他梦到许多人跑上来和他握手,在群众的欢呼声中他看见他的爱人白桦向他跑来,他便鼓动全身的力气去和她握手。

"我们是同志"他欢乐的说。

"我们是同志"一个回响。

他笑着,于是,眼睛朦胧的睁开了。梦醒了。

以上节选自《光明》的这个梦的描写可以说是整篇小说的一个缩影。20世纪二三十年代,无政府主义思潮在知识分子中造成思想的混乱,胡也频通过对坚定的马克思主义者刘希坚和无政府主义者白桦两个男女主人公的形象描绘,勾勒出两种思潮互相争斗,而前者终将战胜后者的必然历史进程,显示了马克思主义作为无产阶级解放学说强大的生命力和号召力。而这句口号也正是小说《无题》的开篇这段文字的最后一句,令人不得不联想到这是一种理想的承接、一种信念的传递,显示了作家胡也频深邃的洞察力。

在鲁迅主编的《前哨·纪念战死者专号》中对胡也频上海时

期的介绍中说:"回到上海,即加入左翼作家联盟,被选执行委员,并且负担工兵通信运动委员会主席的职务。""即在最近,也依然不懈于创作,在负责工兵通信运动工作的忙碌中,写完了光明在我们的前面,并写了几篇短篇。在从狱中写出的信里,还提及他预备要写的一个巨大的长篇的计划。"[6]

鲁迅还说过"革命是痛苦,其中也必然有污秽和血,绝不是如诗人所想象的那般有趣,那般完美;革命尤其是现实的事,需要各种卑贱的、麻烦的工作,决不如诗人所想的那般浪漫。"在《无题》中,主人公郑柏英对林清说,之前误会他是"相信资产阶级的德谟克拉西"的,"可是在十天以前,几个同志说到你,同样的给你一个非常之好的批判。他们都说你很积极。都说你的工作表现得非常好。并且,他们说我不应该那样的反对你。"这段解开误会的对话显示了林清正在积极从事秘密的、艰苦的党内工作,并非简单地表明自己的信仰和身份就可以换来误会的化解,而是以实际工作表现,赢取了同志们乃至郑柏英的信任。这也是胡也频小说《无题》的进步之处。《无题》若能完稿,相信会是一篇超越他之前发表的其他小说、包括后来被认为是他代表作的《光明在我们的前面》的,具有时代意义的优秀作品。鲁迅的意见对中国现代文艺运动产生了长期的积极影响,而胡也频就是这大群新的战士中的一员。

注释:

① 吴长华:《坚实的步伐——读胡也频的八篇作品》,上海鲁迅纪念馆编《纪念与研究》第五辑,1982年。
② 丁玲:《附记》,《新文学史料》1980年第1期。《关于胡也频烈士的遗稿》,《中国现代文艺资料丛刊》,上海文艺出版社1983年版,第71页。
③ 赵家璧:《重见丁玲话当年》,《文汇增刊》1980年第4期。
④《无题》引文皆出自上海鲁迅纪念馆馆藏胡也频手稿。
⑤ 纪文《关于胡也频烈士的遗稿》,《中国现代文艺资料丛刊》,第71页。
⑥《前哨·纪念战死者专号》,1931年。

读书杂谈

晚年鲁迅书画时光
——《鲁迅上海生活志》撷英

张 洪

  生活中的鲁迅,距离我们有多远?问题很难回答,重返现场,回看实物,上海鲁迅纪念馆作为中华人民共和国成立后第一个对全社会开放的人物纪念馆,研究者们几十年探索,为我们追摹了日常鲁迅的文化遗产,钩沉经历,细加端详,客观说明,洞见鲁迅生平精神所寄。四五十年间馆刊发表文章之集萃,复原十年沪上鲁迅的物证、文史,梳理、考证交往,生动活化了易逝难追的往事先哲。

  生活事实,人之常情,衣食住行中的鲁迅最为看重写字生涯,笔墨纸砚"金不换",内山书店情谊深,鲁迅世界尽可从其艺作文心漫说开去,缘此发现意义,寻到价值,得大略,获确解,呈现先生本来模样,与大家面对面。

  每支5分钱的便宜笔名曰金不换,胡开文的墨,民国时所制青石砚,鲁迅上海时期的文具伴随他撰稿编刊。50方遗印实物中,50岁时刻制的朱文"洛文",出自西泠印社陶寿伯之手。鲁迅书赠瞿秋白《人生斯世》对联时,即以此署名。译校法捷耶夫《毁灭》交给大江书铺,印上"堕落文"为笔名悄悄发售。1934年接受"迅翁"赠印,鲁迅记载日记"不可用也"。生命最后一年,收到来信来稿,病得很重的鲁迅不愿拖延时日,以免邮寄者牵挂,在回执条上钤印"生病"二字，该图章使对方明白情况，不致于催促着急。山阴路132弄9号，鲁迅生命最后三年半故居里的四张书桌，见证了与瞿秋白的知己情谊，记录了他写作的日日夜夜，胡风、曹靖华、冯雪峰等居住在客房中的友人都曾经与它互相伴随。鲁迅和好友冯雪峰共同编印《萌芽月刊》《前哨》《十字街头》，冯氏见赠圆柱台灯、自来水笔光彩依然，记录了"甚为相得""引为同志"的峥嵘岁月。玻璃双门书橱是当时流行式样，鲁迅尤为喜爱以书箱叠放成高大的书橱。装满书是书箱，打开来，就成了书架，一直没有定居此地的决心，鲁迅时常想着"北归"，曾经整理出户八箱书寄回北京寓所。迁居大陆新村后，为妥善存放书籍资料，鲁迅租了一间20.5平方米的藏书室，由书箱叠成的书架几乎到顶，存放了六千余册图书、手稿和纪念物。几乎每天都去内山书店的鲁迅，藏书室门口挂着其书店店员镰田诚一的木制名牌。

说到鲁迅藏书，后来几乎全部运往北京，由北京鲁迅博物馆保管研究。上海鲁迅纪念馆所存鲁迅藏书不多，也颇有特点，比如日语、德语、俄语等外文书，孤本《木刻画选集》手拓稿本，以及鲁迅生前使用的近十种辞典，许广平记叙这些陈列于先生案头的工具书，"经常为鲁迅日夕摩挲必不可少的参考书，故仍留原处"。德国版《新俄纪行》右侧签署"鲁藏"字样，两年后鲁迅转赠镰田诚一，镰氏去世后又被内山员工回赠许广平。1950年，许广平将其捐给上海鲁迅纪念馆。孙犁40多年前谈到赠书时，追忆鲁迅把别人送给他的书，单独放在一个柜子里。鲁迅印了书，郑重地分赠学生和故交。如此先贤古道，旧踪难觅，知音日稀。

鲁迅日常起居里画意盎然，书房卧室里悬挂摆放的版画《夏娃》《苏珊娜沐浴》，出自与他同时代的德国画家奥古斯特·贝克之手，由留学彼邦的徐诗荃代买而来。内山完造和郁达夫召集的聚会上，鲁迅结识了日本画家宇留河。之后，鲁、郁两人请他设计书刊封面。鲁迅参观宇留河画展后，购买其画作，将此前卫艺术家作品挂在了海婴卧室。寓所内的美丽牌香烟挂历，纸烟包里赠送的画片，鲁迅许广平所藏中外画作明信片，鲁迅搜集各地笺纸而遗存的艺术珍宝，赏心悦目之余又让观众平添对美术源流的别一种理解感悟。庭院里种植石榴、紫荆，生活中茶壶餐具、瓶瓶罐罐，画像拓片、纸塑文创，欣赏画谱，编印笺谱，正如以《芥子园画谱》赠许广平时鲁迅题诗所言："聊借画图娱倦眼，此中甘苦两心知"，点滴细微处不言而明鲁迅的花草植物情结。

他广为采购收集各国版画印刷品及木刻原印拓片，他翻译了坂垣鹰穗的《近代美术史潮论》，他与柔石等组织朝花社并共同编辑美术丛刊，他介绍了近50位国外版画家并主持印行了近20种绘画作品集，他与内山完造、瀛寰图书公司合作举办了4次版画展览会，他在临终前11天抱病参观第二回全国木刻流动展览会……鲁迅将版画改称为中国人熟谙认可的木刻画，鲁迅与木刻运动成为他生前身后的传奇生成。

对原创木刻版画的挚爱与推广，予青年创作人才的提携和奖掖，饱含着鲁迅寄望中国新兴美术充满新生命的复兴："新的木刻是刚健，分明，是新的青年的艺术，是好的大众的艺术。"1933年鲁迅在《木刻创作法》序言中如此判断与憧憬："这实在是正合于现代中国的一种艺术"，"中国的木刻界就会发生光焰"。1935年《全国木刻联合展览会专辑》序言中，他更是高声赞叹新兴木刻"实在还有更光明，更伟大的事业在它的前面"。接到李桦寄来的两本木刻集，鲁迅回信中告诫青年木刻家要真切体验、表现生活，要参考汉代石刻画像、明清书籍插图和民间年画，"和欧洲的新法融合起来"，"创出一种更好的版画"。研究馆员萧振鸣的定论可谓切中肯綮："鲁迅倡导的中国现代版画是中西美术结合的典范"，"他培养了中国版画创作 这一新兴的美术品种，丰富了中国美术的内涵"。

融通域内海外，超越中西之争，内山完造1934年在《花甲录》

中感慨30年来书店结交的中国文化人,以鲁迅为首的队伍把日本文化介绍给中国读者。其弟内山嘉吉先生回忆时深存激动和惶恐,鲁迅出席讲座并为他口译,赠送他带有珂勒惠支铅笔签名的一幅铜版画和七幅一套石版组画。多年后德国慕尼黑博物馆馆长来京看到鲁迅所藏乔治·格罗斯版画,她惊异地对孙郁馆长说,这些作品在德国已经看不到了,其价值无法估量。拿来,创新,走出去,美美与共,彼此成全,1947年,内山嘉吉策划举办《中国初期木刻展》,68帧鲁迅生前寄赠"以求批评"的中国新锐青年版画家作品在神户、大阪、京都、东京巡展,反响热烈。纪念本扉页郑重题词"献给中国新兴木刻导师鲁迅先生",正是中日两国有识之士的由衷心声。杰出的书商,优秀的鉴赏家,超凡的文艺领路者,令人向往的相遇相知迸发出无与伦比的浪漫活力,遗留给后世当今取之不尽的精神遗产。

记忆细故,丈夫垂名。由此道来,英华称奇,上海辞书版《鲁迅上海生活志》既是一部鲁迅家庭景况的小百科,更堪称独步鲁迅书画领域的微型工具书。

(辽宁出版集团　编审)

在鲁迅的书海里寻珍探宝
——《何巧云论文选》序

陈漱渝

我读书,必先读序言和跋语。中国古代的《〈兰亭集〉序》《滕王阁序》《〈归去来辞〉并序》,以及法国罗曼·罗兰的《英雄传》序,皆为脍炙人口的佳作。作者为自己的作品写序称自序,如文天祥为《正气歌》所作的序言;为他人作品撰写的序言称他序,如鲁迅的《萧红作〈生死场〉序》。不过有些名人轻易不为他人作序,如钱锺书。他一生中只为钟叔和主编的《走向世界丛书》写过一短序,属于破例,因为他认为这套丛书所收的是"很有价值而久被埋没的著作",而钟先生为丛书所写的序言又"中肯扎实"。钱先生不好作序,是因为清高,也是因为谦逊。孟老夫子说:"人之患在好为人师。"就是说,人们的毛病,在于喜欢充当别人的老师。为他人作序的人可能会给人留下这种"好为人师"的印象。

我是一个世俗之人,普通的学人,做派常常跟清流大咖相反,那就是凡请我写序者,来者不拒:其中有相识者,也有的素昧平生;有的是学者名家,如马蹄疾、王锡荣、刘玉凯、房向东、闫纯德、林曼叔、刘运峰等人;也有刚在学界起步之人。其中有些人的著作因各种原因难以出版,亦无分文报酬,出于友情,我也不予婉拒。有些人的大作初版时嘱我写序,再版或三版时就抽掉了,我能理解,因为各有不同的原因。他们的大作是一种独立的存在,跟我那种佛头着粪的序言原来就没有不可分割的理由。这样一来,截至2017

年,我写的自序和他序就已达30万字,后来结集为一本书,名为《血性文章》,由南开大学出版社出版。

我如此热衷写序,是因为我认为序言是我跟文友和读者交流的一个平台。说句掏心窝子的话,我这个人在各方面依赖性都很强,有些朋友曾经坦言:"陈漱渝好求人。"我心悦诚服;不过我又补充了半句:"好求人亦乐助人。"所以别人有各类事情要我帮忙,凡我力所能及而又不违背原则的,我都尽心尽力去办。有时为了打听一个人的地址,我甚至搭上了一周的时间。所以,替他人写序,是我回馈友人的一种方式,以示投桃报李之意。另外一个爱写序的原因,就是序跋这种文体比较洒脱,可抒情,可叙事,可议论。比如本文以上所云,完全跟何巧云的著作无关,只是一种借题发挥,不过从中可了解一些人情世故,也不是没有一点知识含量。

现在要回到何巧云及其论文本身。按传统说法,何巧云已入不惑之年;但按当下的年龄划分标准,她其实还是青年。她入职鲁迅博物馆研究室时我早已退休。近两年因合编《鲁迅著作版本书话》有所接触,她给我留下的印象是朴实谦和,乐于助人。她原本是安徽大学历史系的博士,对儒学和徽学均有研究,出版过有关中国古代祭祀活动的专著。但她到北京鲁迅博物馆之后的主要精力是用于编辑《鲁迅研究月刊》,潜心研究鲁迅的时间有限。我欣喜地看到,这位鲁迅研究界的新人,在很短的时间内就写出了颇有新意的文章。她的学术转型是艰苦而成功的。

何巧云的文章涉及鲁迅研究的诸多方面,我最感兴趣的是她对鲁迅藏书和藏品的研究。

我这一生当中,觉得有许多值得去做而自己却无力完成的事情,研究鲁迅藏书就是其中的一项。谁都承认鲁迅的知识博大精深,而他知识的来源无非是来自"无字之书"和"有字之书"。"无字之书"是对实社会的深刻洞察,"有字之书"就是他阅读和庋藏的中外典籍。据统计,现存鲁迅藏书有4 000余种,1.4万余册,其中包括中文线装书、中文平装书,也包括日文、英文、德文、世界语等多门外文书籍。早在20世纪90年代,我就组织鲁迅研究室及其它部门的同人集体研究鲁迅藏书,出版了《鲁迅藏书研究》。我们当时的研究虽然肤浅,远赶不上戈宝权对鲁迅外文藏书的研究和韦力对鲁迅收藏古籍的研究,但毕竟是一种具有开拓意义的工作,并且初步勾勒出了鲁迅藏书研究的蓝图。此后我又试图跟河南大象出版社合作,继续推进这一项目,结果只重版了鲁迅藏书中的三部外文插图本,如但丁的《神曲》,塞万提斯的《堂·吉诃德》(图集),陀莱的《十字军》。未能坚持进行的原因有多种,关键的一条在我看来是难度太大。这是一种跨学科的研究:不仅需要熟悉鲁迅,还要了解藏书作者和藏书的内容。此外还需要有深厚的中国古典文学素养和驾驭多种外文的能力。这决不是一般人所能做到的。然而鲁迅说得好:"即使艰难,也还要做;愈艰难,就愈要做。"(《且介亭杂文·中国语文的新生》)既然鲁迅藏书是一座丰富的文化宝库,那就值得一代又一代的鲁迅研究者领首俯身进入幽深的隧道,一锤一钎地奋力开掘,决不能指望有"芝麻开门吧"一类魔咒暗语,能帮助我们不费吹灰之力地打开这座辉煌的宝窟。

通过何巧云的奋力开掘,我才知道黄鹏基的小说集《荆棘》中倡导的"刺的文学"跟鲁迅倡导的"文明批评和社会批评"在文学导向上完全一致,他们也共同承传了梁启超在《论小说与群治之关系》中的精神血脉:"刺也者,刺激之义也。刺之力,在使感受者骤觉。"通过何巧云的介绍,我才间接了解到克士(周建人)的《花鸟虫鱼》一书,并从中获知鲁迅与其三弟在科学普及方面的共同努力,对这本书中提供的家族往事和绍兴风土习俗更产生了浓厚的兴趣。

鲁迅收藏的不少现代文学作品,能反映这位文学导师跟文学青年之间的关系。何巧云没有将这种关系简单化。《鲁迅藏何家槐〈暧昧〉》一书让读者了解到,何家槐是一位左翼作家,但他成长的轨迹也充满了曲折。1934年二三月间杨邨人、韩侍桁揭发何家槐剽窃徐转蓬的小说,揭发者是以此攻击左翼文坛,但何家槐的做法也确有授人口实之处。鲁迅明确表示窃文"可耻",此外还不满于何家槐拉拢林语堂,以及在"两个口号"论争中的宗派主义倾向,但仍然关心他著作的出版。鲁迅读到何家槐的短篇小说集《暧昧》之后,于1933年2月6日给上海良友图书出版公司的编辑赵家璧提出建议:

> 今天翻翻良友公司所出的书,想起了一件事——书的每行的头上,倘是圈,点,虚线,括弧的下半(└,﹀)的时候,是很不好看的。我先前做校对人的那时,想了一种方法,就是在上一行里,分嵌四个"四开",那么,就有一个字挤到了下一行去,好看得多了。不知可以告知贵处校对先生,以供采择否?

这既是对何家槐本人的默默关怀,更表现出鲁迅对中国现代出版界的殷切期望。新中国成立之后,何家槐出版了《〈故事新编〉及其他》《鲁迅作品讲话》等著作,也是他献给鲁迅的一瓣心香。

对苏俄文学的引进和版画艺术的倡导,是鲁迅文化活动的重要内容。何巧云介绍了曹靖华的译著《烟袋》《第四十一》《苏联作家七人集》《不走正路的安德伦》。曹靖华是以鲁迅为核心的未名社成员。早在20世纪20年代初,他就以社会主义青年团团员的身份赴苏联留学,在瞿秋白和鲁迅的影响下,成为窃取天火照明旧中国漫漫长夜的人。1927年8月再度赴苏,成为中苏文化交流的使者,是一位著名的诚实的翻译家。我从何巧云的文章中得知,曹靖华的翻译活动是在十分严酷的政治高压下进行的。为了出版爱伦堡的短篇小说《烟袋》,译者就先后4次更换了篇名:《共产党的烟袋》,《烟袋公社》,《康穆纳尔的烟袋》,《烟袋》。鲁迅帮助曹靖华在白色恐怖中出版这本禁书,自己也承担了很大的政治风险。

在鲁迅喜爱的外国版画家当中,何巧云重点介绍了苏联的毕珂夫。这位画家为不少经典作家,如荷马、但丁、雨果、莎士比亚的作品作过插画,也为鲁迅的小说《故乡》《社戏》《明天》等作过插图,还绘制了鲁迅肖像。鲁迅认为他的作品洋溢着一种真挚的精神,特意托曹靖华为他寄赠过宣纸。所以他跟鲁迅的交往,就为中苏文化交流史增添了可圈可点的一页。

何巧云文章中最让我感动的一节文字是:据萧红回忆,鲁迅重病之时,十分喜爱一张精美的插图:画面上一位少女,着长裙,披长发,在迎风奔跑,地面上绽放着鲜艳饱满的玫瑰花。这幅画正是毕珂夫为波斯抒情诗人哈菲兹作品所作的插图。根据我的阅读体会,由于国民党政权的压迫和左联内部的宗派主义,临终前以"横站"姿态进行战斗的鲁迅心境是"愤懑"的。鲁迅之所以反复欣赏毕珂夫的这幅作品,说明他在孤寂之中依然在向往着春天,向往着温煦,向往着人世间一切美好的情感。鲁迅在《而已集·小杂感》中写道:"创作总是根于爱。杨朱无书。"萧红的回忆通过何巧云的进一步阐述,充分证明了鲁迅的上述观点。

这本书中还有何巧云其他方面的文章,其中《鲁迅对中国名物传统的思考与实践》《从鲁迅〈会稽禹庙窆石考〉谈起》,显示了作者研究中国传统文化的功力。她研究鲁迅著作外文译本和中国少数民族文字版本的成果,是靠坐冷板凳的硬功夫取得的,表现出她治学的严肃认真、兢兢业业。她还撰写了鲁迅作品阐释的文章,我难于在此一一点评。汉儒董仲舒在《春秋繁露》中说:"诗无达诂,文无达诠。"意思是:诗文没有一成不变的解释。记得我参与1981年版《鲁迅全集》的编注工作时,业师李何林先生从普及鲁迅作品的善意出发,极力主张给鲁迅每篇作品都写一个题解,阐释该文的中心思想、主题旨意,结果在实践中遇上了瓶颈,编注人员经常为此争论不休,各不相让。后来胡乔木同志提出取消题解,避免将鲁迅每篇作品的旨意模式化。最终采纳了乔木同志的意见,李何林先生主编的《鲁迅作品题解》由其它出版社另行出版。我回忆这件往事,绝无反对研究者深入进行作品解读的意思,只是为自己的浅薄和疏懒找一个似乎冠冕堂皇的理由罢了。

  本文的题目中,我把鲁迅的文化遗产比喻为一座宝库,"书海"二字中的"书",既指鲁迅的著作,也指他的藏书、藏品。但有一句德国谚语说得好:"一切比喻都是蹩脚的(亦译为都有缺陷)"。因为某些物质资源有可能开采殆尽,比如有科学家预测,石油就有可能在一两个世纪内被人类耗尽。所以为了可持续发展,人类不能狂采滥伐。但精神资源不但不会枯竭,而且通过阅读、阐释、弘扬而获得再生,取得增殖的效应。一部《论语》20篇,11 000余字,自成书以后流传了2 500年,历经原始儒学,宋元理学,新儒学等若干发展阶段,由道德伦理成为政治伦理,而后通过反思,又逐渐贴近社会,回归民众,至今仍然在中国社会中发挥着重要作用。鲁迅的文化遗产同样是开掘不尽的精神资源,在五四时期,20世纪30年代、抗日战争时期,新中国成立等不同历史阶段,都融入并丰富了中华民族的民族精神,成为复兴中华的精神动力。

  我并不期盼何巧云在研究界成为让人仰视的领军人物,只是希望她在鲁迅的文化宝库中继续充当一位辛勤的开掘者。鲁迅在《且介亭杂文·忆韦素园君》中有一段话:"是的,但素园却并非天才,也非豪杰,当然更不是高楼的尖顶,或名园的美花,然而他是楼下的一块石材,园中的一撮泥土,在中国第一要他多……"愿以此言跟文友何巧云共勉。

《鲁迅导读:思想与文学》与鲁迅研究的大众化写作实践

林 苗

王本朝曾在一次访谈中谈到:"我多年来都有一个梦,就是做鲁迅研究。《鲁迅全集》我都看过很多遍,相当熟悉。"[1]自20世纪90年代开始,他已连续发表20多篇有关鲁迅研究的论文,有的后来收录《回到语言:重读经典》(广西师范大学出版社2017年版)和《中国现当代文学思想史论丛》(重庆大学出版社2023年版)等著述。也许是学术论文这样一种形式,并不能充分表达他对鲁迅的思考和关注,最近,他采取"导读"方式表达他对鲁迅的所思所感,出版了《鲁迅导读:思想与文学》(以下简称《鲁迅导读》)(重庆大学出版社2024年版)。该书主要讨论了鲁迅的个人历史、思想观念、文学创作和学术研究,多有创获和发现,本文拟就鲁迅研究方法论问题,即为何研究鲁迅,如何研究鲁迅,以及怎样讲述鲁迅等问题作讨论,意在探讨如何推进学术研究与社会大众的交流和互动。

一、为何研究:"我们这个时代仍然需要鲁迅"

鲁迅的思想和文学是一笔宝贵的财富,并且是全社会的精神财产。这样,鲁迅的思考仍然没有完成,鲁迅还活在现实生活之中,人们还需要不断与鲁迅发生思想和情感的对话。我想,这也是王本朝写作《鲁迅导读》的真实意图,即鲁迅与时代精神和社会现实的内在联系,鲁迅的当代价值和意义问题。它不仅仅属于学术层面,甚至不仅是观念层面,而有着日常的、生活的和精神层面上的意义。鲁迅之于我们的生活和精神是真真切切的存在,是实实在在的生活之境,是光彩夺目的思想之灯。所以,作者所说,我们还需要鲁迅,并非虚妄之论。王本朝在文中指出:"鲁迅的国民性批判主要批判缺乏'真诚'的'瞒和骗'、自欺的精神胜利法以及做戏的虚无党,批判没有'热情'的看客的冷漠和无聊,批判缺少'勇气'的奴才的卑怯和势利。"鲁迅杂文的文明批评主要是"对传统伦理的批判""对愚昧守旧思想的批判""对文化传统种种病态的批判""中国人的奴隶意识""国民愚弱的历史原因"。诸如此类,并非毫无现实的隐忧和深思。

近年来,鲁迅研究却呈现出日益专业化、学科化和史料化趋势,而弱于社会化的分享和思想性的解读。事实上,鲁迅研究不仅仅是专业化和学科化建设的需要,也是中国社会大众的知识构成和价值诉求,在一定程度上还关涉到鲁迅的社会接受效度和广度。学术研究不仅生产学术性知识,还生产社会一般性知识。正是有着这样的学术语境,才能理解王本朝的《鲁迅导读》。在该书"后记"里,他说:"今天的学术已进入到'考据'和'辞章'时代,'义理'问题则有些让人欲说还休",但是,"我们这个时代仍然需要鲁迅"。学术研究已进入到"考据"和"辞章"时代,这虽是社会大趋势,也是学术成熟的标志,但作者依然坚守人文情怀,将现实体验和学术研究融为一体,立足鲁迅的"思想与文学"、学术与时代的意义阐释,回应并反思鲁迅研究的专业化趋势。具体说来,它通过对鲁迅思想和文学的普及与引导,对相关普遍性问题的介绍、分析和描述,而实现与社会大众的沟通和交流。显然,它不是面向书斋的鲁迅研究,借用鲁迅的话说,而是面向"无数的人们"和"无尽的远方"的鲁迅研究。这实际上应是鲁迅思想和文学的内中之义,鲁迅的思想不是书斋学问,鲁迅的文学也不是空中楼阁,他的小说、散文、杂文创作以及学术活动,都是面向社会大众,通向更为远大的时空。

二、如何研究:入内出外之法

鲁迅研究,方法多样,角度丰富,有义理阐释,有材料考辨,有审美分析,不一而足。王本朝的《鲁迅导读》则采取"入内出外"的研究思路,打通鲁迅文学和思想、社会现实和研究主体之间的阻隔,使其消融无间,自由舒展,浑然一体。"入内"意在回到鲁迅,还原鲁迅,在对相关文学史实的充分把握和清晰梳理基础上,实现对鲁迅作品的细读和重释,这就确立了《鲁迅导读》论从史出的特点。

首先,"入内"体现在对相关材料的把握和梳理。就鲁迅的个人事件,《鲁迅导读》主要勾勒了鲁迅人生的重要节点,如"家道中落""留学扶桑""沉默中呐喊""出走南方""寄居上海"等,它关注鲁迅所处的历史和时代背景,对鲁迅所经历事件的过程、性质及其影响,都给予准确而恰当的描述,即使是寥寥几笔,也能见出鲁迅人生的独特性以及命运的无常性。

其次,"入内"还表现在文本细读的功力。文本细读是一个文学研究者的基本功,也是文学性的自觉实践。王本朝曾说,文本阅读主要是语言抚摸,"阅读文本如同身体抚摸,不放过文本的每一个穴位、每一个关节,并且还要知道穴位所涉人体之五脏六腑"[②]。《鲁迅导读》则有意识地摒弃文学史定论,采取细读文本,从一字一句的缝隙,从一意一象的背后,发现鲁迅文本丰富的思想内容和独特的艺术风格。如对《雪》的分析,他抓住其中的关键字词,细致入微地剖析道:"说'江南的雪''滋润美艳之至',它'隐约''青春的消息',如同'极壮健的处子的皮肤'。'滋润美艳''青春'和'壮健'表明江南的雪充满了生命活力,并且构成了一个美丽的'雪野'世界",这样一来,语言意象所隐藏的深意清晰而自然地浮出水面。王本朝还拒绝采用理论去图解文本,坚持"以个人最为原初的审美体验与文本发生真实而全面的对话"[③]。他在分析"北方的雪"时说,"鲁迅几乎用尽了所有热情来赞颂'北方的雪',说它'如粉,如沙','纷飞''决不粘连','撒在屋上,地上,枯草上',无处不在,撒野,张狂,一句'就是这样'更让人目瞪口呆,用今天的话说,北方的雪很'任性',想怎样就怎样,谁拿它都没办法。"这样的细读无疑是最为直接而感性的,也是细腻而鲜活的。显然,作者在与鲁迅笔下"北方的雪"发生了真切的对话,从而真正感受到"北方的雪"之"任性"。王本朝的文本细读,也不同于英美"新批评"只关注文本内部问题,他还注重文本的历史语境。他分析《雪》这个文本,特别联系其历史语境,"《鲁迅日记》记载,1924年12月30日,北京连续下了两天的大雪:'雨雪。……下午雾,夜复雪。'第二天,晴,阳光灿烂,但却刮起了北京冬天特有的大风,漫天飞雪,旋转而升腾。鲁迅有一种难以抑制的激动,元旦之夜,鲁迅即创作了《希望》。新年之际,鲁迅却说:'我的心分外地寂寞',表达他的孤独和绝望",这也准确地解释了《雪》的创作意图,借助"雪"之种种意象,表达鲁迅的生存意志及其生存状态。

在《鲁迅导读》的"后记"里,王本朝还特别提及"进入对象的角度和方式",这也正是他的鲁迅研究所展现的"出外"功夫。"出外"主要是指对研究对象的整体把握和穿透能力,是高超的"理论架构与整合处理"[④]的分析判断。他将《呐喊》《彷徨》的思想内容归纳为"被吃者的无助与挣扎""生活之苦与精神之病""无路可走的生存困境",非常精准和中肯。他将《故事新编》的思想内容概述为"反思批判传统文明""重构重释文化脊梁""勾连社会现实之镜";将《野草》的艺术特点概括为"现实之镜""心灵之史""存在之思""象征之诗";将《朝花夕拾》的思想内容概述为"思乡的蛊惑""现实的纷扰""现实的对照""杂感笔法",等等,都是凝练而精准的判断。

《鲁迅导读》还从更为宏阔的视野评价鲁迅的贡献。他认为鲁迅杂文参与了时代的对话:"鲁迅杂文以其'诗史'的雄心、'有情'的姿态、洞察并执着于世事的'杂'与'真',并以'锋利而切实'的'骨力',为'我们活在这样的地方,我们活在这样的时代'作证。"谈及鲁迅的学术贡献,他注重其学术研究的思想力量,认为:"鲁迅通过文学史研究,意在发掘现代精神传统。他将异己思想作为评价传统文学尺度,既是文学史研究的创新,也是为了发挥文学史的思想力量。"这既有深邃的洞察,也有独到的发现,并且还有入情入理的分析,显示出论者眼光的独到和思想的敏锐。

三、怎样讲述:学术的大众化表达

作为大学教材之一,《鲁迅导读》"带有一定的知识性和教材性"特点,"力求在专题和普及之间寻找平衡",从个人事件、思想观念、小说、散文、杂文、学术文依次讲起,内容丰富,思路清晰。同时,它也摆脱了一般教材叙述的教条和刻板,而显得生动有趣。那么,王本朝是如何讲述的呢?

我以为,他善于将专业性的知识化为生活中可感知的道理,追求学术的大众化、日常化和可感化,以一种朴实而简洁的方式来讲述鲁迅,读来让人会心一笑。它具体表现为三个方面,一是叙述内容的可感性和朴实性,二是语言的平实和简练,三是表达的逻辑性和节奏感。

首先,他善用比喻修辞,将理性认知转化为生活中朴素的道理。在描述鲁迅十年沉默时期,他称之为"窖藏了一坛老酒"。在分析《雪》一文,他说"南方的雪如同雪花膏,搽脂抹粉,北方的雪却像手术刀,改变这个世界",生动形象地说明了"南方的雪"和"北方的雪"生存意志和生命形态的差异。他还善于在比较中分析对象,凸显对象的个性特点。他认为:"《故事新编》是杂感渗透在小说之中,形成反讽的叙事艺术;《朝花夕拾》则是杂感混杂于散文里,构成嘲讽的抒情艺术。换句话说,《故事新编》的讽刺主要藏在故事里面,《朝花夕拾》的讽刺直接体现在语言修辞上。是鲁迅站出来说话呢,还是躲在叙述里说话,主要差别在这里。"这样,《朝花夕拾》和《故事新编》不同的讽刺艺术也就一目了然。

其次,《鲁迅导读》追求学术大众化的写作导向,用语准确、简练而平实。相比其他学术表达的杂糅和缠绕,《鲁迅导读》的语言简洁而平实,通俗易懂。但是,这种简洁和平实并非是简单和平淡,而是在对鲁迅有深刻把握之后,凝结出来的朴实语言,完全不同于大多数僵化刻板的教材。他认为:"鲁迅思想是战斗之旗,是审美之具,是救世和自救之筏。反叛性、战斗性、经验性才是鲁迅思想的精神特征。对鲁迅而言,他并不追求思想的深度、广度和高度,只追求思想的效度和热度",这充分显示了鲁迅思想的战斗性特征。再如,他认为:"鲁迅杂文之根是社会现实,思想之魂是批判,美学之神是讽刺",这显然是由作者独特感悟凝结而成的精确表达。在评价鲁迅的学术贡献和意义时,他指出:"鲁迅的学术研究既有推翻陈说,力主新见的学术史贡献,也有借学术研究反思批判传统陈说和思想文化的价值。它是学问家之文,也是思想家和文学家之文"。寥寥几笔,就将鲁迅学术文的学术性质和思想性质和盘托出。

再次,就是它表达的逻辑性和节奏感。他将鲁迅立人思想归纳为,"首先是人的精神独立,其次是思想自由,再次是生命活力。总之,人是独立的,不受拘束,同时又是有活力的",层次清晰,语言流畅,简洁明了。再如,他认为:"在鲁迅那里,语言的简练与繁复,含蓄与明晰,沉郁与自如,都是相互统一的。简练与含蓄和沉郁相通,简练不是简单,不是简短,而是言简意丰,简而厚。所谓言短意长,言近旨远,言浅意深,即简劲表达和繁复意蕴的融合。含蓄也不是晦涩,不是拗峭,而是明晰、鲜活的精粹。沉郁不是凝结,不是板滞,而是自如、流动之行势。"短句和短句的重复与绵延,造就了语言表达的逻辑性和思辨性,读起来有着一股内在的气韵,且富有音乐的节奏感。

人们在提及鲁迅研究的导读和普及,不得不提到钱理群的"鲁迅三书"——《钱理群北大讲鲁迅:与鲁迅相遇》《钱理群中学讲鲁迅》《钱理群选读鲁迅》。钱理群的鲁迅研究,主要集中在鲁迅精神思想、内心情感、生命状态的讨论,其核心是对知识分子精神史的讨论,以此为镜,以钱为师,王本朝1990年代曾随钱理群访学,他则采取了一种学术大众化的方式来讲述鲁迅,积极践行鲁迅研究的思想性和社会化之路。《鲁迅导读》兼具学术性、可读性和趣味性,由学术专业到社会普及,在追求鲁迅研究的专业化和学科化同时,也探索鲁迅研究的通俗化和大众化之途,使之更接地气。2024年,国家社科基金办公室开始设置"哲学社会科学学术通俗读物项目",这也表明,学术研究诚然需要走高精尖的专业化和学科化之路,但也不应忽视其普及化和通俗化的探索,不能只停留在学术的自言自语状态,还应拥有学术大众化和通俗化的时代体认和社会关怀。由此,《鲁迅导读》就不失为一个成功的范例。

(西南大学文学院博士生)

注释:

①③ 张望:《学术与人生的遇合及互动——王本朝访谈录》,《文艺论坛》2019年第2期。
② 王本朝:《回到语言:重读经典》,广西师范大学出版社2017年,第378页。
④ 刘志华:《王本朝中国现当代文学研究平议》,《学术评论》2013年第5期。

鲁研名家谈

鲁迅小说叙事研究的多维透视
——以王富仁《鲁迅小说的叙事艺术》为中心

周 茹

王富仁自20世纪80初闯入鲁迅研究界以来,一直对鲁迅前期的小说创作抱有极高的热情,1985年他的博士论文《中国反封建思想革命的一面镜子——〈呐喊〉〈彷徨〉综论》一经发表,遂在学界引发强烈反响。可以说,通过这篇分量十足的论文,王富仁初步构建起"思想鲁迅"的阐释框架,之后的研究中,王富仁通过更为深微的文本细读以及一针见血的文化分析,进一步深化落实了对鲁迅小说的认识与分析。21世纪初,王富仁以叙事学这一全新的角度切入鲁迅小说,表面上看似为注重形式的"向内转"姿态,实际上依旧是"思想鲁迅"这一宏大命题的延续与拓深。本文欲探讨的中心文献《鲁迅小说的叙事艺术》可以说是王富仁鲁迅小说研究的又一力作,从某种程度上可视为王富仁鲁迅研究的"第二次飞跃"。文章分上下两篇分别发表于《中国现代文学研究丛刊》第3期与第4期,在文章的开篇,王富仁便对自己研究的意图作了简洁明了的陈述:"本文试图在原有的叙事学研究的基础上进一步对鲁迅小说的叙事艺术做一些探讨,但我仍然不把鲁迅小说作为一种小说语言学的研究材料,而是把它作为一种小说的言语形式。"[①]研究的目的是感受鲁迅小说的独立的叙事艺术,而不是寻找小说叙事的普遍规律。在这个研究中,该文使用的是文化分析与叙事学研究的双重变奏,意图通过鲁迅小说的文化批评的意义发掘鲁迅小说的叙事艺术的特征,也通过鲁迅小说叙事艺术的特征更深入地感受鲁迅小说的文化批评的意义。一是强调鲁迅小说叙事艺术作为研究对象的独立性与独特性,二是阐明文化分析与叙事学研究相结合的研究方法的个性化。以叙事学为桥梁,王富仁巧妙地将鲁迅的文学与鲁迅的思想沟通起来,文章八小节分别对鲁迅小说的叙事研究现状、个人叙事特征、叙述人称与视角、事件与隐喻、时空结构、叙事顺序、叙事时间、编码与解码等方面的问题进行了深入地分析与论述,从整体上建构起鲁迅小说的艺术大厦。《鲁迅小说的叙事艺术》一文一如既往,显示出王富仁论文因"大"夺目的特点,一方面从文章本身来说,总是从大处着眼,题目宏大,文章架构设计追求整体性;另一方面就文章的背景与产生的效应而言,总是与社会问题与现实问题紧密相连,进而引发一系列的文化反思。以该文为中心,该文试图从三条路径入手:一是从王富仁研究生涯入手,深析其从"思想"转向"叙事"的承继与创新;二是以鲁迅研究界的小说研究史为参照,发掘鲁迅小说研究由写作学维度的形式探讨到叙事学维度的艺术分析的飞跃;三是在西方叙事学理论本土化的历史语境中,探析王富仁对西方叙事学的创造性转化。由此构建三维坐标系,以求更为全面准确地绘制鲁迅小说叙事艺术的研究图景。

一、"向内转"的幻象:王富仁"思想鲁迅"的延续与深化

1983年,王富仁以《鲁迅前期小说与俄罗斯文学》一书在鲁迅研究界崭露头角,初步显示出其在逻辑演绎与艺术体味方面的功底。而真正让他在鲁学界一鸣惊人的恐怕还是20世纪80年代中期发表的《反封建思想革命的一面镜子——〈呐喊〉〈彷徨〉综论》。在这篇文章中,王富仁发现了过去以社会政治革命径路研

究鲁迅所存在的"偏离角",呼吁"回到鲁迅那里去",大胆提出建立"反封建思想革命"这一新的系统,这一在当下看来十分平常的观点,在当时的历史文化语境中可以说是石破天惊之语,在学界引起了不小的论争。从整个精神文化史的角度来看,王富仁揭示了鲁迅作为中国精神文化战线的领军人物,其灵魂与中国反封建思想革命的共在。倘若将这篇文章放在王富仁的研究生涯当中来看,或许可以说它建构了王富仁"思想鲁迅"研究的基本框架,围绕着"思想鲁迅"这一核心,王富仁不断拓宽、垒高、掘深,以求更接近鲁迅的精神世界。事实上,在20世纪80年代,走进鲁迅的精神与内心有多重道路,钱理群的"心灵辩证法",汪晖的"哲学辩证法"……他们各自依据自身的生命体验与思维方式择取不同的道路,从而王富仁的"思想辩证法"之路径也不是毫无依据,一系列偶然与必然、历史与个人、主观与客观的因素合力铸就了王富仁的"思想鲁迅"。首先,王富仁从反封建这一思想启蒙的角度入手,离不开他的身份原色。王富仁成长于山东农村,对农民与农村带有天然的亲近感,对他们的淳朴与狭隘都有切身的体会与认知。当自己成为知识人与城市人的时候,精神上难免产生矛盾:"我开始觉得农民有些保守,在现代的中国已经不那么合时宜了,于是就成了一个'思想启蒙派',但真正是'知识分子'和真正的'城市人'开始启我们的蒙,我又本能地感到自己是个农民。我非常敏感于真正的'城市人'和真正的'知识分子'。"[2]王富仁不仅有着作为"启蒙者"的责任担当,同时又以"被启蒙者"自居,思索自我启蒙之途,对启蒙的孜孜求索与执着坚守可以说贯穿了王富仁的研究生命。其次,王富仁早在初中阶段就接触到了鲁迅的作品,首先向他生命敞开的是鲁迅的杂文。正如张旭东所说:"鲁迅形象的基本轮廓最后可以说是通过他的杂文写作确定下来的。"[3]可以说,鲁迅的杂文是映照社会现实与思想文化的一面镜子,通过这面镜子,鲁迅给王富仁留下的第一印象是思想家的形象,这一"刻板印象"不仅在阅读,在后来的鲁迅研究中,王富仁也强调作为思想家的鲁迅形象。再次,王富仁对思想家鲁迅的侧重也离不开他所处的历史文化语境。1967年大学毕业的王富仁在军垦农场劳作了3年,后又在中学教了8年书,坎坷的时代经历赋予了他比单纯读书更丰饶的痛苦,这些痛苦又转化为他对社会的敏感观察与对生活的细腻感知,十年浩劫让王富仁再次感到反封建思想革命的重要性与紧迫性,与鲁迅的思想与文学作品产生了更为深切的共鸣。之后,王富仁在20世纪80年代中期提出"思想鲁迅"的学术构想,不仅是鲁迅研究界的一次思维转向,更是王富仁作为知识分子肩负启蒙使命的一次文化实践。

王富仁在20世纪80年代中期提出"回到鲁迅"的学术构想之后,大致进行了两大方面的学术开掘:"回到怎样的鲁迅"以及"怎样回到鲁迅"。"回到怎样的鲁迅"关系着鲁迅身份定位与价值评判的问题。王富仁曾谈及鲁迅研究是自己学术研究的起点,并且在鲁迅的诸多面貌中,更为重视其作为思想家的侧面。[④]然而这里的思想家并非强调鲁迅在政治革命层面的贡献,而更为注重鲁迅以文学作品为载体传达出的文化与文学思想,进而王富仁对鲁迅的根本认识为:"鲁迅是一个小说家,一个文学家,是一个思想型的文学家,一个具有革命精神的文学家。"[⑤]实际上这样一种身份定位的背后牵扯到一个更为本质的问题,即"思想与艺术的关系"。在王富仁看来,鲁迅采取什么样的艺术形式并不是随意的,而是由他的思想本质与情感需要所决定的,思想与艺术是统一的,越成熟的文学作品,思想与艺术的融合越浑然一体。从创作主体层面切入,鲁迅是以思想本质牵动艺术手法,而从研究者角度来看,王富仁是循着艺术手法理解鲁迅思想。《反封建思想革命的一面镜子——〈呐喊〉〈彷徨〉综论》一文的价值不仅在于王富仁揭示出鲁迅反封建思想的意识本质,更在于他将这种意识本质还原到了鲁迅的小说当中去。在这之后关于现当代作家作品的解读与批评,包括零星的影视评论同样是一种"还原",旨在通过现当代作家作品的分析,整体性地观照现当代文学思想。王富仁将小说视作历史、人生与思想的记录,并认为小说能使整个鲁迅研究焕发生机,他谈道:"只要你能感受到鲁迅小说的价值和意义,你就得去理解鲁迅的思想"。⑥同样,通过文本细读,是为了进一步挖掘鲁迅小说的审美价值与思想价值。从这个意义上来说,《鲁迅小说的叙事艺术》就不可能是单一的内部研究,而是在"思想鲁迅"构型的目标前提下,借用叙事学这一新方法,对鲁迅思想的丰富与完善。

如果说,王富仁 20 世纪 80 年代中期的博士论文探讨的还是"回到怎样的鲁迅"这一问题,那么《鲁迅小说的叙事艺术》则进一步深入到"怎样回到鲁迅"的径路探究。王富仁本科学俄语出身,又大量阅读了外国的文学作品,于是在最开始的鲁迅研究中常采用比较文学的方法,《鲁迅前期小说与俄罗斯文学》通过比较鲁迅与果戈理、契诃夫等俄国作家创作上的异同,揭示了鲁迅前期小说创作的现实主义精神,作为王富仁鲁迅研究的起点,这篇文章已经显示出王富仁对小说文本与本土经验的重视。20 世纪 80 年代中期以来,国内掀起了"方法热""文化热"的浪潮,一大批研究者纷纷援引西方理论方法来阐释鲁迅小说,而此时的王富仁敏锐地嗅到文学与理论学说繁荣背后中国文化的危机。20 世纪 80 年代末以来,王富仁始终着眼于中国本土大的文化问题,在中西比较的视野中进行历史的文化分析,并在时代与社会文化的大背景下去发掘鲁迅的意义与价值。在《鲁迅小说的叙事艺术》一文的引言中,王富仁就明确亮出自己这篇论文的双王牌:西方叙事学与文化分析。应当看到的是,如何运用西方的理论方法以及文化分析根源于研究者如何处理西方学说与鲁迅研究、西方文化与本土文化之间的关系。在王富仁看来,西方的理论方法只是手段而非目的,他强调:"外国文化输入的重要性不在于具体的学说,而在于我们思维的变化,我们通过对外国文化的了解而发展我们的文化。"[7]在西方文化的烛照下,中国文化的独特性与局限性才能得到更好地彰显。对于借鉴西方文学理论方法以进行鲁迅研究,王富仁倡议研究者的思想基点应该"建立在我们自己的人生体验的一种坚不可摧的社会愿望上"[8],而这种人生体验是从社会生活与文化生活中获得的,王富仁尤为注重个人生命体验在鲁迅研究中的重要地位,将鲁迅对象化的同时,也将自己作为一个研究者的精神情感对象化,以便更接近鲁迅的精神世界。从这个层面上来说,《鲁迅小说的叙事艺术》并不是王富仁对形式主义研究热潮的追随,相反,他的核心问题指向始终是鲁迅小说的叙事艺术所散发出来的深刻的思想性魅力,而不是以鲁迅小说成为叙事学理论的一个注脚或例证。西方叙事学作为桥梁,是为了通向鲁迅精神与思想的最深处。

二、叙事何以成为"艺术":鲁迅小说研究的新变

美国小说家亨利·詹姆斯曾将小说家与画家并举,认为此二者的艺术在各方面都具有相似处,因而他评论道:"图画之为显示,小说就是历史。"[9]可见西方文学对小说的地位与叙事功能的重视。而在中国古代,诗文向来居正宗地位,这在一定程度上造成了中国叙事理论的孱弱与滞后,李时文就强调:"中国古代正统的'小说观'从本质上说是非文学、非艺术的,或者说,本来就不是从文学,不是从叙事艺术的角度来肯定小说的。"[10]至清末民初,小说批评依旧是以评点、序跋、小说笔记等传统批评方法为主,随着五四新文学运动的兴起以及西方小说理论的引入,中国现代小说的观念发生了深刻的变革,过去以直觉、鉴赏为主的评点方法不再能满足小说批评的需要,中国小说批评界受西方小说批评理论的影响,具有思辨理性色彩的小说批评专著、专论不断涌现,促进了现代文学批评文体的转换。

可以说,现代小说批评与小说创作是相伴而生的。从文体角度看,鲁迅小说作为"新形式的先锋"倍受读者瞩目,鲁迅研究界在对鲁迅作品的探究中,小说研究的成果亦最为丰盛。1923年鲁迅的小说集《呐喊》一经出版,便引起了当时五四新文学主要评论家的注意,沈雁冰可以说是最早关注鲁迅小说艺术风格的评论家之一,他不仅指出鲁迅小说具有"使人一见就感着不可言喻的悲哀的愉快"[11]的风格特点,还揭示了鲁迅小说用新形式表达思想的艺术创新。诗人朱湘则从三个层面将鲁迅的艺术方法概括为"姓名的制作""背景的烘托""人物的刻画"。[12]还有对鲁迅小说讽刺性、地方色彩等艺术特点的论述,不难看到这一时期批评家尚处于由评点体到专论的批评文体转换的过渡阶段,对鲁迅的小说多限于直觉性随笔而少理性论述,多整体印象而缺乏细部的分析。到20世纪三四十年代,批评家对鲁迅小说的艺术有了更为具体的认识,李长之在《鲁迅批判》提出考察鲁迅小说艺术性的标准是"完整",即从结构、体式上判断小说艺术水平的高低。大多数研究者如苏雪林、巴人、吕荧等人则倾向于将鲁迅的小说艺术等同于创作方法或技巧,并且大都从典型人物、环境描写、意境、色调等角度进行分析。20世纪五六十年代研究者基本运用马克思主义文学批评、社会历史批评等方法分析鲁迅的小说艺术,尤为强调鲁迅的政治革命思想对创作方法的支配作用,绝大多数研究者认为小说思想的深度代表小说的艺术高度。20世纪80年代初期,伴随文艺界的拨乱反正与解放思想潮流,鲁迅研究也逐渐复苏,出现了大量探析鲁迅小说艺术的专著,主要有林非《鲁迅小说论稿》(1979年)、陈鸣树《鲁迅小说论稿》(1981年)、邵伯周《〈呐喊〉〈彷徨〉艺术特色探索》(1982年)等。通过梳理与分析这些著作,可以发现它们存在的共同点:一是仍从创作主体的角度出发,对鲁迅小说艺术进行写作学意义上的拆解,此时批评家所强调的小说艺术,多是从写作学的角度谈论小说家的技艺或技巧,依旧着眼于对小说情节、环境描写、语言运用以及典型人物塑造等方面问题的分析与把握。二是重思想内容而轻形式分析,林非就强调形式是为内容服务的,在《鲁迅小说论稿》一书中,他表明自己的写作意图是"通过对鲁迅小说艺术成就及其特点的分析,论述它的深刻的思想内容"[13]。20世纪80年代末开始,受英美新批评、法国结构主义、叙事学等西方理论的影响,国内研究者逐渐重视鲁迅小说的形式分析,像任广田《论鲁迅艺术创造系统》(1996年)、叶世祥《鲁迅小说的形式意义》(1999年)等,都尝试用新方法对鲁迅小说的艺术系统作较为纯粹的形式研究。不难看到研究者对鲁迅小说研究的不同侧重有着明显的时代印痕,对艺术的定位归根结底在于如何处理形式与内容的关系。受中国古典诗论与俄国文学理论的影响,鲁迅小说研究在很长一段时期都是重内容而轻形式,20世纪80年代中后期受形式主义论的影响,一些研究者意图转向纯粹的形式研究,有矫枉过正之嫌。其实内容与形式不应该完全割裂,也难以做到界限分明,伊格尔顿就强调形式的复杂性:"一个作家发现手边的言语和技巧已经浸透一定的意识形态感知方式,即一些既定的解释现实的方式。"[14]可见艺术作品的产生是一个主观与客观相交融的能动过程,其本身是形式与内容相融合的复杂统一体,不应将其简单地视为单纯的形式与技艺,正如童庆炳所言:"艺术之美在于内容与形式的交涉部"[15]。在形式中去把握内容,在内容中去把握形式或许是我们在分析艺术作品时应该持有的审美态度。

事实上,如何在作者主观的创作意图与客观的社会效果、思想内容与艺术形式的内在联系中,对鲁迅小说有一个整体的、系统的把握,至今仍然是鲁迅研究界尚未完满解决的难题。20世纪80年代中后期,研究者转向对鲁迅小说"有意味的形式"的关注,由以往艺术思想的二元分析发展到符号与意义多层结构的阐释实验,其中西方叙事学受到众多研究者的青睐,黄文达、吴晓东、李杭春、谭君强等人对鲁迅小说的叙述者、叙述视角、叙事时间诸问题进行了探讨,初步显示以鲁迅小说作为个案的"形式"研究的价值与生命力。王富仁则从整体上关注鲁迅小说的叙事,并非将其视作一个形式系统或作为一种理论工具加以挪用,而是冠名以"叙事艺术",将西方叙事学的本土化与鲁迅小说艺术的研究结合起来。与前面所提及的研究者一样,王富仁的研究也在很大程度上化用了西方叙事学理论,但在鲁学研究界却产生了更大的反响,充分显示了该篇文章的独特性与重要性。首先,在鲁迅映像由"革命家""思想家"转向"文学家"的大潮中,王富仁没有盲目跟风,而是以鲁迅思想为基,关注多个映像的交叠与互渗,进一步挖掘鲁迅的文学思想。从而在形式与内容的关系认知上,王富仁反对纯形式分析,极其强调形式所包蕴的思想内容,在他看来,艺术方法"只能是特定作家或艺术家与自己特定的读者或观众进行观念意识,感情情绪方面的对话或交流的基本艺术方式"[16]。故王富仁文章中大量的文本细读,并不是为了拆解、精析鲁迅小说的艺术结构,而是挖掘鲁迅文学思想的深刻性与独特性。在研究方法上,王富仁没有将叙事学作为单一的不二法则去套用鲁迅小说,而是采用叙事学与文化研究的双重方法。早在20世纪90年代叙事学方法"大行其道"之时,王富仁对此已有理性的反思与预见:"中国读者重视鲁迅的原因,在可见的将来依然是由于他的思想和文化批判,这就决定了叙事学的艺术分析在总体上要与文化分析相结合,很难像西方一样成为一个独立的研究体系。"[17]在文章中王富仁将鲁迅小说作为一种"言语形式"以求把握其独特性,而不是进行符号分析抽象出一种具有普适性的模式。他吸收了西方叙事学逻辑分析的缜密与理性,加强了文章的论理风格,又不囿于叙事学理论的框架体系,立足中国本土的社会现实与文化现象,兼顾文本的社会历史意义与个人生命体验,不仅拓深了西方叙事学本土化的现代实践,还提升了鲁迅小说艺术的阐释力度与思想厚度。

三、理论的边界:西方叙事学的本土化困境

早在20世纪80年代初,像《外国文学研究》《读书》等一些文学刊物已经有零星文章开始译介结构主义叙事学,直到1985年"方法论"热潮的兴起,新批评、心理分析、接受美学等西方文艺学、美学理论方法蜂拥而入,叙事学作为结构主义的分支也开启了理论的东方"旅行"。一方面,在文学理论界,主要还是从知识学的层面继续加强对西方经典叙事学的翻译与介绍,1989年王泰来组织编译了《叙事美学》,对英、法、德三国一些极具代表性的论文进行了介绍;张寅德编选的《叙述学研究》,则较为全面地收集了法国早期叙事学最有影响力的成果;同年,三联书店出版了里蒙·凯南的《叙事虚构作品》,首次向国内展示了一个系统的叙事理论。20世纪90年代,马丁《当代叙事学》、热奈特《叙事话语新叙事话语》、巴尔《叙述学:叙事理论导论》等著作相继翻译出版,更是在研究界产生了广泛影响。另一方面,从文学批评角度来看,一些研究者力求将叙事学运用到中国文学的批评分析上,加以本土化,最初还仅停留在"术"的借鉴层面。陈平原《中国小说叙事模式的转变》(1988年)借鉴托多洛夫的叙事理论以分析中国文学传统与晚清、五四小说叙事的转变,可以说开了大陆学者应用叙事理论而成专著的先河。汪晖《反抗绝望:鲁迅及其文学世界》(1991年)则将鲁迅研究由外向内移位,进一步推进了对鲁迅自我精神史的探究,王富仁称其为"最成功地运用了叙事学研究的一部鲁迅小说研究著作"[18]。两者的共同点在于都不是将叙事学作为纯形式的内部研究,而是以中国文学(整体或个案)的发展状况为基础,历史地、具体地化用西方的叙事学理论。从20世纪90年代开始,众多研究者不再满足于简单移植、套用西方叙事学理论,开始思索本土理论建构。大致分两条径路:第一条是发掘本民族的叙事理论,这一方面成熟的研究成果甚少,杨义的《中国叙事学》

(1997年)注意到中国传统叙事与传统史学之间的密切联系,以"还原—参照—贯通—融合"为思路,返回中国叙事理论的本体。大部分研究者还是择取第二条径路:探索中西融合的叙事理论。徐岱《小说叙事学》(1992年)、傅修延《讲故事的奥秘文学叙述论》(1993年)、赵毅衡《苦恼的叙述者》(1994年)、张开焱《文化与叙事》(1994)、陈顺馨《中国当代文学的叙事与性别》(1995年)等都是这一径路的主要代表成果。值得一提的是南帆的《文学的维度》(1998年),不仅对新时期以来文学创作与模式的衍变进行叙事分析,还延伸至文化维度,对叙事文本的话语与文化功能进行了深入的探究。南帆的叙事学研究充分显示了文化研究与后理论对叙事学研究的影响,这一影响在新世纪促成了经典叙事学向后经典叙事学的转向,在全球化逐趋深入的背景下,越来越多研究者着力探索具有中国特色的叙事理论,如龙迪勇对叙述空间与中国叙事传统关系的阐发,拓展了叙事学的本土化维度。此外,新兴媒介技术的出现也为叙事学提供了新的方法论,不仅扩展了叙事学研究的视界,也在概念层逐渐走向"大叙事"。正如美国叙事学家布莱恩·理查森所言:"叙事理论正在达到一个更为重要、更为复杂和更为全面的层次。由于后结构主义已经开始消退,而一个新的(至少是不同的)批评范式正在努力占据前台,叙事理论很可能会在文学批评研究中处于越来越中心的地位。"[19]

王富仁早在自己的博士论文中就初步注意到了鲁迅在叙事方式与叙事顺序设计上的独特之处,并且在第四章具体分析了鲁迅小说中不同类型的人称形式与叙事顺序,不过此时他仍是从写作学角度出发,将叙事作为人物形象、环境描写、故事情节三要素的部分组成成分来分析的。《鲁迅小说的叙事艺术》算是王富仁第一次比较系统、全面地运用西方叙事学理论切入鲁迅小说。在此文的引言中王富仁较为详尽地阐述了自己对叙事学方法本土化的认识:叙事学"对于小说作品其中也包括鲁迅小说作品的分析研究,无疑也是有其方法论的意义的,它不能完全代替研究者对于鲁迅小说进行研究的具体的、现实的目的性以及由这目的性所决定的方法论体系,但它却可以同鲁迅小说的其它研究方式结合起来,形成一种方法论的变奏,并在其中发挥自己独立的方法论的职能。"[20]表面上看,他与陈平原、汪晖等人同属一脉,都是以中国现代小说为根基,对叙事学进行方法论的借鉴与化用。而从文章的实际着眼,王富仁的化用程度似乎更高,一方面,从研究方法而言,王富仁分别将陈平原与汪晖的方法概括为:"文学历史学与叙事学研究的变奏"以及"精神现象学与叙事学研究的变奏",而在自己文化分析与叙事学研究的方法变奏中,王富仁显然更偏重文化批评,故他强调自己"不想严格按照像普罗普、罗兰·巴特、惹内特等西方叙事批评的模式进行我对鲁迅小说的叙事艺术的分析,而是按照我感到方便的方式尽量纳入西方叙事学的理论成果"[21]。另一方面,这样的研究目的自然导向了文章最终的接受效果。倘若以西方叙事学的分析模式为标准的话,王富仁这篇文章显然不符合真正意义上的叙事学研究,他从鲁迅小说文本细读的实际入手,意在挖掘鲁迅小说文化批评所具有的独特思想内涵与价值,但在形式分析层面又不得不借助叙事人称、叙事顺序、编码与解码等西方叙事学的相关术语进行阐释,显然,西方理论产生的历史文化语境与中国大相径庭,那么这种化用在多大程度上是有效的? 这背后实际潜藏着西方理论本土化的深刻悖论,也触及理论的"边界自律"问题。所谓理论的"本土化",即从中国经验、中国问题出发,对外来理论资源进行创造性转换的内化过程,本土文化自身的诉求与"前理解"一定程度上规定着外来理论本土化的方式与结果。20世纪90年代以来,人们更倾向于以本土化、全球化取代现代化、民族化,以谋求中国文学与理论的出路。事实证明罩在现代化这张大网下,关键词的转换并不能减轻后发国家因理论贫困而产生的文化焦虑,于是本土化转而强调对民族文学传统的重申与再造,正如陈晓明所说:"回到本土文化资源实际隐含了双重的西方背景:其一,现实地与西方对话的背景;其二,无可摆脱的西方思想资源和西方视点。"[22]一方面,我们无法摆脱他者的话语来言说自身,自近代以来,我们的文学理论术语向来是长于阐释,短于创造,即便我们在20世纪90年代倡导传统文化复兴,所拿起的后殖民反抗的话语武器仍是源自对西方后工业社会理论学家社会批判话语的移植与改造,"东方文化本位的提出本身就是以西方第一世界文化霸权的存在为前提的"[23]。另一方面,我们吁求本土化,即基于中西文化在先行结构上的共通之处,对理论进行创造性转化,而这一过程无法摆脱"变异",因为只有"变异"才能更好地激活本土文化,才能催发具有生产性的要素,以促成理论的革新,这就陷入了一个深刻的悖谬。

应当看到,"叙事学的本土化"这一命题并不简单指向方法论上的"拿来主义",其根本还在于本土文化精神主轴的建构。首先,在主体认识层面,需要看到每一种理论的引入都是一个双向同化与适应的过程,而这一过程孕育于具体、特定的历史语境,从而文学理论的本土化"需要放在文化本土化总体中来探索、衡估、考量,才能对之得到较为深入全面的认识"[24]。王富仁将叙事学分析与文化分析相结合的方法试验,正是秉持了文学理论直面本土现实与当下社会生活的准则。其次,在文学理论的心理建构层面,需要克服以往被动接受的依附心理,以更主动积极的心态去协调"自我"与"他者"的关系,很关键的一点在于重新认识并激活传统,对于叙事学理论的本土化,我们不仅需要借鉴西方的优秀理论成果,更需要追根溯源,对中国传统叙事学作词源上的考辨与探究,发掘中国叙事传统的独特价值与意义,使得理论的本土化更具内生动力,在与西方叙事学的对话过程中才不至于失掉自己的声音,进而更有利于本民族叙事学理论体系的建构与完善。最后,注重理论的"边界自律"问题,处理好本土化与全球化的关系问题。

研究者王爱松指出:"文学的本土化命题,便既是文学全球化的对抗物,又是文化全球化的产物……理想的途径,也许是经由本土化达到全球化,经由全球化而实现本土化。"[25]对理论的"异化"自然是为我所用,但不可无视理论自身所具有的根本品格,对中西文化之"同"的发现是一种阐释的结果,但阐释不是无边界的,而是具有限度的。异质理论具有相通之处,势必也有不可逾越的鸿沟,对理论的本土化过程应当伴随对理论自身的反思与批判,否则理论就会丧失其有效性与创新性,止于"片面的深刻"。

结　语

可以说,王富仁《鲁迅小说的叙事艺术》一文不仅是对"思想鲁迅"研究体系的丰富、延展与创新,也是叙事学理论中国化以及鲁迅小说艺术研究领域的重要创获。以叙事为"艺术"关涉作者对多重关系的辩证思索:一是关于思想内容与艺术形式的关系问题,王富仁认为艺术手法是作家表达思想的方式,两者是相辅相成的关系,共同熔铸于作家的创造性之中,故尤为强调鲁迅作为小说家的创作个性。在文学性格层面,王富仁将鲁迅定位为一位思想型的文学家,却又更强调鲁迅作为思想家的侧面:"鲁迅所有的创作都是一种建设:新文化的建设"[26]。这使得他对文学艺术的分析总是闪耀着理性与哲思的光辉。二是对内部研究与外部研究二者的关系把握,王富仁倾向于从整体上把握研究对象,故在方法上他更注重内外部研究的融合贯通,而非对两者做泾渭分明的类型区分与价值评判,从而他对鲁迅小说的叙事研究不是经过推理演绎而归纳出具有普适性的模式,而是叙事艺术与文化批评的相互照亮。三是对研究主体与客体关系的思索,王富仁认为作家作品的研究是"建立在与作者的情感的、理性的等各个方面的联系当中的,这个联系也就在一个感受当中"[27],强调将研究者的个人生命体验融入对研究对象的感受之中,注重文本的开放性与文本细读的必要性。这样,对鲁迅小说叙事艺术的阐释,实现了主观与客观、感性与理性、作者主体与研究者主体的多重对话的结果。与此同时,如何在全球化的大背景中走出理论本土化、民族化的困境,建构具有中国特色的理论话语体系,仍是亟须探索与开掘的重要命题。

(西南大学文学院)

注释:

① ⑱ ⑳ ㉑ 王富仁:《鲁迅小说的叙事艺术》(上),中国现代文学研究丛刊2000年第3期。

② 王富仁:《说说我自己:王富仁学术随笔自选集》,福建教育出版社2000年版,第12页。

③ 张旭东:《杂文的"自觉"——鲁迅"过渡期"写作的现代性与语言政治(上)》,《文艺理论与批评》2009年第1期。

④ 王富仁:《我走过的路》,《王富仁序跋集》(上),汕头大学出版社2006年版,第13页。

⑤ 王富仁:《中国现代短篇小说发展的历史轨迹》(上),《鲁迅研究月刊》1999年第9期。

⑥ ⑰ 王富仁:《中国鲁迅研究的历史与现状》,福建教育出版社2006年版,第21页、175页。

⑦ 王富仁:《我和鲁迅研究》,《鲁迅研究月刊》2000年第7期。

⑧ 王富仁:《王富仁自选集》,广西师范大学出版社1993年版,第329页。

⑨ [美]亨利·詹姆斯:《小说的艺术:亨利·詹姆斯文论选》,朱雯、乔伕、朱乃长等译,上海译文出版社2001年版,第6页。

⑩ 李时人:《全唐五代小说》(第一册),陕西人民出版社1998年版,第7页。

⑪ 雁冰:《读〈呐喊〉》,《时事新报》副刊《文学》第91期,1923年10月8日。

⑫ 天用:《〈呐喊〉——桌话之六》,《文学周报》1924年10月27日。

⑬ 林非:《鲁迅小说论稿》,天津人民出版社1979年,第144页。

⑭ [英]特里·伊格尔顿:《马克思主义与文学批评》,《西方马克思主义美学文选》,漓江出版社1988年版,第686页。

⑮ 童庆炳:《论美在于内容与形式的交涉部》,《文艺理论研究》1990 年第 6 期。
⑯ 王富仁:《中国反封建思想革命的一面镜子——〈呐喊〉〈彷徨〉综论》,北京师范大学出版社 1986 年版,第 176—177 页。
⑲ [美]戴卫·赫尔曼:《新叙事学》,马海良译,北京大学出版社 2002 年版,第 2 页。
㉒ 陈晓明:《反激进与当代知识分子的历史境遇》,见李世涛主编:《知识分子立场:激进与保守之间的动荡》,时代文艺出版社版 2000 年版,第 315 页。
㉓ 陶东风:《中国文艺理论的本土化:困境与悖论》,《社会科学战线》1995 年第 5 期。
㉔ 王先霈:《如何实现文学理论本土化》,《深圳大学学报(人文社会科学版)》2012 年第 1 期。
㉕ 王爱松:《文学本土化的困境与难题》,《江海学刊》2002 年第 4 期。
㉖ 王富仁:《呓语集》,中国文联出版社 2000 年版,第 337 页。
㉗ 王富仁、王培元:《鲁迅研究与我的使命——王富仁教授访谈》,《学术月刊》2001 年第 11 期。

纪念

想起了温文尔雅而又怒目金刚的吉田旷二先生

王锡荣

前些日子,突然传来吉田旷二先生仙逝的消息,让我不禁为之悲伤。近几年因为疫情,我们跟国外的联系好像少了不少,互访更是大幅度减少了,有时候想起以往常来常往的日本朋友,也会觉得怎么近几年就几乎没什么来往了。但每当想到与友好的日本朋友温馨相处的那些日子,就会分外怀念他们:吉田旷二先生就是这样一个日本友人。但他竟就倏然而逝了!

此刻浮现在我眼前的、印象最深刻的情景,就是2009年的深秋,我和两位同事,与吉田旷二先生一起,走在日本的乡间小道上!这个场景之所以给我极深刻的印象,是因为那天我们走了很长的路,去参观大津市的著名文物古迹坂本城。当时以我56岁的年龄,不错的体力,已经走得精疲力竭,我的两个更年轻的同事,也显然已经步履沉重,而比我年长16岁的吉田先生,却显得身轻如燕,步履矫健,始终走在前面,真让我暗暗吃惊他的体力之好。

那次去大津,也就是吉田旷二先生的住所,主要目的可不是为了参观文物古迹,而是为了到吉田先生家看他收藏的中日战争史料,以便在上海鲁迅纪念馆举办一次展览。这天吉田先生带我们去参观那座古城堡,是为了让我们了解大津的相关历史。说到这里,就要说到吉田先生的收藏。吉田旷二先生曾是朝日新闻社的一名记者,也是一个旗帜鲜明批评日本侵华战争的学者,多年在名古屋的名城大学任教,常年在大学讲台上讲授日中战争史,揭露日本侵略军在中国的残暴行径。他还是日本著名的"内山会"的成员,著有《内山完造的肖像》,是较早出版的内山完造传记。那时候他每年都参加"内山会"的活动,也多次来中国参加纪念内山完造和中日文化交流活动,因此在1980年代后经常来上海鲁迅纪念馆交流访问,我就是在这过程中认识了吉田旷二先生。在接触中感觉吉田先生知性优雅,和蔼可亲,从不大声说话,总是笑眯眯的,所以我们跟他相处很愉快。

但有一次,温文尔雅的吉田先生却突然显露出金刚怒目的一面来:在一次我馆举办的中日交流活动上,日本驻上海总领事馆的一位领事也来到了现场。在领事发言的时候,吉田先生突然站起来大声质问道:"我们日本为什么要修改宪法第9条?"弄得领事很尴尬。当时正是日本国内拟议修改和平宪法第9条的敏感时期,在那样友好的场合,领事自然不好硬顶,忙解释道:"我们就是政府派来从事友好的……"这才把剑拔弩张的气氛平息了下去。这件事让我们见识了吉田旷二先生的刚直敢言,并深深佩服他的勇气。

2009年,吉田先生来我馆的时候,谈起他在日本讲授中日战争史的事,他说他至今保留着当年甲午战争中日本"吉野"号战舰上水手的勤务日志,详细记载了甲午战争爆发的实况,而且可以证明是日方战舰首先开炮!这让我们十分震惊:以前不是总有人说甲午战争是中方先开炮吗?所以非常想见到这本充满传奇色彩的勤务日志。吉田先生还说,他一直想举办一个日中战争史料展,可是阻力重重,总也没有机会办成。

听了吉田先生的话,我强烈地感到他的藏品有极高的史料价值,决心找机会去他家看个究竟。

2009年10月,机会来了,我和馆内几个同事一起到日本,出席在冈山县芳井町内山完造家乡举办的内山完造逝世50周年纪念活动,活动结束后,我们一行三人就奔赴大津市,拜访了吉田旷二先生。吉田先生打开书房,毫无保留地让我们一览他的丰富收藏,我从中选取了280多件藏品,准备举办一个专题展览,其中就包括那本"吉野"舰少尉田所广海的勤务日志。吉田先生翻开1894年9月17日的日志,上面用极细小的笔迹,清晰地记述了战争爆发的详细过程,记述精确到秒,让我们十分震惊。原来,这件藏品,是吉田先生多年前在美国的拍卖市场上见到后,慧眼识宝,不露声色花了大价钱拍来的,此后一直收藏着,除了在课堂上展示给学生看,很少拿出来。那天我们在吉田先生家看了原件后,当场就确认:我们从他的藏品中选取280多件珍贵实物,包括那本田所广海的《勤务日志》,明年在上海鲁迅纪念馆举办吉田旷二先生所藏日中战争史料展。吉田先生高兴极了,他的心愿终于有望实现了!于是我们把选好的展品打包运往上海,通过海关报关后很快就运到了馆内,后来展览如期开幕,吉田先生也应邀来开幕式现场并发表了感言,引起了国内学术界的极大关注,特别是一批研究中日战争史的学者更是争相前来一睹为快。

开幕式结束后,吉田先生回国前,我同他深谈了一次,我大胆地提出:希望他能把这次展出的280多件展品全部捐赠给我馆,作为中日战争史研究的珍贵史料,由我馆长期保存,作为纪念并供研究。当时吉田先生表示:这件事他需要待回国后与家人商量一下才能决定。我毫不担心地表示理解。果然,今天先生回国后,仅过了一个星期,他就回话说:同意捐赠!虽然早有预感,但我还是喜出望外!从此我馆的馆藏增加了一份厚重的文物和历史文献。这部日志内容极为丰富,田所广海是一个海军少尉,先后在"浪速""龙骧""吉野"号上服役,甲午战争爆发时,他刚好在"吉野"号上服役。这部日志不仅记载了海军的日常活动,航海的技术数据,更重要的是记载了战争的详细过程,和他执勤期间所见到、遇到的每一个细节。为此我们多次举办了专题研析会、讨论会,邀请国内相关专家前来参加解读和研讨,之后并设立课题开展专题研究,还组织馆内外相关专家联手把这部中日战争史研究的重要史料《田所广海勤务日志》整理、翻译出来,2015 年由上海书店出版社出版了。吉田先生也非常高兴。

那时候,吉田先生几乎每年都来上海,因为他参加了上海郊区一个日本人投资开设的高尔夫球场的俱乐部,持有该俱乐部的第一号会员证,所以每年都来打球和休假。因此经常来我馆走动,就与我们更加熟稔了。有一次我们到俱乐部去看望他,看到他身着打高尔夫的装束,显得十分精神,一点也不像 70 多岁的人。

2014 年我退休后,跟吉田先生的联系就少了,近几年因为新冠肺炎疫情关系,联系就更少了。但是总还是时不时地会关注一下吉田先生的信息。总是听说吉田先生年纪大了,高尔夫也不打了,他本来身材就比较单薄,所以也不常出来,但似乎也还算平安。现在新冠肺炎疫情过去,中日间的来往正在缓慢恢复中,他却就倏然而逝,让我多少有些震惊,当然也很痛惜。继前几年京都的井上浩先生去世后,内山会又失去了一位骨干成员,我们也失去了一位坚定的日中友好人士和能够正确看待中日历史问题的正直可贵的日本学者。每当我眼前浮现吉田旷二先生那和蔼而坚定的面容,就会油然升起温馨和敬佩之感。

蒋畈精神　薪火相传
——关于王琳的几件旧事

丁亦舟

曹聚仁之父,清末秀才乡村教育家、理学家、实业家曹梦岐(1875—1929)于1902年3月创办育才学堂。百年间,蒋畈育才把文化教育普及于穷乡僻壤小山村的平民中,促进了梅溪流域乡风民俗的文明和生产技能的改良,育才的弟子中走出了名振四海的作家、教授、报人、爱国人士曹聚仁,雕塑艺术家、中央美院教授叶庆文,南京晓庄师范学校校长王琳,远征军少将汽车团团长曹艺,为真理献身的浙江省委党校校刊室主编项鲁天,南京广播电视报首任总编汪烈,内蒙古煤炭厅科技处处长曹景滉,乡村教育家陈先知、倪扬禄,等等。

笔者于2024年12月在浙师大行知学院讲学期间参加了"纪念曹艺诞辰115周年、王琳诞辰120周年蒋畈精神研讨会"。在会上做了专题发言,现将涉及到王琳先生的部分史料整理如下:

王琳简况

王琳(1904—1991),原名王瑞琳是曹梦岐的学生,也是曹聚仁元配夫人王春翠的堂弟。王琳在接受育才学堂的新式教育后,又随曹聚仁、王春翠的步伐考入浙江省立杭州第一中学,于1922年毕业。尔后考入上海暨南大学,与在上海多所大学任教的曹聚仁过从甚密。1927年初曹聚仁向陶行知先生推荐了王琳,同年3

月王琳由上海暨南大学转入南京晓庄师范学校。从此,王琳成为陶行知在晓庄师范的十三弟子之一。王琳被陶行知推荐到浙江萧山创办湘湖师范,并历任社会改造部主任。此后,王琳在乐清创办乐清简易师范学校并担任校长,积极贯彻陶行知的"教学做合一"理论。

1947年,蒋畈育才初中成立,王琳兼任育才初中校董。

解放后,王琳参与南京晓庄学校的复校工作,担任教导主任、副校长,并为筹建晓庄陶行知纪念馆花费许多心力。晚年住在南京师范学院教工宿舍。在八十高龄时还与夫人方教授并联合陶行知联合会同仁发起筹办南京育才大学。1991年11月13日王琳在南京去世,享年87岁。

王琳与曹聚仁的《涛声社》

20世纪30年代的王琳除了追随陶行知从事乡村教育外,也是涛声社的重要成员。

据拙著《曹聚仁研究》[①]记载,1931年8月22日—1936年3月7日期间,王琳的文学活动也很活跃,《涛声周刊》的乌鸦图标就是出自王琳手笔。

1931年8月22日,由曹聚仁主编的《涛声周刊》创刊,该刊是一份4开小型报,由上海群众书局刊行。

从创刊到1933年11月底夭折,共出版了82期,包括不编号的终刊号。从《涛声周刊》创刊时,即由曹聚仁开列赠送名单,其中就有鲁迅的一份。该刊助理编辑王春翠,李儵(曹艺的笔名)办理赠刊付邮事宜。至此,鲁迅与曹聚仁之间已经在通声气了。王春翠曾告诉笔者,王琳当年曾用笔名为该刊写过不少文章,用何笔名?载于何期?限于笔者手边没有《涛声周刊》合订本,一时无法爬梳。

笔者在2024年的一篇考证文章中提到王琳等人与鲁迅的点

滴交往,"从陌生到熟悉,特别是由于胞兄曹聚仁办《涛声周刊》的原因,曹艺与鲁迅的接触日渐增多。当时'涛声社'的主要社员曹礼吾、陈子展、黄芝岗、王琳、王春翠、周木斋、杨霁云、魏猛克、应似鸿、汪蔚天、释仁叶等都与鲁迅相往来,也经常约曹艺(李儵)一起去看鲁迅"[②]。

王琳与陶行知

创办于1927年晓庄师范迎来了王琳这位"转学生"。据徐正林等人的论文[③]记载的情况:"由于曹聚仁的推荐和王琳的自荐,晓庄师范在尚未开始进行招生录取考试时,陶行知就已基本决定录取他。在王琳经济困难,意志动摇,有可能退学时,陶行知及时给予安慰,并请王琳不要为经济问题担心,学校将出台《学生耕种校地办法》,'我们因经济困难的缘故而失去同志是最可耻的','您万一没有别的法子,我每月多写两千字也够助您成功了。您放心,我们二十几个人每人少吃一口不就够了吗?'同时,他还给王琳安排编纂西北军要用的《军人千字课》,以挣得部分酬劳。"

笔者接着引用一篇文章,对王琳的入校有生动的介绍[④]:

陶行知为学校取名为"晓庄",寓有"为教育寻觅曙光"之意。1927年3月15日,晓庄师范举行开学典礼,陶行知先生发表了热情洋溢的讲话,系统阐述了"生活即教育""社会即学校"等理论。王琳在这里找到了自己的梦想,如饥似渴地学习。他在陶行知的身上看到了曹梦岐的影子,发现他们有许多相似点,却又有许多不同点。他说:"曹梦岐先生是乡村生长、带泥土气息的陶行知,陶行知先生呢,是漂洋过海、吃过洋面包的曹梦岐,着眼乡村文化,注重生活教育,行而后知,实践躬行,都是相同的。"

1928年4月王琳随从陶行知去浙江萧山创办"湘湖师范",同年10月1日湘湖师范正式开学,王琳任社会改造部主任,负责小学辅导、民众教育、乡村自治和宣传工作,同时兼任纪律检查委员会的执行委员。据浙江丽水学院陶行知教育思想研究所所长徐正林告知,从1932年至1948年间,王琳先后在广东省龙川、安徽省蚌埠、江苏省昆山徐公桥实验区及浙江省庆元、临海、温岭、云和、处州、乐清师范等学校任职。每到一地,他都是白手起家,筚路蓝缕,克服种种困难,为当地的新式教育开天辟地。

1946年7月陶行知在上海病逝,王琳等"行知人"无比悲痛,南京晓庄师范"校友网"还保留了1927年2月21日陶行知写给王琳的一封信,信中也提到曹聚仁,可见三人心灵如此相通。

王琳先生:

前星期接到你一月二十八日的信,可算是这次过年最好的礼物,我读这封信比小孩子吃年糕还快乐。不久曹先生从真如来信为你介绍,他的信和你的一样的感动人,真是令人喜而不寐,我本想写一封长信给你,因此就耽误了好多天。谅想你现在必定急待回信,所以只好缩短笔阵,先给你一个简短的回答。你对于《农业全书》《养鸡全书》《养羊全书》的批评,真是一针见血。纸上谈教育或农业,原来与纸上谈兵一样,何能发生效力?你说"洋八股"依旧是一个"国粹"老八股,离开整个生活,以干禄为目的,也是千真万真的。我们现在要打倒的就是这八股教育、干禄教育。我们决定再不制造书呆子和官僚绅士们。你愿意舍身从事适合于农村生活的教育,我们是十二分的欢迎,我们可以共同为中国教育寻觅曙光,为中国教育探获生路。章程详《乡教丛讯》,已于接信时寄奉,谅已收到了。

敬祝康乐!

陶知行上

十六、二、廿一

我所知道王琳晚年的一些情况

解放后的王琳留下来的资料不多,据我所了解,他主要在南京担任恢复后的晓庄师范教导主任、副校长达23年之久。其他的大多数活动都与陶行知学会、晓庄校友会有关。20世纪50年代后的一系列政治活动对他有所冲击。

我在20世纪80年代中期见到他时,他住在南京宁海路175号203室,其实是住在他太太南京师院教育系方教授分的房子里。我与他第一次见面时,他甚至不愿谈曹聚仁,因曹长期在香港工作,他心有余悸。

王琳告诉我解放后他写过许多回忆陶行知的文章,大多数是未刊稿,我们谈论的中心话题主要是陶行知。王琳给我推荐了安徽陶行知研究会的会刊《行知研究》(合肥市长江路156号),让我在上面去找他的文章。王琳告诉我《行知研究》1984年第9期,有一篇曹景滇写的文章《"卖艺""卖艺第一夜"两诗探源》,可发信索取。

1984年8月22日与王琳先生合影,戴帽者为王琳岳父102岁的方老先生。地点在南京宁海路175号203室。

此外,王琳还给我推荐了几本书:《陶行知纪念文集》(四川人民版,1982年)、《湘教·纪念陶行知专刊》(6—1期)、《湘教·陶行知先生》(6—2期)。在第二次见面时,王琳还为我引荐了江苏省人民出版社的张达杨,告知我张达杨对曹聚仁和陶行知都有研究,让我去访问他。

我从当年的日记中查出,在20世纪80年代中期,我与王琳有数次会面,3次是在他家里,记得有一次他还教我练气功,他说第一步要练好站桩,他已坚持了几十年。除此外还参加过王琳岳父方老先生102岁寿宴,一桌宴席就是他们家里的至亲好友,我随身带的135相机记录下了当时的画面。有一次是在曹艺家里,曹艺和王琳都是蒋畈育才初中的校董,加上王琳的堂姐王春翠从1950年代中期至"文化大革命"前住在南京曹艺家里,他们两家人是经常有往来的。还有一次是在南京市政协《爱国报》召开的一次座谈会上,我们也见了面。此外我们还通过几次信,最近也一直在查找。

纵观王琳一生的学术成果,成就主要集中在20世纪三四十年代,50年代有一些零星篇章,党的十一届三中全会后又有一些重头文章,统计如下:与程本海合编《乡村教育》教材,为潘一尘《小先生制》作序,曾公开发表过《晓庄学校史稿》《记晓庄学校——兼忆人民教育家陶行知先生》《陶行知教育思想与解放区教育》《"五四"运动时期的陶行知》《为中国教育寻觅曙光》《论陶行知的平民教育运动》等。未刊稿:《陶行知生平实录》。

尾 声

20世纪80年代中期,因撰写《曹聚仁研究》一书的缘故,我曾多次拜访育才学校两位老校长曹艺先生、王大先生,对育才学园的历史,种种过往,均十分熟稔。2023年7月,我借回曹聚仁故里蒋畈探访的机会,专程到兰溪市育才中学和兰溪市聚仁小学调研。

对二间学校践行曹梦岐创办人"知行合一"和曹聚仁"求真教育"办学精神留下深刻印象。其后,我与曹艺女儿曹汛、育才校友陈先知之孙陈兴兵、两校书记兼校长朱文革、陈玉婵等均有微信和邮件往还,多次探讨两校办学特色、劳动教育课程体系,均很受启发。

两校传承曹梦岐先生教育救国的精神和"知行合一"的思想,以"知行"校园文化布局为立足点,大力弘扬"践知行思想,育时代新人"的办学理念;以创新"知行育才"德育品牌为着力点,持续推进知行德育微目标,传承曹梦岐教育救国的精神和"知行合一"的思想,开展"知行"系列德育实践活动;以开发"知行"课程体系为突破点,把握教育变革的主流,全方位培育"守规矩、健身心、强进取"的时代新人。

[丁亦舟(李勇):浙江师范大学行知学院文学院]

注释:

① 李勇:《曹聚仁研究》,贵州人民出版社1991年版,第56—57页。
② 罗雪菲、李勇:《曹聚仁:曹艺兄弟与鲁迅交往谈片》,《鲁迅研究月刊》2024年第5期,第54—55页。
③ 徐正林、姚梦婷:《在传记与年谱之间:〈陶行知生平实录〉未刊稿研究》,《生活教育》2024年第5期,第15页。
④ 兰轩评:《"为新中国教育寻觅曙光"的兰溪人》,兰溪发布,https://mp.weixin.qq.com/s/hsbK1UdADd-RKBNmEAsM_w.

灯下漫笔

岁末年初

北　海

《南国周刊》所载《列宁致高尔基书》

　　1930年,田汉在发表了长达10万字的长篇论文《我们的自己批判》,从戏剧创作与实践、组织建立与发展、所受思想艺术影响等方面总结了南国社的戏剧电影艺术活动。在刊载这篇文章的《南国月刊》二卷第1期的《编辑后记》中,田汉谈到南国社将来的发展时提及了列宁致高尔基书信:

　　　　半年来,尤其是最近,时常有人对我发这样的疑问,"南国社是否解散了,是否快要公演?"我对于他们的同情是很感谢的,但我对于他们的疑问底答复只是沉默。因为我们曾说过"南国是要转换一个新的方向。走上一个新的阶段了"。但新的方向,是那样容易转换的吗?新的阶段是那样说走上就走上的吗?假如那样容易所谓普罗文艺也就具不值钱了。我们今日不是大家恭维 Maxim Gorky 说他是普罗文艺的泰山北斗吗?但我们一读列宁致高尔基书可知列宁对于他的意识底趋向监视得,责备得何等的利害!他是一个劳动者出身而他从唯心论的,小资产阶级的人道主义底魔云里爬是费了多大的工夫啊。[①]

在田汉发表《我们的自己批判》之前，有南国社编辑的《南国周刊》1929 年第 5—13 期上，发表了有尘土所译的《列宁致高尔基书》，共计 7 封。

陈涛，身份及事迹未详，除了在《南国周刊》上发表列宁致高尔基信 7 封外，还在《南国周刊》上发表：《工场农村用外行戏剧底演法：日本"战旗"志十月号所载》《穆理思和他的艺术论》和《1930 年头的西班牙纪游》等三篇。

陈涛在译序中提及翻译这些信的缘由：

> 苏俄政治指导者列宁死后，在他遗下的一些 Document 中发见了这数十封写给大文艺家高尔基 Maxim Gorky 的信。列宁何以写这许多信给高尔基这自然因为他不单止把他当作一个伟大的艺术家，同时还把他当作以另一种武器——艺术的语言——向和他同一目的进攻的战友。这个战友文学的政治的态度稍有错误时便禁不住的焦心与愤慨。这因为爱之深亦不觉望之切的缘故吧。②

有人统计，列宁与高尔基交往近 30 年(1896—1924)，现存书信电报 90 多封。列宁致高尔基信发表后，获得了文艺界人士的关注，不过，在刊物上发表的，据目前所见史料，仅有《南国周刊》所刊陈涛所译的这 7 封信。这些信基本是列宁在 1908 年写给高尔基的，且多有节译。

从这 7 封信来看，列宁与高尔基之间是相互协作，彼此建立在信任的基础上展开讨论的，比如所刊第四封信，即 1908 年 3 月 21 日列宁给高尔基的信中指出：③

> 关于我们的见解之不同你所提出的许多质问——我以为都仅仅是些误解。像那单纯的 Syndicalist（工团主义）者所主张的"赶走 Intelligentia"（知识阶级），或是对于劳动运动认为无知识阶级底必要底这些事，我们都不曾想过。关于所有这一类的问题我们中间不应该有什么不同的见解。我深信是这

样的。我们现在不能在一道,所以有赶快在一道工作底必要。只要在一道工作我们才最容易最妥善地达到这最后的一致。④

当然也有指出问题所在的,该信中谈到:

关于唯物论尤其是世界观,你和我似乎根本不一致。这自然不是对于"唯物史观"(我们 Empirio 并不反对这个)是对于哲学的唯物论。要说盎克鲁撒克逊人,与德国人底小资产阶级气质,拉丁人底无政府主义可以归之"唯物论",我是决定地要争辩的。哲学上的唯物论他们谁都瞧不起。最坚实的最有教养的机关报"新时代"Neue Zeit 并不大理会哲学,也决不是哲学的唯物论底热心的追随者。最近毫无制限的公表了许多经验批评论者的文章。但若谓从 Marx 与 Engels 所教的唯物论可以得到没有生命的小资产阶级性底推论,那可是撒谎。撒谎!社会民主主义中一切小资产阶级的潮流首先就反对哲学的唯物论,而倾向康德(Kant),倾向新康德派,倾向批判哲学。在"反笛幼陵论"(Anti-Duhring)恩格尔斯奠基的这个哲学,不是使小资产阶级气质不曾越过雷池一步的吗?这儿因欲使此种斗争与 Fraction 斗争相结合蒲列汉诺夫(Plehanoff)损伤了这个哲学。——可是俄国的任何 S. D. 也不许把现在的蒲列汉诺夫斠换从前的蒲列汉诺夫。⑤

在第五封信中,高尔基试图调解列宁与"经验一元论"者波格丹诺夫之间的哲学争论,列宁在信中充分阐释了他的哲学观点后说:

我想我不能不把我的整个儿的意思告诉你。我以为多数派间关于哲学问题底多少的论难是免不了的。可是若谓因此会分裂我以为这是蠢话。……我想你得帮忙这个。你可以照下面那样,就是在"Proletariat"上可以帮忙写些中立的(即不关哲学的)问题底文艺批评,新闻杂志事业,艺术上之创作等。对于你的论文——假令你想防止分裂指定新的论争底场所——你得把重写过。即算是间接地你得把关于波格达诺夫底哲学底一切移到别处去吧。幸喜你除"Proletaria"外还有充分写文章的地方。与波格达诺夫底哲学没有关系的一切东西——并且你的论文大部分与那无关——请你替"Proletaria"把牠写成几篇论文。你若是取别的行动,即不肯把论文重新写过,拒绝在"Proletariat"底合作我想会不可避地把多数派间的轧轹激烈化,使新论争底场所指定很困难,使在实际上政治上迫切必要的革命的 S. D. 在 Russia 底工作减弱。[6]

读这些信,我们可以深切地感受到列宁对于马克思主义理论的深刻理解和执行的坚定,并能深切感受到列宁对高尔基爱护,以及纠正高尔基错误观念的耐心。也可以通过列宁的信,能看到高尔基这位文学巨匠,在认同马克思主义以及社会主义革命的过程中,在思想观念上仍有偏执错误之处。信中所体现出来的这种革命情谊,以及思想上的相互平等交流,应是引起了田汉的共鸣,由此他在《我们的自己批判》之后的《编辑后记》中特别提及并强调:

但我们一读列宁致高尔基书可知列宁对于他的意识底趋向监视得,责备得何等的利害!他是一个劳动者出身而他从唯心论的,小资产阶级的人道主义底魔云里爬是费了多大的工夫啊。[7]

苏联公布《列宁致高尔基信》后,也引起了鲁迅的关注。据北京鲁迅博物馆姚锡佩老师的研究。鲁迅藏有三种版本的《列宁致高尔基信(1908—1913)》:"一是1928年1月16日鲁迅自购的日译本,系中野重治据德译本转译,收有原译者序和日译者序,昭和二年(1927)东京丛文阁出版;二即日译本所依据的德译本,1930年10月7日收到,系托在德国学习的徐诗荃购寄的,该书由 L. 卡梅涅夫译注,并作序,1924年维也纳文学与政治出版社出版;三是昭和十年(1935)东京岩波书店重版的中野重治译本,收购时间不详."⑧鲁迅再三收购这些书说明了他对于政治家列宁与文学家高尔基之间关系的重视,这毕竟牵涉到革命与文艺之间的大问题了。鲁迅、田汉等都有相同的想法,他们关注政治家与文艺家之间的关系,以思考和应对他们当时所面临的文艺与政治、个人与组织等现实问题。目前没有更多的文献能够反映鲁迅对列宁致高尔基信的看法,鲁迅仅在1933年5月27日作的《译本高尔基〈一月九日〉小引》涉及:

> 然而革命的导师,却在二十多年以前,已经知道他是新俄的伟大的艺术家,用了别一种兵器,向着同一的敌人,为了同一的目的而战斗的伙伴,他的武器——艺术的言语——是有极大的意义的。⑨

据姚锡佩老师考证,以上的话是出自德译者序,鲁迅"敦请当年代购的梵澄先生(即徐诗荃)把德译者序直译出来,对照之下,两者在文字的先后上都十分一致,只是鲁迅把它化为叹服列宁的口气引述"。⑩由此,我们也可知《南国周刊》上译者陈涛译序所言:"列宁何以写这许多信给高尔基这自然因为他不单止把他当作一个伟大的艺术家,同时还把他当作以另一种武器——艺术的语言——向和他同一目的的进攻的战友"⑪等语也应来自德译本的序。

五四新文化运动之所以能够在当时的中国产生深远的影响,除了小说、诗歌等利用报刊传播的艺术形式之外,利用舞台传播五四新文化思想的现代戏剧运动是一支重要的力量。应该承认这一事实,没有现代戏剧运动,五四新文化运动就没有快速而广泛的传播。以新文化运动之视野考察现代戏剧运动,应能够更完整地呈现五四新文化运动的历史原貌。

2024年是南国艺术运动百年纪念,⑫田汉所领导的南国现代戏剧艺术运动团体坚持艺术之社会化(或社会之艺术化)——面向识字的和不识字的社会大众:从社会上直接招收戏剧人才,又通过巡演等方式,将现代戏剧艺术直面更广泛的观众,吸引观众观看,引导观众加入到戏剧演出中。1925年3月18日,鲁迅在北京新明剧场观看了女师大学生自导自演的田汉处女作《梵峨璘与蔷薇》。虽然鲁迅不参与现代戏剧创作演出活动,但在教育部任职的鲁迅,他的工作涉及舞台戏剧相关的内容,由此而关注这方面的发展。据考证,1919—1926年间,鲁迅看过由胡适、郭沫若、田汉、陈大悲、向培良等人创作的现代剧11出,[13]还看过无法明确考证出剧目的约十余出,这些现代剧大部分是由学校师生的业余演出。[14]即便据这个不甚反映当时北京现代戏剧演出全貌的数据,也能感受到现代戏剧活动在舞台上的活跃度以及大众的广泛参与度。中国现代戏剧始于中国学生的业余演出活动,[15]五四新文化运动之后,中国现代戏剧有了蓬勃的发展,成为五四新文化运动的重要的创作与传播力量,而且由于现代戏剧直面大众的特性,除了专业排演外,更有更多的人(主要是学生)参与业余演出,如鲁迅所看的女师大学生自导自演的《梵峨璘与蔷薇》等剧,这些业余演员通过现代剧目的排演而比单纯的阅读更能深切地接受剧中的思想和艺术的影响,并能以更平易的方式把他们所接受的思想和艺术影响再现并传播给观众。

现代戏剧比之于文学更直接地向大众传播五四新文化运动的文艺思想。现代戏剧在其排演过程中更能直接感受到社会的现实和大众的诉求,剧作者们将这些现实与诉求舞台化,并在舞台上将之艺术地展现,引领观众对之进行思考,使新文化得以深入渗透到社会大众中。五四新文化运动中的现代戏剧运动实践,为它能在中国左翼文化运动中发挥重大作用作了各方面的准备:从20世纪30年代开始,现代戏剧运动由舞台而至银幕,迅速成为广泛传播革命文化的重要力量。

只删不改

"只删不改"系非正式语,是20余年前出版行业前辈告诉的我编辑方式之一。起初,不甚为意,后来在编辑过程中逐渐感受到此言的深意——其实也很简单,删是为了文章合乎出版规范和要求,是最大限度保持作者文章原意的编辑方式,编辑的主见体现得也是最弱的。但是编辑改文则完全不同,通过改动,编辑的意见就大大凸显出来了,经过编辑删改后的文章是属原作者独有的呢,还是属于作者与编辑合作的呢?进一步,牵涉到文章原意的表达。编辑如对文章所属专业熟悉,能够正确把握文章所涉的学术语境、理解作者作文的初衷,那么修改可能会锦上添花(当然,有些作者不喜欢这种锦上添花),反之,则可能使作者作文初意丧失、使文章意向产生偏移(甚至扭转),最终只能凸显编辑的浅薄与蛮横。

比如,新近出版的《鲁迅上海生活志》中其"引言"一段,为:"'鲁迅上海生活志'这个题目基于上海鲁迅纪念馆既有的学术研究成果,从鲁迅的日常生活出发,记录鲁迅及其家人在上海的生活概貌,展示鲁迅生命的最后十年融入在上海的生活风采。而通过这个题目的研究,上海鲁迅纪念馆也可加强对馆藏文物的研究工作,更深入更全面地把伟人鲁迅的日常形象展示给公众。"[16]这是经过出版社编辑修改过且未得到作者同意者。作者原文为:"'鲁迅生活志'这个题目来自笔者2020年与某位朋友的闲谈中所想到的,基于上海鲁迅纪念馆既有的学术研究成果,从鲁迅的日常生活出发,进一步加强上海鲁迅纪念馆藏的鲁迅日常生活有关的文物文献的研究工作。"[17]编辑擅自修改产生了两个问题:一是改原文平和的叙述语气,变成了领导训词;二是出现判断错误:"鲁迅生命的最后十年融入在上海的生活风采",《鲁迅上海生活志》是通过文物文献研究侧重展现鲁迅在上海时期对于上海城市文化建设的贡献,而非仅展现鲁迅"融入"上海——现代上海城市的发展进程中，吸引了众多移民在上海居住，他们是"融入"的，但其中相当部分的先进分子则并非止于"融入"，而是在建设、在创造上海这个城市，鲁迅是其中的杰出者。在鲁迅葬仪上，上海民众奉献"民族魂"旗，其中之一的意义就对鲁迅作为上海城市文化建设和创造者的肯定。编辑的这种修改，不止偏转了《鲁迅上海生活志》编辑本意，更是消弭了鲁迅的在上海城市文化发展中的文化价值。⑱

这样修改的原因，推测起来也许是要迎合读者的口味以求更多的销量罢（或者也有其他原因）。策划《鲁迅上海生活志》的初衷是"基于上海鲁迅纪念馆既有的学术研究成果，从鲁迅的日常生活出发，进一步加强上海鲁迅纪念馆藏的鲁迅日常生活有关的文物文献的研究工作"。《鲁迅上海生活志》的作者们也希望该书有销量，能拥有更多的读者。但是作为以弘扬鲁迅精神及其文化遗产为己任的上海鲁迅纪念馆，更看重的是馆藏文物文献的活化利用，对社会主义文化建设的贡献。正如鲁迅所言："若文艺设法俯就，就很容易流为迎合大众，媚悦大众。迎合和媚悦，是不会于大众有益的。"⑲对于如《鲁迅上海生活志》这样的馆藏文物文献研究集也是如此。

2024 年 12 月

注释：

① 田汉：《编辑后记》，《南国月刊》1930 年二卷 1 期，第 147 页。
② 陈涛译：《列宁致高尔基书》，《南国周刊》1929 年第 5—8 期，第 341 页。
③ 列宁致高尔基中译版本有多种，本文以《南国周刊》载陈涛译本为据。
④ 陈涛译：《列宁致高尔基书》，《南国周刊》1929 年第 9—12 期，第 434—435 页。
⑤ 同上，第 436—437 页。
⑥ 同上，第 577—579 页。
⑦ 田汉：《我们的自己批判》，《南国月刊》1930 年二卷 1 期，第 147 页。
⑧⑩ 姚锡佩：《鲁迅和〈列宁致高尔基信〉》，《鲁迅研究动态》1985 年第 1 期。
⑨ 鲁迅：《译本高尔基〈一月九日〉小引》，《鲁迅全集》第七卷，人民文学出版社 2005 年

版,第417页。
⑪ 陈涛译:《列宁致高尔基书》,《南国周刊》1929年第5—8期,第341页。
⑫ 中国田汉研究会、上海戏剧学院、中共四大纪念馆于2024年12月7日在上海戏剧学院联合举行了南国艺术运动百周年纪念暨中国田汉研究会理事会,以为纪念。本文为此会交流之整理稿。
⑬ 史习成:《"一出戏"不等于"一齣戏"》,语言文字网,http://www.yywzw.com/n4251c200.aspx。
⑭ 参见林翘:《鲁迅在北京所看话剧考》,《上海鲁迅研究·鲁迅与江南文化》(总第89辑),上海社会科学院出版社2020年版。
⑮ 赵骥《上海话剧"史前"运动考》引朱双云《新剧史》称中国现代戏剧目前可见最早记述是1896年上海圣约翰学校学生成立剧团,并英文演出《威尼斯商人》,《海派研究》第一辑(海派戏曲专辑),上海人民出版社2024年版。
⑯ 参见上海鲁迅纪念馆编:《鲁迅上海生活志》,上海辞书出版社2024年版,第3页。
⑰ 参见《上海鲁迅研究·鲁迅与同时代人研究》(总第103辑),上海社会科学院出版社2024年版,第229—230页。
⑱《鲁迅上海生活志》所收文章都在《上海鲁迅研究》上刊载过,有疑问者,请在此网页查询 https://navi.cnki.net/knavi/journals/LUYJ/detail。
⑲ 鲁迅:《文艺的大众化》,《鲁迅全集》第七卷,人民文学出版社2005年版,第367页。

鲁迅文化实践与研究

日常里的鲁迅先生
——《鲁迅上海生活志》编辑记

施晓燕

1927年10月,鲁迅来到上海,从此定居上海,他工作、战斗、生活,在这里度过了他生命最后的十年。在这里,他成为左联的文学盟主,左翼文化运动旗手,也是新兴版画之父,在他去世之后,他被尊称为"民族魂"。

鲁迅说:"譬如勇士,也战斗,也休息,也饮食"。[1]作为"民族魂"的鲁迅,他在上海战斗,也过日常生活,后者的种种信息,隐藏在书信、日记的字里行间,如苦于眼睛老花的"近戴上老花眼镜,看书时字很大,一摘掉,字又变得很小"[2];偶尔露头于文章的落款,如自嘲于嘈杂环境的"识于上海华界留声机戏和打牌声中的玻璃窗下绍酒坛后"[3];或者来自旁人回忆的只言片语,如嗜甜口味的"先生则最喜欢吃糖。吃饭的时候,固然是先找糖或者甜的东西吃";这是鲁迅俗世日常的生活一面,这些碎片散落在鲁迅相关资料的各处,偶尔被有心人士注意,就会像反射到太阳的螺钿一样,闪闪发光。

从这些文字资料里,我们由此知道,10年间,鲁迅因为国民党当局监视、战火波及等各种原因,先后迁居于景云里、拉摩斯公寓、大陆新村;在上海这个天下饮食荟萃之地,他在新雅茶室和陈望道等商谈杂志编辑,在功德林和田汉等进行文艺漫谈,在荷兰西菜室和左翼团体聚会;他爱吃糖,喜欢油炸食品,也吃冰淇淋;他衣着俭朴,去华懋饭店看望远东反战大会的代表英国人马莱爵士时甚至被电梯司机拒绝承载;他常步行去书店,偶尔也会带伴侣和孩子乘出租车去电影院。这是文学家、思想家、革命家鲁迅的日常一面。

在研究著名历史人物时,要怎样处理人物的"经世致用"一面和作为"自然人"的一面?新文化史领域认为将两者结合起来考察会得到一个立体的认知。史家王汎森曾说:"就思想论思想是思想史的根本工作,但同时思想史应该广泛地与许多领域相结合。我的想像是思想之于社会就像血液透过微血管运行周身,因此,它必定与地方社群、政治、官方意识形态、宗教、士人生活……等复杂的层面相关涉,故应该关注思想观念在实际生活世界中的动态构成,并追寻时代思潮、心灵的复杂情状。因此,我在选题时,往往回避一般所熟悉的大论述,而较常从一些被各种思想史、学术史著作所忽略的问题、文献、人物着手,并从下列三点着墨:……第三,我希望多揭示出活生生的个人在思想活动中的面目,如果可能,还希望能写成引人入胜的故事,因为我相信史家最原始的任务是故事讲述者。"④

那么,如何结合鲁迅的伟大和日常,讲好故事,使读者得到一个更加生动、立体的大先生?在学界,这方面的研究并不少,比如专著有甘智钢的《鲁迅日常生活研究》,论文有陆雅楠《鲁迅日记日常生活叙事研究》、刘克敌《"无事可做"的"鲁迅"与"忙忙碌碌"的"周树人"——从日记看民国初年鲁迅的日常生活》、陈艺璇和张全之的《鲁迅的嗜糖偏好及其文学表达》等,这些都是从文字资料里建构鲁迅的日常,读者能认识到鲁迅的另外一面,但主要还是建立在文字的基础上。

2024年12月的新书《鲁迅上海生活志》(简称《生活志》),则展示了它的突破藩篱。这本书由上海鲁迅纪念馆主持编纂、上海辞书出版社编辑出版。作为人物类纪念馆,上海鲁迅纪念馆保存有一批鲁迅生活的遗物,如"鲁迅家用菜谱""金不换毛笔""冯雪峰所赠台灯"等,《生活志》就是上海鲁迅纪念馆从馆藏的文物、文献、资料出发,以鲁迅在上海的日常生活为研究对象的一本著作。

该书图文结合,以文字描述为主,分为书房一隅、寻常烟火、休憩时刻、此中甘苦、居于沪上等五方面内容。"书房一隅"主要为鲁迅日常写作时常用的物品,涉及鲁迅印章、明信片、藏笺、藏书、墨砚、书桌、书橱、台灯等。"寻常烟火"反映了鲁迅家庭饮宴和其个人的口味嗜好,有冰箱、锅碗碟、家用菜谱、啤酒、香烟、糖果、茶等;"休憩时刻"是指鲁迅的娱乐和审美,比如家中摆放的花瓶、购买或获赠的画作、香烟画片、收藏的工艺品纸塑、上海时期看的电影等;"此中甘苦"是写鲁迅的衣着和求医问药,有鲁迅衣物、照片、X光胸片、家庭备药、鲁迅牙病等;最后的"居于沪上"是对鲁迅上海十年生活重点场所的介绍,有鲁迅的三处居所景云里、拉摩斯公寓、大陆新村,还包括了鲁迅的溧阳路藏书室、鲁迅四次版画展览场地、内山书店等。

《生活志》的特点如下:

一、图文结合的方式,给读者以更多直观的印象。

正如前文所说,很多著作研究鲁迅日常,但都是靠文字描绘,而《生活志》每篇都附有藏品高清彩图,在读者脑中,很多东西由此从文字想象变成现实。比如鲁迅的一些名章用于版权证印花,他的几本著作,版权证印花多为不同,如《壁下译丛》印花用的是1928年刻的橡皮材质"鲁迅"印章,《三闲集》印花用的是约1931年青石章印鉴制成锌版后加方形铅块的"鲁迅"印章。除此之外,鲁迅的一些特殊用途的章,比如1936年他重病,"艰于起坐",面对海量来信,不得不刻了一个"生病"章,盖于回执条上以告知来信者。以上这些印章,读者如果无20世纪30年代的鲁迅作品版本,只能按文字描述想象印花的样子,至于"生病"章二字是朱文还是白文,用楷体还是篆体,则不得而知。现在这些印章都随文附图,使读者直接看到了具体的实物,与文字结合,形成了一个更加立体、清晰、记忆深刻的视野。

鲁迅每天要进行大量的创作,《生活志》也仔细研究了他用的笔、墨、砚台、茶具、书桌等。读者由图文可以想象出鲁迅创作时的画面:鲁迅在写作前,先泡好一壶浓茶,用茶壶套包好以保暖,在九斗书桌展开卜鹤汀笔庄所售的"金不换"毛笔,在青石砚台上磨上"亦政堂"墨,在自制的绿格稿纸上笔走龙蛇,对旧社会的黑暗掷去匕首投枪。

对于鲁迅生病去世,很多人都只有模糊的印象是由于肺病,那他的肺病究竟到了何种地步?1936年6月15日鲁迅拍摄了胸片,1936年、1984年、2006年都由当时名医为胸片写了非常缜密的诊断报告,但即使是对医学一无所知的普通人,事先没有看过诊断意见,在见到胸片的时候也会震惊——右肺有1/3已经全白,鲁迅是拖着这样的残躯又支撑了4个月。从文字资料里,我们可知在接下来4个月,他创作了《且介亭杂文末编》的大部分文章,编辑重校本《花边文学》,出版《死魂灵百图》,帮曹靖华出版《苏联作家七人集》,和茅盾联名发表《文艺界同人为团结御侮与言论自由宣言》,编校出版亡友瞿秋白的《海上述林》,参观中华全国木刻第二回流动展,为鹿地亘答疑等,但我们直到看到胸片,才知道他是在几乎每天都发烧的4个月里,拖着这样的病躯坚持工作,这是多么拼命战斗的一个人,他把生命透支燃烧到了最后一刻!

二、反映鲁迅的性格、生活态度及口味嗜好

鲁迅重规划,对未来未雨绸缪。比如在拉摩斯公寓和溧阳路藏书室,鲁迅定制了书箱式书架,每个书箱本色无漆,内分两层,外有活门,并可加锁,平时打开作为书架储存书籍,一旦需要迁移,就可关上活门变成一个个木箱放上卡车运走。这是时局动荡的年代

里鲁迅对自己的生活做着随时迁移的准备。在收入的处理上也是如此,鲁迅在北京的日记里就有到浙江兴业银行存钱的记载,而到上海后,在日记里只提到有在银行取钱,由于取的也可能是书店支付的版税,所以暂不能断定他有储蓄。根据甘智钢的研究,认为鲁迅每月都有家庭理财,在月初会估测本月收入,制定用度计划,然后按照计划消费,而朋友郑奠也回忆鲁迅多次劝他存钱,[5]这两项或为推测,或为他人回忆,而内山书店的代付款清单里面的万国储蓄会会款,则证明了鲁迅有储蓄这一项。正因为鲁迅如此有规划的储蓄,他逝世之后,才能持续供给寄北京西三条家用,以及维持许广平和海婴与之前差不多的生活。

鲁迅重规划,他的物欲却极简。在电冰箱已经进入上海市场,成为大陆新村可选择配制的情况下,鲁迅家里用的却是沿用古代传统制冷方式的土冰箱。鲁迅家用来烧牛奶的小锅,"长期的使用,使得牛奶锅的盖子螺帽已经脱落,勉强用麻绳穿起,底部也有不慎碰撞留下的'瘪塘'",而从图片上看,这个奶锅已经不堪使用,处于即将罢工的边缘。至于鲁迅的衣着,在北京时期,他常穿打补丁的衣服,到上海之后,由许广平打理衣物,也多是较为平常的服装,以致于去华懋饭店会被电梯员歧视。鲁迅对自己的生活维持如此俭朴的水准,与之同时的,却是他对左翼事业、对青年们慷慨的大笔支出。鲁迅先生曾说他自己"将血一滴一滴地滴过去,以饲别人,虽自觉渐渐瘦弱,也以为快活",[6]这是指在精神上为扶持青年们劳心劳力,但从这些细节对比来看,在物质上他又何尝不是。

鲁迅虽然物欲简单,但也不是清教徒式远离凡尘的生活,他的口味嗜好让人很有共鸣。我们笼统知道鲁迅喜欢喝酒、喜欢吃糖、喜欢抽烟,但从《生活志》,我们才得知鲁迅喝的酒类中,次数居于首位的是啤酒,牌子有五星、太阳、麒麟,从五星啤酒推断,鲁迅的啤酒口味可能是酒体厚重、口感浓郁。鲁迅吃糖不拘中西,他吃中式的酥糖、柿霜糖,也吃西式的摩尔登糖,甚至作为药的橙皮糖浆他也吃得很快。在饮食上,他喜欢吃油炸、烘烤食品,《鲁迅家用菜谱》前两页许广平所写的十三种菜肴做法,就有四种是油炸做法,如炸面包、炸山芋球、炸油条等。这给了我们很多想象空间,比如鲁迅和增田涉亦师亦友,鲁迅既教授《中国小说史略》,也一起开牛肉罐头、喝啤酒;鲁迅在浙江两级师范学堂时,白天上课传播近代科学知识,启发学生破除旧观念,晚上则吃着摩尔登糖认真备课写教案;大陆新村期间,鲁迅一边在饭桌上和萧红、萧军谈论文坛,一边夹起一个油炸韭菜盒子……这种具体而微不足道的细节很有画面感,极富人情味,让人油然而生亲近之感——鲁迅先生不仅是个勇猛的战士,也像我们身边触手可及的朋友一样,可亲又可爱。

三、显示了鲁迅的艺术审美和工作意向

一般讲日常生活似乎只涉及较为简单的物质方面,《生活志》同样有深入到鲁迅精神的切面。鲁迅的审美一直为人所称道,他的艺术趣味除了译介、引进、出版的作品,有一些还反映在他私下的藏品中。鲁迅在定居上海后,进行了大量的马克思文艺理论和苏俄作品的译介,在美术上他也对苏联的作品发生了兴趣,他曾翻译苏联《列夫》的机械艺术理论,这些艺术风格也影响了左翼的审美,在20世纪20年代末—30年代,构成主义在中国杂志装帧设计蔚为流行。而鲁迅收藏的明信片包括了很多苏联出版的巡回画派(Peredvizhniki)及革命时代的美术作品,他卧室里放着的是《圣经》题材的德国版画《苏珊娜沐浴》和《夏娃》,病中反复浏览观看的是苏联木刻家毕珂夫的着色木刻,还邀请达达艺术流派的宇留河泰吕为采石(崔真吾)的诗集《忘川之水》设计封面,写信则会用北京、上海等地的笺纸,可见鲁迅艺术审美的多元性,再结合鲁迅在各个不同时期对艺术风格的取舍,可以勾勒出鲁迅如何处理外国艺术理论与中国民间艺术之间的关系,从而把握鲁迅当时的文

艺思想脉络。

鲁迅的工作意向有时则流露于他的藏品中。他遗留的笺纸中有很多来自上海，多为当时寓居沪上的书画名家所作，如王一亭、吴昌硕、姚叔平、顾青瑶等，这些笺纸除了观赏价值和实用性之外，根据书信推测，在鲁迅和郑振铎编完《北平笺谱》后，他很可能想再编辑一部"海上笺谱"。鲁迅藏书里还有用拉丁新文字的《狂人日记》，1936年由上海新文字书店出版，这则与鲁迅及当时的大众语运动息息相关。

四、小中见大，以细节见真情

鲁迅一生中友人众多，在上海时期，冯雪峰是和他关系最为密切亲近的朋友之一。他们一起从事左联事业，冯雪峰为鲁迅代拟《答托洛斯基派的信》和《论现在我们的文学运动》，起草《答徐懋庸并关于抗日统一战线问题》，除此之外，在精神上，冯雪峰深层次地理解和接受了鲁迅的文学思想和精神滋养，对鲁迅进行了深刻研究。《生活志》里，提到冯雪峰曾赠送鲁迅一盏台灯。鲁迅长期进行创作和看稿工作，极尽目力，有时需要将房顶的灯拉下来做工作照明之用，冯雪峰因此送了一盏台灯，便于他夜间写作。这盏台灯是民国时期随处可见的款式，并不名贵，鲁迅和冯雪峰的关系深如大海，赠送物品只是一件微不足道的小事，却从细微处能发现雪峰对鲁迅身体的关心和爱护，可见这段友谊不仅仅限于工作，而是深入到了生活的方方面面。鲁迅的反馈同样是深重的，1933年底冯雪峰往苏区瑞金后，妻子何爱玉怀着孕，带着女儿雪明在鲁迅家住了三个月，鲁迅对孕妇、稚儿的照顾，则在家用菜谱中菜量的波动上反映出来。

还有一些是很有意思的发现，鲁迅旧学深厚、落笔成章，他的《自题小像》诗句有所化用唐末五代前蜀画僧、诗僧贯休的《侠客》诗"黄昏风雨黑如磐，别我不知何处去"，而他所藏的明信片里，就有根据贯休画作《御物 十六罗汉图》制作的明信片,由此可窥见鲁迅文学资源的厚度和来源。鲁迅说"我的娱乐只有电影",他翻译有日本左翼电影理论,批判过刘呐鸥的软性电影,让读者意外的是,鲁迅还看过迪士尼的动画电影《米老鼠》,这让人不禁会心一笑。鲁迅穿衣不修边幅是众所周知的事,但有关衣服的那一篇,读者还能看到,鲁迅的毛衣领子,经历了从"和尚领"到"立领"的变化,这侧面说明了鲁迅的身体日渐病弱畏寒,这是新文化史的研究方式,从日常生活资料推断本人的情况,新颖而有效。

《生活志》的19位作者均为上海鲁迅纪念馆在职职工,可以看出,作者们都付出了辛勤努力,比如有些文章,需要多方查找英文及日文资料,有些平面图纸,则需要到各类档案馆借阅。作者们借力的点常常普通,写的也是较小的切口,但都有较为让人耳目一新的发现,显见撰写《生活志》这个项目,极好地使用了博物馆的藏品,更极好地培养了青年业务人员的学术能力。

有关鲁迅研究的著作汗牛充栋,随处可见佳作,《生活志》从它的角度,做到了让人眼前一亮、别具一格,即使只是激起鲁研大海中的一个小浪花,提起一小群人对鲁迅的兴趣,也是弘扬鲁迅精神的漫长征途上踏踏实实的一步,弥足珍贵。

注释:
① 鲁迅:《"题未定"草》,《鲁迅全集》第六卷,人民文学出版社2005年版,第436页。
② 鲁迅:《331227(日)致增田涉》,《鲁迅全集》第十四卷,人民文学出版社2005年版,第273页。
③ 鲁迅:《〈剪报一斑〉拾遗》,《鲁迅全集》第八卷,人民文学出版社2005年版,第278页。
④ 王汎森:《晚明清初思想十论·序》,复旦大学出版社2004年版,第1页。
⑤ 甘智钢:《鲁迅日常生活研究》,黑龙江教育出版社2005年版,第161—162页。
⑥ 鲁迅:《261216致许广平》,《鲁迅全集》第十一卷,人民文学出版社2005年版,第657页。

秦川旧雨化新霖
——《国立西北大学、陕西教育厅合办暑期学校讲演集》影印出版始末

姜彩燕

为纪念鲁迅西安讲学 100 周年,西北大学与中国鲁迅研究会合作,于 2024 年 9 月 20—22 日举办了隆重的学术会议。与会期间,参会代表们每人获赠一套装帧精美、原版影印的《国立西北大学、陕西教育厅合办暑期学校讲演集》(以下简称《讲演集》)。这部尘封百年的讲演集,不仅承载着西北现代高等教育拓荒期的学术基因,更以原生态的文本样貌,为我们开启了一扇观察民国时期学术生态的独特视窗。

一

1924 年 7—8 月,国立西北大学与陕西教育厅合办暑期学校,邀请北京师范大学教授王桐龄、李顺卿(干臣),南开大学教授李济之、蒋廷黻、陈定谟,北京大学前理科学长夏元瑮,东南大学教授陈钟凡、刘文海,法国大学法学博士王凤仪(来亭),新文学大家鲁迅以及《晨报》记者孙伏园、《京报》记者王小隐等十几位学者名流来陕进行为期一个月的暑期讲学,[①]为三秦学子传播新学术、新观念与新方法。这对陕西地区来说是一场规模空前的文化盛宴,极大地推动了陕西新文化的发展,成为中国现代高等教育史、学术史和文化史上极为重要的一页。

这次暑期学校受到了时任陕西省督军兼省长刘镇华的大力支持，因而经费充足，规格很高。陕西教育厅和西北大学都高度重视，派专人负责暑期学校的筹备、组织与接待工作。据当时的西北大学校长傅铜和陕西教育厅厅长马凌甫介绍，暑期学校之设立是"为不能入大学者设法俾得略获高等学识"，②因此"所聘讲师，均国内外学术专家、各大学教授"。③暑期学校简章里所公布的讲师，主要来自北京大学、北京师范大学、南开大学、东南大学等知名学府，且大都有留学欧美或日本的背景。当时年纪最大的王桐龄只有45岁，其次是鲁迅，43岁，像李济、蒋廷黻等人当时还不到30岁，皆属新文化、新学术的代表性人物。学者们所讲的题目涵盖历史学（包括中国史和西洋史）、农林学、心理学、人类学、物理学、教育学、中国文学等领域，代表了当时的学术前沿。陕西当地报纸从1924年5月开始就陆续报道暑期学校的相关消息，以引发社会关注。暑期学校于7月20日举行了盛大的开学式，陕西当地多位军政要人出席，场面非常隆重。省长刘镇华亦派代表郭涵出席了开学式，后来还亲自宴请了来陕讲师，显示出对此次学术活动的高度重视。

虽然陕西方面投入巨大，但暑期学校正式开学之后，学员们的反响并不好。学校7月21日正式开讲，报纸从7月24日就开始出现"负面报道"。学员们对暑期学校的组织颇多不满，除茶水、便溺等一些生活细节外，还抱怨暑期学校没有印制讲义和通讯录、缺乏娱乐交流活动、讲题过于高深、与他们所从事的中小学教育无关，等等。据《旭报》报道，暑期学校开讲初期，从外县来的听讲员热情很高。开讲之后，西安下了两天雨，但"听讲员不畏泥泞，来者甚为踊跃"，"到者每日不下四百余人"。④然而随着时间的推移，听讲人数逐渐减少。到7月28日，听讲人数总共不足200，且"大半皆身着制服、暑期未归之学生，外县来者多已不知何处去矣。间亦有一二留心听讲者殆亦如凤毛麟角之不可多得"。⑤发生这种情

形,主要有如下几个原因:

首先,讲师的口音问题。暑期学校讲师中除王来亭、刘文海是陕西人,其余皆为外地人。其中王桐龄是河北人,李顺卿、王小隐是山东人,而鲁迅、陈钟凡、夏元瑮、李济、蒋廷黻等人,则来自江浙或湖南、湖北等地。对陕西的听讲员来说,他们的口音比较难懂,而暑期学校又未能及时印制讲义,因而学员们"一般不懂讲师语言之义,仅能在黑牌上抄录其大纲,终至不能详晰了解,颇感困难,连日以来,迭有多数听讲员催询讲义"。⑥东南大学教授陈钟凡在《陕西纪游》中就记录了开讲第一天的情形。7月21日,"晨七时半,讲中学国文教学之要旨。听众二百余人,少数聆予口音,未能悉憭,不得已以笔代口,故讲演较缓。"⑦这就说明因语言不通而引发的交流障碍在开讲第一天就已显现。

其次,场地过大,声音难于普及。当时暑期学校报名人数较多,总计有700余人,演讲地点在当时的西大礼堂和风雨操场。因场地大,又没有扩音设备,这就使授课效果大打折扣。王桐龄在《陕西旅行记》中也说当时西北大学的学校房舍,大多系旧式建筑,不宜作讲堂之用;大一点的讲堂内柱子很多,有碍学生的视线,"大礼堂横宽,不适讲演之用"。⑧《旭报》在7月29日也报道因暑期学校教室过大,声音难于普及,再加上讲义未发,学员们对听讲毫无把握,"所谓介绍新知识新学术者恐难收若何之效果"。⑨

再次,讲题过于高深,曲高和寡。暑期学校的讲师们皆为学有专长的学者,他们来西安讲的都是自己最拿手的题目,如历史学家王桐龄讲《中国文化之发源地》《历史上中国六大民族之关系》《陕西在中国史上之位置》,农林专家李干臣讲《森林与文化》《中国之兵工兵农问题》,人类学家李济讲《社会学概要》《人类学概要》,夏元瑮讲《物理学最近之进步》,陈钟凡讲《中学国文教学法》《中国文字演进之顺序》,陈定谟讲《知识论》《行为论》,蒋廷黻讲《欧洲近世史》《法兰西革命史》,王来亭讲《社会主义与共产主义之源流》与《卢梭之教育观》,鲁迅讲《中国小说的历史的变迁》,孙伏园讲《何谓文化》,王小隐讲《人生地理概要》《戏曲与文化之关系》等。这些题目在当时均属学术前沿,对于开阔陕人眼界大有裨益,然而实际效果却并不如人意。暑期学校的学员主要是从各县选派的中小学教员或职员,他们的知识储备较少,视野相对狭窄,理解力也有限,这就使听讲员和讲师之间存在巨大鸿沟,无法产生共鸣。讲师们抱怨听讲员"木然",[10]甚至打瞌睡、喧哗,呆若"人面狮身像"。[11]而听讲员则抱怨讲题高深而不实用,无异于"掷珍珠以饷蜀鸡","宝则宝矣,于鸡无所得也"。[12]在他们看来,外省来的学者"所讲之哲学历史等学理固甚高妙,惜无讲义可观,每届上堂不过看一看讲师之面孔,及其手舞足蹈之态度而已"。[13]报纸上也感叹此次陕西办暑期学校"虚糜金钱",各县为派学员赴省听讲花费巨大,但却"有负各讲师千里跋涉之劳,数十日时间之空掷,一番苦心付诸东流也。"[14]

正因如此,听讲员对暑期学校的安排颇为不满。开讲不久即有人在黑板上大书"既无讲义又无成书,言之谆谆,听者茫茫,师生交困,恐无好果"。[15]后来甚至派代表向校方抗议,要求印制讲义。可见,由于语言不通、场地过大以及讲题深奥等原因,使得学员普遍感到听讲困难,收获甚微,于是印制讲义就成为当年暑期学校学员的一个迫切要求。《新秦日报》1924年8月2日有一篇题为《暑校容纳学员要求之经过》的报道,谓"蔡江澄(按:时任西北大学法科主任,暑期学校筹委会副委员长)异常表示歉忱,谓暑校设备不周,亦自知对不住大家,兹既经提出要求,自当设法改良,以付众望,但须商讨校长后始能答复"。[16]校方在听取了学员意见后,曾发布告称,因人数较多,讲义赶印不及,"俟讲演完,合集成册再行印刷分配"。[17]

有了学员的强烈要求,校方的郑重承诺,讲义的印行势在必行。实际上,陕西方面筹办暑期学校并非首次,在鲁迅等人来陕演讲之前,陕西省曾于 1923 年夏邀请北京大学傅佩青(傅铜)、徐旭生、柯乐文、朱遏先(即朱希祖)、陈百年、王抚五、吴新吾等 7 位学者来陕进行暑期讲演。他们所讲的题目也很广泛,包括科学与道德之关系、孔教与宗教、司马迁的史学观、科学与神学、进化论、公民意识等内容,为陕人开阔了眼界,增长了知识,促进了新文化在陕西的传播,可以说是 1924 年暑期学校的一次预演。可惜由于当时的讲稿未能系统整理和出版,演讲者中也没有像"鲁迅"这样赫赫有名的人物,因而这次讲演很少有人关注。到 1924 年的暑期学校,人数更多,规模更大,主办方也吸取了前一次暑期学校因未能出版讲义而影响甚微的教训,在暑期学校结束之后即迅速启动出版流程。

暑期学校 8 月 20 日正式结业,王桐龄、陈钟凡、李干臣等人 8 月 23 日左右分别回到北京、南京,西北大学出版部紧锣密鼓,迅速整理了一部分讲稿,于 1924 年 9 月率先出版了《讲演集》(一),收集了陈定谟的《行为论》、王桐龄的《陕西在中国史上之位置》、陈钟凡的《中国文字演进之顺序》、李干臣的《森林与文化》和《中国之兵工兵农问题》。随后,又陆续整理了陈钟凡的《中学国文教学法》、鲁迅的《中国小说的历史的变迁》、蒋廷黻的《欧洲近世史》,汇集为《国立西北大学讲演集》(二),于 1925 年 3 月正式出版。西北大学以快速、高效的出版工作兑现了此前对暑期学校学员许下的承诺,在一定程度上弥补了他们在听讲时留下的遗憾。

从现存史料来看,在当年来的讲师中除王桐龄和陈钟凡外,其他人都没有自备讲义。王桐龄的讲演稿《陕西在中国史上之位置》文末注明"民国十三年七月二十三日脱稿""八月四日改正脱稿",可以看出他是提前有所准备,来陕后边讲边写边修订,在陕期间就已改正完稿。陈钟凡的讲演稿《中国文字演进之顺序》没有署记录人的名字,应是由他本人撰写。而讲演集中其他人的讲稿则是靠当时听讲的师生记录的,比如,陈定谟的《行为论》由晁晁昌笔记,李干臣的《森林与文化》由阎寿乔、秦显文笔记,李干臣的《中国之兵工兵农问题》由阎寿乔笔记,鲁迅的讲演稿《中国小说的历史的变迁》和陈钟凡的讲演稿《中学国文教学法》的记录人都是昝健行和薛声震,蒋廷黻的讲演稿《欧洲近世史》记录人则是志伯。为了保证讲演稿的准确性,西北大学出版部还特地将记录稿寄给演讲人,让他们亲自过目并订正。这一点从《鲁迅日记》中可以得到印证。鲁迅8月12日回到北京,9月3日收到西大出版部寄来的讲演记录稿,经连续几日订正,9月8日将改定稿寄回西大出版部,并给两位记录人写了信,可见他对讲稿出版之事认真负责和积极配合的态度。

虽然《讲演集》只收录了部分学者的讲演稿,夏元瑮、李济、刘文海、王凤仪、王小隐、孙伏园等人的讲演内容遗憾未能收录其中,但这套《讲演集》仍然具有很高的文献史料价值。从讲演内容上看,它涵盖了心理学、历史学、农林学、文字学、教育学、中国文学等多个学科,反映了百年前学术界的关注热点和研究概况,对于研究中国现代学术史、教育史、文学史都有重要意义。

二

对于鲁迅研究者来说,这套《讲演集》最珍贵的地方就在于登载了鲁迅当时来西安讲学时的讲稿《中国小说的历史的变迁》。1924年,鲁迅来西安的首要任务是在暑期学校讲学,其讲稿由当时西北大学国文专修科的学生昝健行和薛声震记录,经鲁迅订正后收录《讲演集》(二),于1925年3月出版。虽经正式出版,但因1925年之后陕西政局变化,省长刘镇华离陕,西北大学校长傅铜不辞而别,负责编辑讲演集的晁昌也离开了,因而未能做好出版后的联络与善后工作,致使这套《讲演集》长期被湮没。从现存史料看,鲁迅并未收到正式出版的讲演集,也就未能将其收入文集或集外集中。因此,在鲁迅西安之行后的30年里,这部讲稿一直沉埋于历史深处。人们对他拟写《杨贵妃》之事津津乐道,但很少有人关注他在西安演讲的具体内容,直到西北大学的单演义先生找到《讲演集》后,人们才得以窥见鲁迅当年讲学的"真容"。

单演义从1950年开始搜集鲁迅在西安的史料,除了大量访问与鲁迅讲学相关的人员,到鲁迅去过的地方进行实地考察,还有一项重要任务是寻找鲁迅来西安时的讲稿。由于当时距演讲时间已过了近30年,加之中间战乱频仍,《讲演集》存世很少。经单演义多方打听,终于在鲁迅讲学时担任西北大学讲师兼秘书的段绍岩处获得了这套珍贵的《讲演集》。单演义拿到讲稿后,做了文字抄录和校勘工作,预备将其作为下卷放在1954年由上海出版公司出版的《鲁迅在西安》中,以供学术界研究,但由于讲稿涉及鲁迅著作的版权问题,在正式出版前夕遭到了人民文学出版社鲁编室的反对而被紧急叫停,书稿也被毁版,这使鲁迅讲稿重新面世的时间推迟了三年,到1957年《收获》创刊号上才得以公开发表。

鲁迅在西安的系列演讲"是鲁迅全部讲演中花费时间和精力最多的一次,给我们留下的讲稿,也是所有讲稿中最长的一篇"。[18]讲稿公开发表后,得到了鲁迅研究界的重视,作为《中国小说史略》的附录先后被收录人民文学出版社1958年、1981年、2005年版的《鲁迅全集》,已成为"研究我国古典文学、小说史和鲁迅学术思想的重要文献"。[19]近年来,随着"学者鲁迅"研究的深入开展,讲稿日益受到重视,除了作为研究鲁迅文学史观的重要依据之外,学者们也肯定了其在学术普及、文学教育方面的价值,认为它是"在政治与学术、讲演与著作、课堂与书斋、白话与文言之间保持'必要的张力',成为现代中国学术史、教育史和文学史上的一个独特的文本"。[20]如今各种版本的鲁迅演讲资料集,如朱金顺《鲁迅演讲资料钩沉》、马蹄疾《鲁迅讲演考》、阎晶明《鲁迅演讲集》、傅国涌《鲁迅的声音》等书中,都介绍或收录了该讲稿。因此,这部讲稿也成为研究鲁迅学术演讲的重要文本。

虽然讲稿已被收录到《鲁迅全集》和各种版本的鲁迅讲演资料中,但西北大学出版部1925年3月出版的这部《讲演集》(二)仍然有不可替代的文献价值。在原始记录稿和鲁迅的订正稿不存的情况下,《讲演集》所刊登的版本就是这部讲稿最原始的版本,后来的诸多版本都是在此基础上编定的。因此,《讲演集》(二)对于我们校勘讲稿各版本的文字讹误,为下一版《鲁迅全集》的编纂提供更完善的版本提供了文献依据。此外,《讲演集》汇集了当时参与演讲的王桐龄、陈定谟、陈钟凡、李干臣、蒋廷黻等人的讲稿,使我们对鲁迅在西安讲演时的学术氛围有了一个更直观的了解,也可以窥见百年前心理学、史学、农学、文字学、教育学等学科领域的发展概况,这有利于我们将鲁迅的西安之行还原到当时的历史现场中去,避免割裂历史,孤立地看待鲁迅在西安的讲学活动。

三

这两本讲演集有如此重要的学术价值,然而在历经百年风雨之后,这两本书已很难见到。就笔者所知,《讲演集》(一)在国家图书馆的中国历史文献总库民国图书数据库和"大学数字图书馆国际合作计划(CADAL)"里有电子版,但是登载鲁迅讲稿《中国小说的历史的变迁》的《讲演集》(二)在各大图书馆和数据库里都没有找到,连西北大学校史馆里陈列的都是书籍封面的复印件,说明这本书已经几近绝版,属于珍稀史料。很多鲁迅研究专家都从单演义《鲁迅在西安》的著作扉页上看到过《讲演集》(二)的封面和内页图片,但很少有人看过原书。

1924年鲁迅来西安讲学,是西北大学校史和陕西现代高等教育史上重要而光辉的一页。西北大学的历任校领导都非常重视鲁迅研究,每逢与鲁迅有关的重要时间节点,西北大学都会举办隆重的纪念活动。2024年是鲁迅西安讲学100周年,为了做好这次纪念活动,我们从2021年起就开始谋划筹备。我们在西北大学南校区东学楼建设了一座集教学、科研和史料陈列于一体的鲁迅纪念室。在向西北大学前辈学者征集史料的过程中,我们得到了单演义之子单元庄先生的大力支持。他不仅为我们提供了大量书刊、手稿、书信,还把珍藏了几十年的《讲演集》原本拿出来,供我们展陈和研究。起初我们只是把这套《讲演集》放在纪念室里,当作镇馆之宝,后来在上海鲁迅纪念馆李浩先生的建议下,我们决定影印出版这套讲演集,为即将到来的鲁迅西安讲学100周年献上一份贺礼。

影印出版讲演集的想法很快得到了文学院领导的支持。于是我们开始联系出版社,申报选题。由于百年前的讲演集是由西北大学出版部出版的,那么这次影印也选择西北大学出版社是再合适不过的。因为对西北大学出版社而言,这套书的出版不是一次普通的商业行为,而是对他们百年社史的一次回望和纪念,相信他们一定会全力以赴做好这项工作。确定出版社之后,我们开始沟通影印出版的具体方案。

首先,我们需要做好影印前的准备工作。讲演集原为两册,单演义当年为了保护书籍,把它们合订在了一起,还加了一个硬皮。那么我们影印时要不要把它拆开?如果拆开的话,就会对原书造成破坏。如果不拆,扫描时边缘处会变形。经过讨论,我们决定尽量不破坏原书。我们先对书籍进行了高清扫描,把扫描版拿到出版社后,他们觉得效果不够理想。于是我们又把原书拿到印刷厂,用他们的专用设备进行了高清拍照。因为两册书合订之后有360多页,拍照后边缘处还是有些变形,还有部分页面因当初装订时所留空隙太小,拍照时显示不完整,这就需要对照原书进行必要的矫正。这些工作都非常花工夫,但为了保证书籍影印后的阅读效果,出版社的老师进行了大量认真细致的工作。

其次,我们需要确定影印出版的具体形式。是把两册书合订在一起影印成一本书,还是两本书分别影印?单演义先生当年将两本书合订起来是为了保存和阅读的方便,但实际上这两册书是独立出版的,有单独的封面、目录和版权页,为了保存书籍原貌,我们决定分别影印。为了使两册书看起来更有整体性,我们提出制作一个函套,将两册书放在一起,作为一套书出版。在具体形式方面,老师们也提出了两种方案:一种是像上海鲁迅纪念馆影印《故事新编》手稿一样,把书籍的内容影印到白纸上,全书统一编页码,然后加上出版说明或后记;一种是原色原大小影印,不加任何说明性的文字。经过讨论,我们觉得作为给鲁迅西安讲学100周年的献礼,还是最大程度地保存历史原貌为好,因而我们决定采取后一种方式,按照书籍的原色、原大小进行全彩印、高仿真制作。

又次,我们需要考虑是否保留单演义先生在书中的批注笔迹。当时也有两种意见,一种认为底本是单演义先生的珍藏本,影印时应该保留单先生的笔迹,这既是对鲁迅等人百年前在西北大学讲学的纪念,同时也是对单演义先生辛苦搜求、细心珍藏这套书籍的纪念。另一种意见认为不应保留笔迹,因为这是影印本,不是批注本。如果要保留单演义先生的批注笔迹,应该在书籍的版权页加上"单演义批注本"的字样,或者写一个影印说明,告诉大家这是以单演义先生珍藏的书籍为底本原样影印的,否则读者拿到书也不知道是谁的笔迹。经多方征求意见,最后我们选择了前一种方式,保留了单演义先生批注的笔迹,也没有加任何说明性文字,免得画蛇添足,破坏书籍原貌。为了最大程度地接近原书,我们不仅保留了单演义先生的笔迹,连书籍封面上的污迹和水渍也没有去除。

再次,我们需要考虑用什么纸张。出版社最初建议我们用125克映画纸,他们说因为是双面彩印,纸薄了怕效果不好,但当他们把用这种纸张出版的书籍样本拿给我们看时,我们觉得这种纸张太硬太厚,用来出画册也许合适,但作为一本100年前的书,印出来感觉太新、太豪华了,缺乏必要的历史感,而且翻动书页时也显得太笨重,不便于阅读,于是我们否定了这种纸张。后来出版社又给我们推荐了一种进口的超感纸,这种纸不会反光,而且没有那么致密,比较接近原书的纸质,我们就选了这种纸张。

确定了影印的基本方案后,出版社美工郭老师将原书拿去印刷厂,反复比对原书的颜色、纸质后,给我们打了几个纸样。最初的几版颜色都不理想,边缘处总是发红,看起来有点失真,有时还有一种烧焦了的感觉。等红色降下来了,整个书页又发黄,也不好看,没有原书中那种自然氧化后微微发褐的效果。调整了好几次,都很难达到我们理想中的效果。几番沟通下来,美工郭老师一度都想"罢工"了。后来在我们的坚持下,经过反复调色,终于在2024年5月,印出了让我们非常满意的纸样。

最后,要沟通的是函套的制作。出版社先给我们看了函套外观的设计图,我们认可了之后又拿来一个大册子,里边有上百种纸样供我们挑选。我们选了灰色和米色两种,希望他们先制作出实物样本让我们看一下,因为有时候想象和实物之间还是有很大差距的。出版社根据我们的需求制作了两个样品,我们对比以后感觉灰色的更厚重大气,更有质感,于是确定函套用灰色布面,封面字体则选用原版《讲演集》(一)的封面王凤仪的题字。

上述步骤完成以后,到8月底该正式开印了。为了稳妥起见,出版社约我们去印刷厂先看试印的效果,确认效果好了再正式印。我原以为这只是履行一个程序,很快就能结束,毕竟此前已经做出了样品,应该不会有什么问题,没想到事情并非我想象的那么简单。出版社说为了保证印刷效果,换了一家更大的印刷厂。据说这个印刷厂的印刷机是刚从日本进口的,效果更好、更稳定,但试印出来却并不尽如人意,甚至还不及之前给我们的样稿。我们把试印的纸样拿到外面院子的日光下,把原书和新旧样稿都摆在地上,大家一起比对,查找原因。后来发现这次用的纸张和之前样稿的纸张不是同一批次,因而有一定色差,于是重新调整用色比例。

反复印了几版以后终于无限接近了原书的颜色,这才确定了最终的印刷方案,这时已是晚上9点多钟了。这次经历也让我对影印书籍多了一些了解,原以为就是扫描打印一下,但实际操作起来却并不简单,有许多意想不到的困难和曲折,其中甘苦无法一一尽述。

在"纪念鲁迅西安讲学100周年国际学术研讨会"正式开幕的前几天,我们终于拿到了这套《讲演集》的成书。当我们从灰色布面函套里取出原版影印的两册《讲演集》,陕西教育史上一段特殊记忆正跨越百年重现光彩。在泛黄的纸页与淡淡的油墨香之间,陈定谟的心理学、王桐龄的中国史、李干臣的农林学、陈钟凡的文字学、鲁迅的中国小说史、蒋廷黻的欧洲史讲义次第展开,宛若一场穿越时空的学术雅集。这部影印本的问世,将1924年那个思想激荡的暑期定格为可触摸的历史,让我们得以亲炙民国知识分子在西北大地上播撒的文明火种。倘若单演义先生地下有知,看到他所珍藏的讲演集以这样隆重的方式重新面世,一定会露出慈祥而欣慰的微笑。

(西北大学文学院)

注释:

① 根据当时暑期学校的简章,约请的讲师还有北京师范大学教授林砺儒,北京法政大学教授柴春霖,剑桥大学哲学博士、广州大学法议院院长梁龙,东南大家教授吴宓,但后来未到校。张辛南的回忆文章中所列的演讲人还有胡小石,经单演义先生考证,胡小石虽为西北大学教授,并未参与此次暑期讲演。人民文学出版社2005年版《鲁迅全集》第15卷第522页中关于鲁迅来陕讲学同行人员中有胡小石应为讹误。

② 傅铜:《国立西北大学陕西教育厅合办暑期学校讲演集·序》,西北大学出版部1924年。

③ 马凌甫:《国立西北大学陕西教育厅合办暑期学校讲演集·序》,西北大学出版部1924年。

④⑤《暑期学校之见闻》,《旭报》1924 年 7 月 28 日。
⑥《暑期学校近讯二则》,《新秦日报》1924 年 7 月 24 日。
⑦ 陈钟凡:《陕西纪游》,《国学丛刊》第二卷第三期,1924 年 9 月。
⑧ 王桐龄:《陕西旅行记》,北京文化学社 1928 年版,第 15 页。
⑨《暑期学员看者》,《旭报》1924 年 7 月 29 日。
⑩ 鲁迅:《250422 致许广平》,《鲁迅全集》第十一卷,人民文学出版社 2005 年版,第 481—482 页。
⑪ 蒋廷黻:《蒋廷黻回忆录》(增补版),岳麓书社 2017 年版,第 124 页。
⑫《为暑期学校进一言》,《旭报》1924 年 8 月 2 日。
⑬《暑期讲演结果如此》,《旭报》1924 年 8 月 3 日。
⑭《暑期讲演结果如此》,《旭报》1924 年 8 月 3 日。
⑮《暑期学校新闻三则》,《新秦日报》1924 年 7 月 30 日。
⑯《暑校容纳学员要求之经过》,《新秦日报》1924 年 8 月 2 日。
⑰《暑期学校景况》,《建西报》1924 年 7 月 25 日。
⑱ 马蹄疾:《鲁迅讲演考》,黑龙江人民出版社 1981 年版,第 27 页。
⑲ 同上书,第 28 页。
⑳ 鲍国华:《小说史如何讲授——鲁迅〈中国小说的历史的变迁〉片论》,《天津师范大学学报》(社科版)2011 年第 6 期。

回忆浙江省鲁迅研究会成立前后

竹潜民

浙江省鲁迅研究会成立于1980年10月底,我参加了在绍兴举行的成立大会,成为浙江省鲁迅研究会的第一批会员。时间已经过去了44年,不少省鲁研会的创始人已经作古,特对此做一个回忆,为浙江鲁迅研究史留一点资料。

我当时正在浙西江山县的农村中学任中学语文教师,与省里的学术界原本没有什么联系。1980年上半年,中国社会科学院与浙江省社会科学研究所(浙江省社会科学院前身)(简称"省社科所")联合招考研究人员,因我20世纪60年代读大学时、70年代中期将《鲁迅全集》读了两遍,并做过详细的笔记,有一定基础,就报考了鲁迅研究学科,报名时要求交一篇论文,我将多年学习和思考的一些心得写成《关于鲁迅"改造国民性"思想的评价问题》一文,近1万字,提交给了省社科所。文章充分肯定了鲁迅"改造国民性"思想的意义和价值,认为是鲁迅思想的核心。在当时,明确提出这个观点的论文还很罕见。论文经初审后批准我参加考试。考试结果专业课和专业基础课的成绩尚可,但英语和政治课均未及格,总分未达标,未予录取。但有关专家看了我的论文,大概认为有一定价值,就通知我参加当年10月底在绍兴鲁迅纪念馆举行的鲁迅研究座谈会,但我赴会时,并不知道这个座谈会上将成立鲁迅研究会。

1980年,正是我国社科界走出了"大批判"的误区、逐步进入正轨的时期,人们对学术界包括鲁迅研究的进展充满了期待。10月31日,座谈会如期举行,地点是鲁迅纪念馆陈列馆西侧的休息室。在此以前,我曾两次到过绍兴,1956年鲁迅逝世20周年之际,我还是初中一年级学生,母校杭七中就组织学生到绍兴参观过;1975年3月我在杭州,得知1973年建成了新的鲁迅纪念馆陈列室,就从杭州赶到绍兴参观。时隔5年,旧地重游,倍感亲切。据我的会议记录,参加会议的有20余人,有老前辈黄源,杭州大学郑择魁、张颂南、钱文斌,浙江师院陈庆英,省文管会史莽,省社科所魏桥、郭志今、胡国枢、余凤高、哈九增(后两位即刚被浙江省社科所录取的考生),浙江文艺出版社徐正伦、铁流,浙江日报童炽昌,浙江省图书馆陈志华,杭州市文联董校昌,杭州师院钱英才,绍兴师专谢德铣、王德林,绍兴鲁迅纪念馆朱忞、章贵、裘士雄,平湖师范方伯荣,吴兴电影管理站徐重庆,绍兴柯桥中学黄中海,以及我,江山峡口中学的竹潜民。其中陈庆英是我大学的老师,徐正伦、胡国枢、童炽昌以前交往过,其余都初次相识。当时评职称刚刚开始,这些人的最高职称也就讲师而已,均怀着虔诚之心来参加学术活动,后来大多成为浙江省鲁迅研究会的负责人或学术骨干。会议的阵势很是简单,连一个会议横幅也没有,众人就是在沿墙坐出现了一圈,主持人坐在上方而已。

座谈会由徐正伦(时为浙江文艺出版社负责人)主持,他说会议三个内容,一是交流以往的研究经验,二是制订今后的研究计划,三是成立浙江省鲁迅研究会。接着是黄源前辈讲话,时年七十五高龄,但中气很足,声音洪亮。他首先肯定了近年鲁迅研究的成绩,强调研究一定要坚持实事求是的思想路线;接着概述了各个历史时期鲁迅关注的中心;最后提出了鲁迅为什么能够成为鲁迅的命题。他认为这样一些因素都需要注意:童年时期的古文基础,到外婆家农村生活的经历,美术基础,日文和德文基础,历史学基础特别是对绍兴历史的研究,始终保持在东京学生时代的作风,等等,黄源最后说,要从中摸索成才的规律,使浙江省出现更多的人才。黄源老先生是与会人员中唯一见过鲁迅先生的,我期盼他能说一些与鲁迅交往的细节,却未听到,只记得他几次提到当年新四军的经历,将"我们新四军"的话挂在嘴边。

黄源之后,史莽讲话,他原名叶遐修,年近60岁,与会者中除黄源外,数他资格最老,1949年即任杭县县长,之后长期从事文化领域的管理和研究工作,时任浙江省文管会副主任。他首先回忆了1963年省委宣传部成立鲁迅研究组的往事,说有十五六人参加,但活动不正常,1965年后就停止活动了。他说,明年有四个纪念日:建党60周年、辛亥革命70周年、鲁迅诞辰100周年,太平天国金田起义130周年。接着提了几个建议,一是浙江应该有一个鲁迅研究机构,二是出版鲁迅研究的集子或丛刊,三是在杭州建立一个鲁迅研究资料中心,四是争取在浙江举行全国性的鲁迅学术讨论会,五是加强文物管理,六是在杭州开辟一个鲁迅纪念场地,如鲁迅任教过的杭一中。他说:明年纪念鲁迅100周年诞辰不要搞形式主义,首先要请接触过鲁迅的人将回忆录写出来,带有抢救性质,同时要向年轻人、工农兵群众普及鲁迅。他接过黄源的话题,讨论鲁迅为什么能成为鲁迅,补充了几点,一是小康之家的变故,二是故乡的熏陶,绍兴并非藏污纳垢之地,三是当时浙江出了一批人,共同的特点是都到过日本。听了史莽的发言,我觉得他毕竟是有文化的老干部,不像有些老干部只会说说官话的,他对鲁迅确实有研究,提出的建议也很有可行性,这些建议后来大多都落到实处了。

两位领导讲话后,其他学者接着发言,郑择魁介绍了北京、上海鲁迅研究的近况,《鲁迅全集》《鲁迅手稿全集》《鲁迅年谱》以及鲁迅传记都在编撰中,鲁迅诞辰100周年前夕将会出版。张颂南一开始就引用了两句话,一是郁达夫所说的"没有伟大的人物出现的民族,是世界上最可怜的生物之群;有了伟大的人物,而不知道拥护、爱戴、崇仰的国家,是没有希望的奴隶之邦";二是英国谚语"宁要一个莎士比亚,不要一个印度"。这句谚语我是第一次听到,他还说"应当把鲁迅放到世界高度去研究""学习鲁迅,但第一个学不到的是鲁迅的胆量",他的发言很有激情,我甚至觉得有震撼感。朱忞和章贵分别介绍了鲁迅纪念馆的情况,裘士雄则介绍了日本鲁迅研究的现状,各界很重视鲁迅诞辰100周年的纪念活动,还说日本学者"研究得很细",看来他已与日本同行有较深的交流,当时他是不是已经到过仙台记不清楚了。谢德铣谈了自己在"文化大革命"期间坚持研究鲁迅的甘苦,还诉说了目前研究中遇到的困难。铁流先说了自己学习鲁迅、研究鲁迅的坎坷经历,接着介绍了浙江文艺出版社即将出版的关于鲁迅的书,包括绍兴学者的《鲁迅在绍兴》、张颂南的《鲁迅美学思想初探》,还有一本《回忆鲁迅在北京》,是不是年轻时与鲁迅作过邻居的俞芳女士所著的那本,现在记不清了。胡国枢谈了名人故居保护和现代化城市建设的关系问题,认为这两者是不矛盾的,要充分利用浙江是鲁迅故乡之长,深入研究鲁迅。此时史莽插话,说"确实要有浙江的特点,看看鲁迅是在怎样的土壤中生长出来的"。陈庆英反映了在校大学生的情况,说很多学生觉得读不懂鲁迅,对鲁迅不感兴趣,对胡适和沈从文感兴趣;要深入研究鲁迅确实很难。钱文斌发言内容较多,说日本留学生问鲁迅的继承者是谁,这个问题很难回答;苏联说鲁迅是人道主义者,我们可以不同意这个观点,但也不能说鲁迅与人道主义没有关系;鲁迅对《毁灭》和"同路人"作品的评价中很强调"写实",反对虚假的浪漫主义;冯雪峰认为中国文化的历史传统是产生不了鲁迅的,他表示同意这个观点;鲁迅应该是可以与荷马、但丁、莎士比亚、歌德、巴尔扎克、托尔斯泰齐名的世界上最伟大作家之一。方伯荣认为是鲁迅鼓励着我们进行斗争,并呼吁重视业余作者的研究成果。另董校昌、王德林也有发言,但我未记录下来。

从以上发言可以看出20世纪80年代伊始浙江鲁迅研究界的学术态势,一是已经不仅仅局限于国内,开始与国外学术界接轨;二是全国的学术界开始形成一个整体,浙江与北京、上海的学术界连成一气;三是对学术研究有了长远打算,提出今后一段时间的研究路线图;四是思想很活跃,提出了很多敏感问题,如鲁迅和人道主义的关系,名人故居保护与现代化城市建设的关系,在讨论"鲁迅为何成为鲁迅"问题时,都提出鲁迅受外国文化的影响,甚至强调了冯雪峰的观点"中国文化的历史传统是产生不了鲁迅的"。上述问题,从20世纪80年代到世纪之交,一直是学术研究的热点,甚至到现在也没有失去意义。

第二天会议继续举行,主要议程是报研究题目,为第二年的鲁迅诞辰100周年学术活动做准备,第一天没有来得及发言的人,在报选题的时候,还同时介绍了自己学习鲁迅的情况和心得。那天报的题目(包括研究范围)有(按我笔记本记录为序):徐重庆《鲁迅与司徒乔》,余凤高《鲁迅与弗洛伊德》,郭志今《鲁迅早期思想札记》,陈志华《鲁迅与图书馆》《鲁迅和瞿秋白》,裘士雄《鲁迅给许寿裳信考察》《鲁迅著作中的绍兴人》《〈祝福〉和绍兴的封建习俗》《辛亥革命中的绍兴历史人物》,哈九增《鲁迅的启蒙主义思想》,郑择魁《〈故事新编〉研究》,钱英才《鲁迅与浙江的乡土文学》,史莽《鲁迅与文物》《鲁迅和党的关系》《巨星的陨落——鲁迅在1936年》,童炽昌《鲁迅早期哲学思想》《鲁迅的求实精神》,黄中海《鲁迅书话》《鲁迅与〈可爱的中国〉考证》,钱文斌《鲁迅的小说理论》《鲁迅小说艺术探索》《鲁迅的讽刺艺术》,方伯荣《鲁迅诗歌的风骨问题》《鲁迅是人民教师的榜样》,王德林《鲁迅家庭破产考》《鲁迅外婆家的变迁》《鲁迅和朱安女士》《鲁迅史实辨正》。我因一时没有新的选题,仍然报了《鲁迅"改造国民性"思想的评价问题》,准备在原稿的基础上深化、提高。另有谢德铣也报了题目,但我没有记录下来。从以上报题来看,尽管当时浙江省的鲁迅研究在新时期刚刚起步,但有些选题显然已经达到了学术的制高点,如鲁迅与弗洛伊德、鲁迅启蒙主义思想研究、鲁迅早期哲学思想等;有的突破了禁区,如《鲁迅和朱安女士》;有的在写作体例上有所创新,如史莽提出,可以用编年史的方法研究鲁迅,他报的《巨星的陨落——鲁迅在1936年》一文,就是准备研究最后一年的鲁迅。这些突破和创新,都预示了浙江鲁迅研究的前景。这些选题,后来的成品大多见到过,如史莽的《巨星的陨落》就正式出版过。

浙江省社科所的负责人魏桥最后报题,他提出,为什么鲁迅的杂文后继无人,即使是邓拓、吴晗的杂文与鲁迅相比也还差一截,建设"四化"时代是不是还需要杂文,这些问题都很值得研究,所以自己准备重点研究鲁迅杂文。接着他介绍了明年鲁迅诞辰100周年的纪念活动的准备情况,省里各个部门,包括省文管会、省出版局、省文化局、省文联都在计划、安排,浙江省社科所将为这次座谈会编印一期动态,动员更多的人参与写作,明年3月左右开一个定稿会议,编辑一本鲁迅研究专辑,举行一次学术会议等。

座谈会最后的议程是由魏桥宣布浙江省鲁迅研究会成立,参加这次座谈会的人员均为第一批会员。经提名、讨论和举手表决,成立了第一届理事会,黄源为名誉会长,许钦文、孙席珍为顾问,史莽为会长,郑择魁、徐正伦为副会长,郭志今、陈庆英、朱忞、铁流、谢德铣、董校昌为理事。整个会议开了一天半,开得很是认真,集思广益,时时出现真知灼见。当时学术界青黄不接,我虽已35岁,但与会者中还是最年轻的,比我年轻几岁的"老三届"还在读大学呢,所以对我这样一个来自基层的学术新人,是一次非常难得的学习机会,更是一个来之不易的学术起点。

会议期间我仔细看了纪念馆陈列室的展品,结束后东道主安排了一辆中巴,到绍兴景区游览了大半天。因大部分与会者对绍兴很熟悉,又急于赶回去,所以报名参加的人不多。魏桥还专门动员了一下,说绍兴方面安排一辆车不容易,希望多一些人参加,结果参加的还是只有10人光景,一辆小中巴还未坐满。我大禹陵、东湖等原本到过,而兰亭、秋瑾纪念馆是第一次到,是一次很好的补缺。当时旅游还没有掀起,大禹陵尚未完全修复,除鲁迅纪念馆外,其他景点均游人寥寥。会议期间我与哈九增走得最近,我虽然名落孙山,但毕竟与他一起参加过一次考试,也算是同窗吧,他比我年长几岁,复旦大学中文系毕业,原本是嘉兴中学的语文教师,记得午间休息时,一起去看了陆游的沈园,已经修复一新,晚上一起漫步在绍兴小街、体会古城风貌时,听到广播中央决定开除康生、谢富治党籍,撤销悼词,将他们的骨灰盒移出八宝山,因为当时是一个重大新闻,所以记得很牢。另一位是余凤高,他刚从杭州六中考入浙江社科所,不仅鲁迅研究已经很有成果,而且外语水平很高,20世纪50年代前期就翻译过苏联电影《阿辽沙锻炼性格》。与这两位"同窗"交往两天,深感他们的水平在我之上。还有一位印象特别深的是徐重庆,虽无个别交往,但据说他无正式学历,也不在学术单位,完全靠自学成才,从他发言情况看,与北京、上海的资深鲁迅研究专家已有很深的交往,积累了大量资料,我更觉难以望其项背。以后徐重庆完全脱离单位,成了独立学者,更令人奇怪的是,后来我多次参加全国、省里的鲁迅研究活动,只知道他成果累累,却一次也没有在会议上见到过他,真正成了独立学人,据说后来还贫病交加,直至前些年去世,他真是浙江鲁迅研究界一痴人、奇人。另一位很是佩服的是裘士雄,他毕业于丝绸工学院,不是学文出身,但将鲁迅研究作为自己的事业,对鲁迅的理解、研究的深度,已远远超过绝大多数从中文系出来的人。这次参加会议,看到自己久居乡间一隅,与学术界有很大的差距,让我学到了很多的东西,如郭志今,因曾与我表姐在同一单位工作,所以我以前知道他,这次相见,就问他为什么将鲁迅早期思想作为研究对象,他说以前认真学过鲁迅,后来"文化大革命"期间停顿了,现在从头学起,就从鲁迅早期思想开始吧。我觉得他的学术思路很有道理,对我有很大的启发。会上第一次见到闰土的孙子章贵,饶有兴趣,很想与他攀谈,记得还与他开了句玩笑"你这个位置应该是世袭的吧"。会议期间,我还到龙山后街拜访了在绍兴师专任教的大学同班同学陈越,当时他的学术方向重点还不是鲁迅,故未参加这次座谈会,后来他鲁迅研究的成果累累,2004—2008年任浙江省鲁迅研究会第四任会长。

浙江省鲁迅研究会成立以后,浙江省有了正式的鲁迅研究团体,如果说,在此以前,浙江的鲁迅研究工作者只是一些散兵游勇,到了此时就成为一个群体了。之后浙江的鲁迅研究发展顺利。以两次规模很大的学术讨论会为标志,可谓达到盛况空前的境地:一是1981年10月在杭州举行的浙江省纪念鲁迅诞辰100周年学术讨论会,收到论文100余篇。鲁迅研究的前辈李何林、唐弢、许杰、林辰、王士菁等出席。浙江省的领导对这个会也特别重视,时任浙江省委副书记的薛驹,省委常委、宣传部部长王家扬专门来听学术报告。紧接着,1982年10月中国鲁迅研究学会和浙江省鲁迅研究会等单位联合在杭州举行的全国鲁迅学术讨论会,是继1981年以后全国鲁迅研究界的又一次盛会,收到论文近百篇,李何林、唐弢、戈宝权、王元化、王瑶、李霁野、王士菁等老一辈专家参加。权威刊物《文学评论》或发简讯,或刊载论文,对这两个会议均有所反映。我有幸参加了两次盛会,均递交了论文。

以上是我第一次参加鲁迅研究学术活动前后的情况。从1980年起,一直到2013年,34年里,鲁迅研究一直是我主要的科研方向,成果虽然不算多,也有30余篇文章和一部《鲁迅晚年思想的当代解读》专著,曾获浙江省和宁波市的哲学社会科学优秀成果奖各一次。2013年5月,我参加鲁迅文化基金会绍兴分会成立大会暨"鲁迅与越文化"论坛时,递交了论文《既有山重水复岂无柳暗花明——漫议鲁迅精神与越文化精华的传承态势》,后来,其他文章还在写,但没有再写鲁迅研究的论文了。今天写下此文,一是为学术提供一点历史资料,二也是借此深切怀念已经去世、曾对我有很多指点和帮助,并为浙江鲁迅研究事业做出贡献的学者和同人们。

鲁迅设计之"花"
——鲁迅与"花"之二

王晓东

提到中国近代美术史,我们完全没有办法绕过鲁迅。从童年对美术的兴趣到搜集美术相关书籍、收集汉画像石拓片,再到撰写文章传播自己的美术"启国人之魂灵"的美育思想,倡导新兴木刻,鲁迅的一生与美术难以割舍。

鲁迅一生著作颇丰,他对于书籍装帧又非常重视,其中有一大部分书籍的装帧设计即出于他的手笔或者思路。书籍装帧常常体现了装帧设计者的艺术审美,也是一本书除内容外,最吸引读者的部分,因而成功的书籍离不开成功的艺术设计。鲁迅曾评价陶元庆的画成功之原因为用的是"新的形和新的色",既非纯古典的套用,也非纯粹借用外来的艺术,而是吸收了传统和西方的艺术手法,结合自身的创造力,形成了具有特色的艺术作品。这其实也很明确地阐释了鲁迅的艺术主张,既要吸取外来的精髓,也要吸取传统的优势,而形成独具特色的艺术作品。鲁迅也将这种艺术思想贯穿其整个的书籍装帧中,从图书的封面、扉页、标题、格式,到书籍的广告页,他都亲自参与并设计。这种亲力亲为的做法,带动了一批青年作家、画家、艺术家,也为书籍装帧及出版做出了巨大的贡献。

若论鲁迅最早的书籍装帧设计,应该是 1907 年筹办但未出版的文艺杂志《新生》。1906 年,鲁迅决心弃医从文,"应该有较为广大的运动——先提倡新文艺","商量之后,第一步当然是出杂志,名目是取'新的生命'的意思"。自仙台医专申请退学后,1907年夏,他邀请周作人、许寿裳等一起筹办《新生》。创办《新生》的目的为:"那时留学生办的杂志并不少,但是没有一种是讲文学的,所以发心想要创办,名字定为'新生'……学文科的人知道学理工也有用处,这便是好处。"①鲁迅为筹办《新生》第一期的插画也已拟定,"是英国十九世纪画家瓦支的油画,题云《新生》,画作一个诗人,包着眼睛,抱了竖琴,跪在地球上面,英国出版的《瓦支画集》买有一册,材料就出在这里边"。②

"瓦支",今译乔治·弗雷德里克·瓦茨(George Frederic Watts),英国维多利亚时代著名的画家和雕塑家。他早期作品受到罗塞蒂的影响,所以有拉斐尔前派的风格,强调感性的愉悦和丰富的色彩。拉斐尔前派的画家都有着伤感的风格,为后来的唯美主义开创了先河。"《希望》的构图冲击力大,看过的人会有深的印象。那里灰暗中的闪亮,犹如夜中的电光,抖动着惊异的美。"③乔治·弗雷德里克·瓦茨曾说:"我画的是思想,而不是事物。"由此也可见鲁迅选择他的画作做杂志插图之原因。

1909年,在日本的鲁迅与周作人译俄、波、英、芬、美、法等国小说16篇,结集为上下两册,名《域外小说集》,分别于1909年2月、6月印成。本书的初版本封面设计、纸张选择和装订方式均有独特之处。《域外小说集》的装帧设计有别于当时流行的月份牌式的封面画,封面用的是一种蓝色"罗纱纸"。罗纱纸是日本彩色特种纸的代表,配有棉线质感的罗纱纸,细腻,温和,为设计提供了更多可能性。纸张配合优质的棉花纸浆,从生产纸浆过程直接染色,由内到外一体成色,有独特的柔软简朴质感,印刷方面不受局限,且大大提升了纸的韧性,在特殊加工上更能凸显出效果。罗纱纸颜色计一百余种,清新纯正,就像一个调色盘,这也是备受艺术家乃至一般使用者喜爱的原因之一。罗纱纸至今在出版印刷、产品包装等行业中也时有应用。鲁迅在与郑振铎、李桦、内山嘉吉等友人的通信中都有关于纸张选择的交流语句,虽仅有一两句,但能看出他对书籍和版画用纸的考究,尤其是对不同纸张呈现出的不同印刷效果极为明了,甚至能根据书籍不同用途采用不同价格的纸张,以满足不同受众的购买需求。如1933年11月11日致郑振铎信中:"《灵宝刀图》的复印本,真如原版一样,我希望这书的早日印成,以快先睹。明纸印本,只能算作特别本(西洋版画,也常有一二十部用中国或日本纸的特制本),此外最好仍用宣纸,并另印极便宜纸张之本子若干,以供美术学生之用也。"1933年11月16日致吴渤信中有"倘用珂罗版,则不如用中国纸,四尺宣纸每张一角。……再便宜一点的是'抄更纸',这信纸就是,每一张不过一分,则一本三十张,三角就够了"的记录。为印刷《引玉集》搜集苏联版画集作品,鲁迅1932年4月27日请内山完造代买一些日本纸,直接列出纸名:西之内(白色)100张,鸟之子(白色)100张。《域外小说集》的用纸选择也可以看出,鲁迅对于书籍出版印刷的每一个细节都倾注了极大的心血和关注。

在《"连环图画"辩护》一文中,鲁迅言:"书籍的插画,原意是在装饰书籍,增加读者的兴趣的,但那力量,能补助文字之所不及,所以也是一种宣传画。"这里的插画,既包含书籍插图也包含封面用图。鲁迅的书籍设计以简约留白为主,如《热风》《而已集》《不三不四集》《准风月谈》《花边文学》等,书名由变形的艺术字体或者花边构成。此外,也不乏采用现成插画图案作为封面之现象。《域外小说集》就是其中之一。其封面上方是一长方形版画:绿树成荫的山坡上,一位妩媚娟秀的古希腊少女在弹奏竖琴。整个画面勾勒精伦,使读者仿佛可听到那曼妙悠扬的琴声;那冉冉东升的旭日、美丽的朝霞和欢快的小鸟,使整个画面充满了蓬勃生机。黑白版画的效果,意境优美而有寓意。诚如书中序言所说:"异域文术新宗,自此始入华土",这幅版画正寓意着迎接来自域外的文化曙光。此封面择取的构图错落有致,典雅古朴,有一种朴素而明朗的美感。

封面文字"域外小说集"由陈师曾以篆书题写,这是陈师曾依照《说文解字》的篆文样式题写的书名,其中故意把"域"写作"或",把"集"写作"雥",直溯字源,与图案结合成一个长方框,西式版画与中式字体融合极为自然又具有美感。陈师曾是鲁迅多年挚友。名陈衡恪,字师曾。工诗,尤善书画篆刻,并为鲁迅篆刻印章多枚。"(陈师曾)在高等师范肄业,已与鲁迅开始交往……那时师曾的书画篆刻已大成就,很为鲁迅所重。"④陈师曾为鲁迅刻过很多印章,鲁迅也收藏和购买了陈师曾的多幅画作,还将其作品收入《北平笺谱》,并盛赞"陈师曾齐白石所作诸笺,其刻印法已在日本木刻专家之上",二人的这些交往都是建立于共同的兴趣与对美术的共同认知之上的。

《小约翰》(1928年版) 　　《小约翰》(1929年版)

《域外小说集》书籍成品为毛边书,这是鲁迅借鉴西方装帧方式,在中国的洋装书装帧史上首创的装帧方式。"装钉均从新式,三面任其本然,不施切削;故虽翻阅数次绝无污染。前后篇首尾,各不相衔,他日能视其邦国古今之别,类聚成书。且纸之四周,皆极广博,故订定时亦不病隘陋。"⑤鲁迅酷爱"毛边",自诩"毛边党"。他认为一方面"光边书像没有头发的人——和尚或尼姑",没有毛边美观;另一方面为了实用的目的,书边弄脏还可以裁掉,书籍还是焕然如新。对于此书的印刷工艺、装订乃至纸张的选用,鲁迅都极为满意,有"至若装订新异,纸张精致,亦近日小说所未睨也"之句。⑥

《新生》与《域外小说集》是鲁迅开始装帧设计的起步和实践,后续的著作、翻译、编辑和倡导新兴版画中,鲁迅亲自设计的书刊封面就有60多本,而且每一设计都体现了鲁迅"采用外国的良规,加以发挥,使我们的作品更加丰满是一条路;择取中国的遗产,融合新机,使将来的作品别开生面也是一条路"的理念。由于儿时读书兴趣的影响,很多和植物相关的要素也时在他的设计中有所呈现,在这些设计中,有几本和"花"元素相关的特别值得细品味。

1928年1月,未名社出版了鲁迅译,荷兰望·蔼覃(Frederik Willem van Eeden)著童话体散文诗《小约翰》。这一版本由孙福熙设计封面。封面是一个赤裸身体的小男孩向一座高高的山峰奔跑,在小男孩的头顶是密布的云和云中一牙散发微光的月亮。左下是书名和作者名,书名和译者名均为很有童趣的儿童体美术字。或许是这个设计不合鲁迅的想法,1929年5月上海北新书局重新出版时,鲁迅决定自己设计,选择勃仑斯的画《妖精与小鸟》做封面,并手写了"小约翰"3字,书风明朗活泼,深具童趣。《妖精与小鸟》(又有译为《爱神与鸟》)画面中心是一长翅膀的小妖精,坐于一枝长长的叶子之上,与对面一只长尾翼的鸟儿对视,余下的空间被花与叶错落有致地包围着,安静而富有生机。整个画面以剪影的形式呈现,虽然只是黑白两色,但是奇妙地有光影变化和流动的感觉。这个画面与保罗·科内夫卡（Paul Konewa，1841—1871）所绘的莎士比亚《仲夏梦之夜》插画异曲同工，都有装饰而奇幻的意味，也更贴近童话小说的风格。1926年鲁迅致李霁野信中就谈及《小约翰》封面一事："《小约翰》还未动手整理，今年总没工夫了，但陶元庆来信，却云已准备给我画封面。"[7]至1927年1月14日，给台静农、李霁野信中则是："《小约翰》及《朝华夕拾》两书面，本拟都托春台画，但他现在生病，所以只好先托其画《小约翰》的一张，而今尚未成（成后即寄上）。"可见，《小约翰》封面设计，起初是陶元庆有设计意向，最终鲁迅选择了孙福熙的设计作为封面。而改版后，鲁迅不仅改动了封面，对封面的印刷更是提出要求："《小约翰》封面样张，今寄上，我想可作锌板两块，一画一字，底下的一行，只要用铅字排印就可以了。纸用白的，画淡黑色，字深黑。"[8]

鲁迅译书，为"别求新声于异邦"，因而无论从作者、作品选择或是内容和装帧都精益求精，望·蔼覃文学才华横溢，在诗歌和散文领域，都享有极高的声誉。他的杰作《小约翰》是其文学成就的巅峰之作，这部作品一问世，就在欧洲文坛引起了强烈的反响和广泛关注。在翻译过程中，鲁迅每一个细节都不轻忽，即便是书中种种花草树木的名字也多方查考、求证："动植物的名字也使我感到不少的困难。我的身边只有一本《新独和辞书》，从中查出日本名，再从一本《辞林》里去查中国字。然而查不出的还有二十余，这些的译成，我要感谢周建人君在上海给我查考较详的辞典。但是，我们和自然一向太疏远了，即使查出了见于书上的名，也不知道实物是怎样。菊呀松呀，我们是明白的，紫花地丁便有些模胡，莲馨花（primel）则连译者也不知道究竟是怎样的形色，虽然已经依着字典写下来。有许多是生息在荷兰沙地上的东西，难怪我们不熟悉"[9]，并特为此写了一篇《动植物译名小记》，《小约翰》全文仅71542字，但是鲁迅特做引言一篇，介绍作者望·蔼覃附录一篇,《动植物译名小记》一篇,也可见他在翻译方面确实投入了极大的精力,下的功夫极深。综上所述,也就不难理解鲁迅重新设计《小约翰》封面了。

1928年12月5日,鲁迅与柔石等合编的《朝花》周刊在上海创刊,由朝花社编印发行。封面由鲁迅设计,选用英国阿瑟·拉卡哈姆(今译亚瑟·拉克姆)的一幅画做刊头,"朝花"两个美术字也由鲁迅书写。1919年5月出至20期,改为《朝花》旬刊。

亚瑟·拉克姆(Arthur Rackham),被认为是英国书籍插画黄金时代的主要人物之一。童年时就展露了他的绘画天赋,虽然在18岁时进入威斯敏斯特火灾保险公司成了一名职员,但在工作之余于朗伯斯艺术学校(Lambeth School of Art)兼修艺术。在25岁的时候辞去工作,开始做插图员和记者,并于次年出版了第一本插图画集,他曾为《格林童话》《伊索寓言》《格列佛游记》等众多脍炙人口的书籍绘制插画。笔触明晰,色调朦胧,让人观之如入童话之境。鲁迅编《奔流》时于1928年11月18日"编后记"中有"第一幅的作者拉克姆是英国作插画颇颇有名的人,这幅从《The Spring tide of Life》里选出,原有彩色,我们的可惜没有了"的记载,但是与其他译文选好文章配图不同的是,这几首夹杂在三篇译文中的几首小诗,"不过是充充配角的。而所以翻译的原因,又全是因为插画,那么,诗之不关重要,也就可想而知了。"因画选文,在鲁迅的编辑生涯中估计也是极为罕见的。亚瑟·拉克姆的作品极具想象力,插画充满奇幻与现实融合的风格,注重细节的呈现和光影的运用,将角色的情绪与故事的氛围完美结合。他的作品对后来的奇幻艺术和插画风格有深远影响。鲁迅或许也是基于此才选择其插画作为《朝花》周刊封面。

《朝花》周刊封面是单线描摹的画面,左右各一身穿白色长袍的赤脚女子,左边女子怀抱一襁褓,充满怜爱地看向襁褓中的孩子;右边女子右手伸向左侧的女子,似是要接触左侧女子。两个人身后是连绵和厚重的云朵,绵延连接,成为一体。隐喻《朝花》创办"目的是在绍介东欧和北欧的文学,……因为我们都以为应该来扶植一点刚健质朴的文艺。"⑩图画下方中部是鲁迅手书"朝花"二字,将书法中的线条之美融入美术字设计中,有单线条,尾端带弯曲,也有中空双线条笔画,充满变化。"朝"左边的"日"是图形,像眼睛又像日。与图画融为一体,但又有中国传统字体的韵味,堪称中西结合之典范,也体现了鲁迅倡导引介西方文化艺术来增强封面艺术表现力的思想。

《艺苑朝华》又名《艺苑朝花》,鲁迅、柔石编。1929 年 1 月—1930 年 5 月由上海朝花社出版。原定要出版"每期十二辑,每辑十二图",后第一期仅出了四辑,其中有一本《比亚兹莱画选》。比亚兹莱(1872—1898),英国画家。他的画风受拉斐尔前派、印象派、巴洛克等风格的影响,但又独具一格,具有强烈的个人风格,尤其是对线条的出色运用和黑白画的创造性成就。鲁迅对比亚兹莱的画作评价颇高:"没有一个艺术家,作为黑白画的艺术家,获得比他更为普遍的声誉;也没有一个艺术家影响现代艺术如他一般广阔。"

画选封面居中图案为比亚兹莱的一幅装饰画,外形轮廓为核桃状,中间分隔成两部分,似核桃的隔膜般自然将两个图案结合在一个构图里,左侧是以点线笔触绘出向上伸展的长条叶状花朵,右侧是一朵百合花,黑色底板与白色花朵映衬,非常有版画的味道。"比亚兹莱晚期的插图特点体现在画面的对称性、点状线条的运用、追求画面立体感的表现……富有装饰意味的巴洛克洛可可艺术风格",⑪由风格可以推断,鲁迅选择的这幅装饰画应该是比亚兹莱晚期的作品之一。

鲁迅"编《奔流》时需要很丰富的插图,却没有地方可借",只能向外国订购各种美术书籍,见到不少木刻作品"所见一多,引起爱好,更大事购置",所以着手编选《艺苑朝华》,予以介绍。1925

年10月6日鲁迅在北京商务印书馆买"《Art of Beradsley》二本",其中一本赠送给陶元庆。*Art of Beradsley* 全名为 *The Art of Aubrey Beradsley*(《奥布里·比亚兹莱的艺术》),是美国现代丛书中的一种,1918年纽约波尼和利夫莱特出版社出版。鲁迅编选《比亚兹莱画选》就是参考了本书和其他资料。

以上从鲁迅编译的书籍和刊物中择取了几本封面简单进行了介绍,此外还有鲁迅用日本岩越二郎的木刻《车前草》做封面的《译文》(第三期),除刊头红色外,其余部分都是蓝色,清新悦目,典雅又不失灵动;用一盆象征爱情的百合花做封面的《接吻》及封面用蒲公英图案的童话故事集《小彼得》等诸多引进外国文学和艺术的出版物。这些采用国外装饰画或者插画作为封面设计重要元素的书籍,装帧设计因为小小的异域之花,与内容风格相得益彰。从这些实例也可以看出,在书籍装帧设计中,鲁迅对中国传统图案纹样和西方插画、版画艺术的参考,都没有简单照搬直接使用,而是融会和创新,使外封与内容和谐统一。鲁迅曾说:"只要能培一朵花,就不妨做做会朽的腐草",[12]他也确实以自身实践了"做腐草"的精神。

注释:

① 周作人:《周作人自编集:鲁迅的青年时代》,北京十月文艺出版社2013年版,第142页。
② 周作人:《周作人自编集:鲁迅的故家》,第311页。
③ 孙郁著:《鲁迅藏画录》,花城出版社201年版,第46页。
④ 周作人著,止庵校订:《周作人自编集:鲁迅的故家》,第249页。
⑤ 鲁迅:《〈域外小说集〉略例》《鲁迅全集》第十卷,人民文学出版社2005年版(以下所引各卷同版),第170页。
⑥ 鲁迅:《集外集拾遗补编〈域外小说集〉第一册》《鲁迅全集》第八卷,第455页。
⑦ 鲁迅:《261029致李霁野》,《鲁迅全集》第十一卷,第594页。
⑧ 鲁迅:《290420致李霁野》,《鲁迅全集》第十二卷,第161页。
⑨ 鲁迅:《小约翰·引言》,《鲁迅全集》第十卷,人民文学出版社2005年版第285页。

⑩ 鲁迅:《为了忘却的纪念》,《鲁迅全集》第七卷,第 179 页。
⑪ 郑泓、姚慧:《比亚兹莱晚期插画艺术特点》,《艺术研究》2019 年 5 期。
⑫ 鲁迅:《〈近代世界短篇小说集〉小引》,《鲁迅全集》第四卷,第 134 页。

上海鲁迅纪念馆研究与纪事

上海鲁迅纪念馆2024版馆标设计解析

包明吉

引　言

上海鲁迅纪念馆作为全国第一家人物类纪念馆、国家一级博物馆,以及展现中国现代文学巨匠鲁迅生平与成就的重要文化场馆,其标志设计承载着深厚的文化象征意义。历经七十余载春秋,这一标志性的视觉符号见证了上海鲁迅纪念馆的成长和变迁,从马承源老师匠心独运的印章式标志设计,到1999年以新馆大门为原型的标志革新,无不凝聚着文博人的智慧与心血。它们是对外展示上海鲁迅纪念馆形象的窗口,更是上鲁人传承鲁迅精神、弘扬文化价值的外在体现。

然而,随着时代的发展和观众审美需求的提升,以及申城各大文化场馆视觉识别系统的不断优化,上海鲁迅纪念馆原有的标志设计逐渐显得辨识度不足,难以在众多优秀纪念馆的标志中脱颖而出。为了配合纪念馆大修工程对视觉识别系统的更新需求,2023年,上海鲁迅纪念馆正式启动了馆标设计更新工作,旨在通过更适合当下大众审美需求、更具有视觉表现力的标志设计,进一步提升纪念馆的整体形象,完善视觉传达系统,并助力相关文化衍生品的开发。经过馆内多轮深入讨论与精心打磨,2024年初,新馆标设计方案最终尘埃落定,经过商标注册等程序后,现已广泛应用于纪念馆的官方网站、微信公众号、展览展示、文化衍生品等多个领域。

本文将从灵感来源、设计风格、适用场景以及实际应用四个方面,对上海鲁迅纪念馆新版标志设计进行全面而深入的剖析。

一、灵感来源

上海鲁迅纪念馆新版标志的设计灵感,源自对纪念馆建筑外观多角度、深层次的细致观察与感悟。常规思路下,纪念馆的标志设计元素多偏向于入馆大门,将"周总理的题字""马头墙""园林景观"以及"人"字屋顶等多元素融合于一图之中。然而,元素一多往往难以兼顾简洁性与明确性,亦难以契合当下标志设计所追求的视觉冲击力和记忆点。当下众多博物馆、美术馆的标志设计,大多遵循抽象、象征或图案化的设计理念,致力于简化一切可简化的元素,从而提炼出个性鲜明、易于识记的视觉形象,诸如上海博物馆的"鼎"、上海历史博物馆的"钟楼"、上海当代艺术博物馆的"烟囱"等标志,均以其独特的视觉语言,成了各自场馆的标志性符号。

在此背景下,新版上海鲁迅纪念馆标志的设计视角寻求转变。除了大门之外,东入口处从设计元素提炼的角度来看,具有诸多优势:其一,东入口处的建筑外形规整且呈轴对称,易于进行概括与提炼,减少了可能引起视觉混乱的元素,更符合迅速吸引目标受众注意力的设计原则。其二,东入口处与主体建筑在造型上形成了鲜明的反差,上部繁复而下部简约,天然地呈现出了"人"与"树"的形态,为在视觉上体现"鲁迅"及其"树人"精神建立联想提供了丰富的素材。其三,东入口处的建筑屋顶元素极具江南特色,深灰色的鱼鳞状瓦片排列有序,阶梯状的马头墙更是江南名居风格的典型代表,为标志设计提供了丰富的轮廓与线条素材。

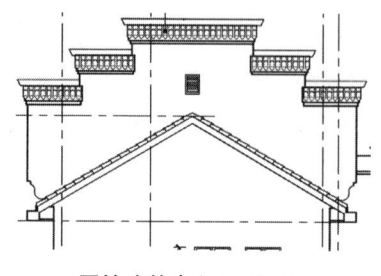

原始建筑东入口顶面图　　　新馆标灵感来源建筑顶面造型

综合以上因素,最终决定以这一与以往不同而富有内涵的视角,来呈现上海鲁迅纪念馆的新版标志。

二、设计风格

设计风格的确立,无疑是整个设计过程中的关键环节,同时也是最难以把握的部分。它不仅要展现建筑外观的美感,凸显代表性形象,更要高度概括并传达场馆内在的人文精神与文化底蕴。这是一项极具挑战性的任务,要在有限的设计语言中浓缩丰富的文化内涵,并使之符合绝大多数人心目中的鲁迅纪念馆形象。因此,在设计思路上着重从以下两个方面切入:

(一)鲁迅的树人精神

在新版上海鲁迅纪念馆标志设计中,首次将建筑外立面与鲁迅元素巧妙融合,以"树、人"造型为核心,形象刻画了鲁迅"立人"的思想。标志上半部分,以三层马头墙与山墙的组合为设计蓝本,其形态宛如两颗挺拔的松树,与下半部分的"人"字顶图形相得益彰,共同构成了"树人"的生动形象。这一设计另一解读角度是"人"肩起重物,与鲁迅"肩住黑暗的闸门,放他们到宽阔光明的地方去"的精神相呼应,借助图形联想树立坚韧、义无反顾的伟人形象、传递不忘使命的革命精神。此外,设计中融入了鲁迅先生所倡导的留白艺术,与外形线条呼应,勾勒出江南民居青瓦白墙的独特韵味,使得整款设计在简约、抽象中透露出深厚的文化底蕴和精神追求。

纪念馆元素

鲁迅元素 　　　　　　"树"元素

(二) 现代与传统结合

整款标志设计被赋予了丰富的象征意义,其中体现鲁迅精神在当代的传承与发展尤为重要。为避免作品显得繁复和缺乏现代感,重点从精炼外立面元素入手,运用有序的布局和鲜明的色彩来激发观众的兴趣。在表现形式上,标志主要采用粗线条来定义形状和结构,这些线条呼应了鲁迅不屈不挠的抗争精神,更赋予了设计强烈的时代感和视觉冲击力;略带弧度的修饰让线条更加富有变化和层次,凸显江南建筑顶面结构的独特魅力;对称的设计使得

整体更加稳定、可靠;热烈的色彩和刚毅的形态与不屈和抗争精神相呼应;简洁的线条和对比鲜明的色彩则彰显了现代感和创新精神,实现了两者的和谐共生。

三、适用场景

上文所强调标志设计的"简洁明了"与"以少见多"的美学理念,在当今社会已成为广泛共识,不仅是审美趋势的体现,也是标志设计适应多元应用环境的必然要求,满足从U盘、冰箱贴、徽章等小型文化衍生品到展览展标、海报及纪念馆公共空间等大场景的各类应用。设计聚焦于以下几点:

首先,简约线条紧密相连,构成一个整体感强烈的视觉形象。这一设计有利于后期制作成徽章、冰箱贴、挂饰等异形纪念品,减少工艺上的限制,确保即使在小尺寸场景下也能保持高度的清晰度和辨识度。而当标志应用于大空间时,如展览展标、海报或纪念馆大修后的公共空间,设计则巧妙地借鉴了书法与建筑顶面的韵律感,通过线条粗细结合的变化,呈现出中间细两头粗的形态,放大后也能感受到细节处的变化与力量感,并保持整体的和谐与统一。

其次,色彩选择方面,深红色(C40,M100,Y100,K9)与暗金色(C18,M28,Y41,K0)的强烈对比,不仅为标志增添了鲜明的个性,还使其在各种深浅底图上都能脱颖而出。深红色底与暗金色标志图形的搭配,凸显革命场馆和全国爱教示范基地的庄重与激昂,具有强烈的视觉冲击力。

最后,为了适应不同场景和用途的需求,除主图形外,文字方面将周恩来题字"鲁迅纪念馆"与英文"SHANGHAI LUXUN MUSEUM"相结合,并与主图形灵活组合成为多个模块。在展览海报、宣传品等媒介上,主要采用上图下字的排版方式;而在数字媒体上,则根据可能出现的各种构图需求,设计了横版、竖版等多种组合形式,便于网站、社交媒体、App 等界面的应用与推广。多种组合的选择不仅增强了标志的灵活性和适应性,还为其将来在不同领域的广泛应用奠定了坚实基础。

新馆标在多个场景中的使用

四、实际应用

  文化衍生品方面的应用:新版馆标已于 2024 年实际用于帆布包、笔记本、集章册、文件夹等多品类文化衍生品之中,展现出其广泛的适用性。其中,"奔流"系列与"笺纸"系列帆布包、配套笔记本等产品,不仅与上海鲁迅纪念馆的日常业务活动紧密相连,更以其独特的装饰元素和视觉形象,赋予了这些衍生品超越实用价值的文化意义。此外,新版馆标还为原本单调的纸质纪念品,如信封、集章本等,注入了新的文化内涵,简洁的造型也为后续设计如本馆徽章、冰箱贴等提供便利,扩充衍生品边界,使他们成为传播纪念馆文化的重要载体。

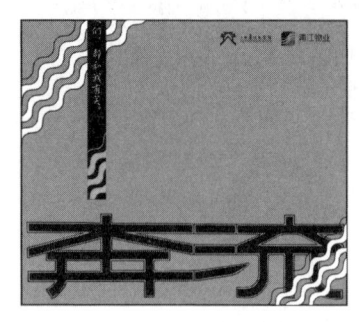

"奔流"系列文化衍生品中的新版馆标运用

展览等对外宣传方面的应用：2024年，新版馆标在各类展览的宣传物料中也体现了自身价值，有效解决了与其他场馆联合办展时展标风格不统一的问题。在与国家典籍博物馆联合举办的"珠还合浦历劫重光——《永乐大典》的回归和再造展"，以及与福建民俗博物馆携手推出的"雅蕴青风　瓷逸幽蓝——福建民俗博物馆藏青花瓷展"等重量级交流展览中，新版馆标作为上海鲁迅纪念馆的标志性符号，与兄弟馆的标志并肩展示，各展风采，相得益彰。通过采用现代感十足的设计理念和色彩搭配，新版馆标与观众产生了强烈的情感共鸣，进一步提升了博物馆的知名度和影响力，圆满完成了其设计任务目标。

上海鲁迅纪念馆新版馆标作为重要的视觉标识可预见地将会出现在上海鲁迅纪念馆大修工程完工后的场馆公共空间指示牌、展览各类宣传物料、文化衍生品中，2024年间已在部分场景中应用，接下来我们将结合场馆大修工程进一步规范版式，以确保在各类宣传品、展览空间和指示牌中的视觉效果保持一致，发挥更大作用。

"纪念鲁迅《呐喊》出版百年诵演"研究

向敏艳

鲁迅首部小说集《呐喊》初版印行已满百年。它"一问世就震惊了世人","以鲜活的语言表现了病、药、死等意象,内中含着大的悲悯,在思想与审美方面显示了新文学的实绩。……在国内外产生持久的影响力。"它对于衰弱民族生活的散点透视,不仅揭出历史的阴暗,"也有指示着进化的艰辛。""在没有路的地方行走。"[①]"具体而言,它可以反映在《呐喊》这部作品创新的艺术形式、深邃的思想内涵与典型而富有反思价值的文学人物等方面上,每一个方面都对现代文学的发展起到了重要的典范作用,成就了永不褪色的'呐喊精神'。"[②]因而,100年来,在多视角、多维度研究中,在博物馆展教中,《呐喊》也成为常读常新的经典。随着当今文物博物馆事业的蓬勃发展,作为"终身教育"和观众自我教育平台的博物馆,如何利用其独特的直观性、互动性和情境性优势,从"教育1.0"破壁到"教育3.0"模式,设计开展具有内涵丰富、意义深刻且引人入胜的新颖活动,已成为一项重要的教育研究课题。上海鲁迅纪念馆在《呐喊》问世百年纪念中,开展了"画出国人的魂灵——纪念鲁迅《呐喊》出版百年诵演"沉浸式活动,收到较好实效;作为一座以鲁迅文化为研究、教育主题的人物类纪念馆,面对展览方式多样化、观众群体多元化以及社会接受方式多途径化的现实情况,如何更有效地传递鲁迅思想的深刻性,是需要"长考"的问题,笔者借此再行探讨如下。

传播:《呐喊》内涵的经典性与当前意义

克罗齐曾言:"一切历史都是现代史。"学习、继承和发扬优秀思想文化,从教育工作者的角度看,意味着要从教育的时代性、时代任务和时代要求出发,以当下不同群体为受众,在当代意义和语境下解读历史人物与思想。鲁迅思想的现代性是什么?我们如何能在现代背景下走进鲁迅,从中汲取精神动力?这构成了我们设计教育活动的底色和初心。《呐喊》作为鲁迅最重要且影响最为深远的作品集,在百年这个时间节点回望,自其问世以来,经历了怎样的教育传播?作为经典,当下的传播进路又该怎样?这些都是我们需要审时度势、温故知新,并精准把握、借鉴和思考的问题。

第一,鲁迅作品的经典性,体现在他的又破又立。破除旧文化糟粕里"吃人"的一面,而要"立人"。因此,鲁迅文学作品里有否定性的思想成分,同时又以"立人"思想和怎样去"立人"的"相互主体性意识"。以阿Q为例,他是思想者鲁迅和文学家鲁迅贡献给世界的"精神典型",可以与世界文学中堂·吉诃德、哈姆雷特、奥勃罗莫夫比肩,是着重表现人类精神弱点的特异型的艺术典型;通过他,可以照见自身的精神弱点,"由此开出反省的道路"。[③]鲁迅通过阿Q这一形象,批判了封建社会的种种弊端,更引导读者进行自我反省,思考如何摆脱精神枷锁,实现个体的觉醒与解放。这种"相互主体性意识",在当时具有前瞻性,在当下社会依然具有重要的启示意义。

第二,阅读鲁迅的当代意义。一是激活鲁迅,把他带进当代问题中,与鲁迅对话。在快速变化的当代社会,我们面临着诸多复杂而深刻的问题,如科技进步带来的伦理挑战、全球化背景下的文化冲突以及个体在信息爆炸时代的身份认同危机等。《呐喊》是对旧时代的深刻反思,更是跨越时空的思想资源。鲁迅对封建礼教的批判、对人性弱点的揭露,以及对知识分子使命的探讨,都为我们提供了宝贵的思想启示。通过与鲁迅的对话,我们不仅能够更好地理解历史,还能够从中汲取智慧,为解决当代问题提供新的思路和方向。④二是体会鲁迅文字中体现出的现代汉语的美感,对于规范当前网络文字、清除语言污染与倒退,具有重要意义。《呐喊》不仅在中国现代文学史上占据重要地位,在民国时期国文课本中的传播也凸显出深远的文化影响与教育价值。《呐喊》作为鲁迅的第一部小说集,以其深刻的思想内涵和独特的艺术风格,成为新文学运动的重要成果。在民国时期,《呐喊》中的多篇作品如《孔乙己》《故乡》等就被选入国文课本,成为学生接触现代文学、接受精神启蒙的重要途径。这些作品通过国文教育,不仅传播了新文化运动的思想,还以其富有美感、精炼简洁的语言文字,对白话文的写作实践、规范形成作出了重大贡献。回顾《呐喊》在民国时期国文课本中的传播历程,可以看到它不仅是鲁迅个人文学成就的体现,更是新文学运动影响下一代、推动社会进步的重要力量。这种接受状态,为我们理解鲁迅及其作品的历史地位、当下的重温借鉴提供了宝贵的视角。⑤

　　第三,鲁迅与目前开展文旅结合调研的江南文化、海派文化、红色文化有很深渊源。鲁迅出身于江南官宦人家,深受江南文化的熏陶,他的作品中充满了对江南风土人情的描绘与反思。这种独特的文化视角,使鲁迅文化成为江南文化的重要资源。通过深入挖掘鲁迅作品中的江南元素,可以丰富江南文化旅游的内涵,提升游客的文化体验。⑥同时,鲁迅在上海的生活与创作经历,使他与海派文化紧密相连。20世纪30年代的上海,是海派文化的繁盛期,也是鲁迅文艺活动的重要舞台。鲁迅的杂文、小说等作品,不仅反映了当时上海社会的种种现象,也对海派文化的发展产生了深远影响。因此,在推进海派文化旅游的过程中,鲁迅是一个绕不开的话题。通过展现鲁迅与海派文化的互动关系,可以增加海派文化旅游的吸引力和深度。⑦此外,鲁迅与红色文化的关系同样密切。鲁迅虽然不是共产党员,但他对中国共产党领导的革命事业给予了坚定支持,并为此付出了巨大努力。他的作品中充满了对旧社会的批判和对新社会的向往,这种革命精神与红色文化高度契合。在文旅结合的实践中,通过展示鲁迅与红色文化的渊源,可以让游客更深入地了解中国近代史和革命史,激发人们的爱国情感和民族自豪感。⑧

总之,《呐喊》的传播史告诉我们,鲁迅的精神与思想永不褪色,他笔下的呐喊依旧响彻时代,触动着我们的心灵。尽管时代变迁,社会风貌已非鲁迅当年所见,但需适应新时代的不是鲁迅,而是我们自身。因此,在教育活动的策划中,我们应当巧妙融合,既要体现原著的经典性,又要与时俱进,同时坚守教育的严肃底线,杜绝浅薄庸俗与网络娱乐化的倾向,确保鲁迅的精神遗产得以纯正传承,激励后人不断前行。

诵演:《呐喊》社教的实践性和裨益感

《呐喊》作为鲁迅的代表作,充分展现了他以文学为武器唤醒民众的坚定信念。"鲁迅的一生,由民族生存危机和个人生命体验而生发出文学写作的现代自觉,又一步步走向现代语言的自觉。从文学角度观察,鲁迅拥有理性的自觉意识,在'国将不国'之际,由其与生俱来的责任感出发,贴合生存体验和生命感悟,对古今、中西思想择选整合,建构起独具慧识的'立国'必先'立人'的文学理想。民族救亡是'立人'理想的根本诉求,'人'则是其价值核心。鲁迅坚信伟大作品具有启迪人生、培育人性的、'不用之用',将民族救亡和民众启蒙直接落实到文学中。'鲁迅文学'始终聚焦于国民精神的唤醒和改造,意欲通过文学来培育'人生意义深邃'的国民,进而以个体的精神自觉带动民族的思想觉醒,实现国家的救亡图存乃至民族文化的整体新生。从语言角度来看,鲁迅的语言意识是其理性思考和感性体验的混合体,是在'鲁迅文学'

中形成并呈现的。现代汉语书写语言的生成离不开鲁迅,他不仅以卓越的文学创作彰显出白话语言的现代魅力,成为现代文学实绩最早也最成功的典范,同时试验和深化了以文学为路径建设新国语的现代民族语言的建构想象。"⑨

深刻的内涵,丰富的展现手法,多元的接受方式,共同激发出鲁迅经典《呐喊》教育的新貌。

第一,排演。首先以原著解读课为基石,深入剖析《呐喊》中典型人物的角色人设,找到把握的基调与潜台词。阿Q、孔乙己、闰土……分别代表了游民、读书人与农民的身份与生存状态,有着不同的思想、言行。此过程参照教育家于漪老师《孔乙己》《故乡》等经典教案,以期精准把握人物特性。随后,学生倾听张家声、方明、林如、曹灿等播音名家的朗诵录音,这一过程不仅有助于识字与词汇积累,更能深刻体会诵读语气、口吻与段落内容之间的关系。在此基础上,学生着手编撰诵演剧本,并详细记录导演笔记,内容涵盖难点、生词、冷僻词语、方言的解释,以及情节掌控、节奏把握等关键要素。剧本完成后,通过精心挑选演员、派定角色、明确任务,为后续的舞台呈现奠定坚实基础。这一系列排演活动,不仅加深了学生对鲁迅经典作品的理解,还通过学生亲身参与的方式,让鲁迅笔下的人物形象更加鲜活、立体,实现了从文字到舞台的生动转化。

第二,观摩与研讨。该环节强调通过艺术品的观摩来加深对鲁迅经典的理解。具体而言,学生将接触并借鉴美术作品、影视作品以及戏曲作品中的创作经验,以丰富对鲁迅笔下人物的认知。例如,通过观摩画家贺友直的水墨连环画《白光》,学生可以更深入地理解陈士成这一人物形象。同时,集中展示所有鲁迅作品中人物的版画造型,进行比较鉴别,以确定、借鉴不同的诵读风格。此外,观看故事片《阿Q正传》以及其他新生剧本的演出,如曲剧《鲁镇》,该剧将鲁迅的多部作品改编并集中在鲁镇这一虚构地点上,为学生提供了独特且巧妙的视角,实现了鲁迅原著改编的一次重大突破。在观摩之后,举行设计座谈会,分析复杂的人物造型,如探讨不同艺术家笔下的阿Q形象差异,以及阿Q与闰土等人物的区别,从而更准确地把握诵演时的分寸。通过这一系列观摩与研讨活动,学生不仅能够加深对鲁迅经典的理解,还能够从中汲取创作灵感,提升个人的艺术鉴赏能力和表达能力。

第三,舞台美术设计与音乐烘托。此环节的实施过程中,诵演活动进一步融合了视觉与听觉的双重艺术体验。舞台美术设计方面,巧妙运用多样化的背景元素以增强场景氛围,例如选用版画《怒吼吧,中国!》这一宏大的画面作为背景,同时穿插鲁迅笔下人物的各种经典形象,通过细腻的笔触勾勒出他们的精神世界与社会背景,形成鲜明的视觉冲击力。此外,还可对比展现绍兴与上海、农村与城市的差异,通过空间转换映射出作品的时代背景与人物命运。在音乐烘托方面,精心挑选与剧情内容相契合的配乐,既有源自鲁迅影视作品的经典配乐,也有如江南丝竹选段等富有地方特色的传统音乐,用以烘托不同的情感氛围。比如选用二胡曲《江河水》的凄婉旋律来表达深沉的悲伤情绪。同时,也关注新生代作曲家如叶小纲的交响诗《鲁迅》、郭文景的歌剧《狂人日记》,还可以根据作品内容涉及的苏俄、日本、北欧等而取用相应的作曲家作品,力求在音乐层面实现传统与现代的融合,为诵演活动注入新的活力。通过舞台美术设计与音乐烘托的有机结合,不仅提升了诵演的艺术表现力,也让观众在视听双重享受中更加深入地理解鲁迅作品的深刻内涵。

第四,诵演与互动。在诵演与互动环节,参与者将亲身体验鲁迅经典作品的魅力。剧本选段主要采取情景剧格式,通过精心编排的场景再现鲁迅笔下的故事情节,使观众能够直观感受到作品的情感氛围和人物性格。在诵演过程中,演员们将深入揣摩角色,力求还原人物的内心世界,并通过生动的表演将鲁迅笔下的人物形象鲜活地呈现在观众面前。同时,为了增强互动性,该环节还设计了观众互动环节,如角色扮演、现场提问等,让观众能够积极参与其中,与演员共同演绎经典片段,进一步加深对鲁迅作品的理解和感悟。这种互动式的诵演方式,不仅提高了观众的参与度和体验感,还促进了鲁迅经典作品的传播和普及。

第五,余音和普及。该环节旨在加深普通观众对鲁迅作品的印象,并通过创新手段推动鲁迅文化的普及。将充分利用现代科技手段,如软件、耳机等设备,设计一系列简便易行的小互动游戏。例如,观众可以通过自身音色模拟名家朗诵鲁迅作品,感受名家朗诵的独特韵味和风格;同时,还可以模拟小说人物提问、对话,由AI进行回答,让观众在轻松愉快的氛围中再次感受鲁迅作品的魅力。此外,还通过制作精美的宣传册、开展线上线下互动等方式广泛传播活动成果,让更多的公众了解并参与到鲁迅作品的学习和传承中来。这种余音绕梁、深入滴灌的方式,不仅延长了鲁迅经典作品的影响力,还激发了更多人对鲁迅文化的兴趣和热爱。

因此,通过滴灌时效、全景视觉、沉浸体验的诵演,让我们如同接受细雨滋润般逐渐深入理解作品,从整体上把握作品的全貌,亲身经历其中的喜怒哀乐,总之,得以感受全方位的《呐喊》精神内涵。

回放:《呐喊》精神的缓释性和辐射域

在探讨《呐喊》精神的缓释性和辐射域时,我们不得不提到鲁迅小说在多种媒介形式中的传播与接受。尽管《呐喊》等作品早已通过各种渠道如课本、影视、戏剧、音乐、美术等方式进入公众视野,但在互动性、参与性和沉浸式体验方面却显得较为薄弱。许多传统的接受方式往往让观者停留在被动接受的层面,难以深入发掘鲁迅精神的内涵,影响了其缓释性效应和辐射域的扩展。

为了改变这一现状,设计一系列后续辅助活动显得尤为重要。

首先,深化阅读原典——也可以称为"研读"——是基础。通过研读《呐喊》,深入鲁迅的文学世界,理解其中的人物形象和故事精髓。研读不是表面浏览,而是在大声朗诵时,用心去感受、去思考、去研究,去创作角色。比如可以通过类比阅读的方式,将《呐喊》中的人物与古典文学作品中的类似人物进行比较——孔乙己、陈士成可以与《儒林外史》中的范进作对比,从而更深刻地理解科举制度对读书人的影响。除了文字阅读,观赏相关戏曲也是扩展阅读的重要方式。京剧、晋剧、高甲戏等剧种都有《范进中举》等剧目,通过观赏这些戏曲,可以直观感受到科举制度的毒害,进一步加深对鲁迅笔下人物命运的理解。此外,参观科举博物馆等实地考察,更是了解科举制度兴衰的扩展式教育途径。

在扩充阅读的基础上,设计互动性强的活动可以进一步提升观者的参与感和体验感。例如,设计"《呐喊》人物沙龙"活动,由模拟到代入,观者可以预定角色,进入《呐喊》中的情境;模拟法通过模仿作品中的角色或情节,进一步加深对作品的理解和感受,代入法则让我们设身处地地从作者或角色的角度去感受作品,围绕特定议题展开讨论——比如讨论《故乡》中的"我"与闰土的关系变化,或者假设阿Q革命成功后的新人生等。这种角色扮演的方式能够激发观者的想象力和创造力,使他们在互动中更深入地理解作品。

另外,"与鲁迅对话"活动也是一种有效的互动方式。通过模拟鲁迅在今天的情境下如何直面观者的问题,进行隔空对话,可以让观者更加贴近鲁迅的思想世界。这种对话可以围绕《呐喊》中的问题展开,也可以引申到更广泛的社会议题上,从而引导观者进行深层次的思考。

在互联网时代,还可以利用网络平台进行在线互动。通过"网络鲁迅"的形式,树立起正面的观点,传播正能量。观众可以在网络上分享自己的诵读成果、阅读感受、参与讨论、提出疑问等,形成一个开放的交流空间。这种线上互动不仅能够扩大鲁迅精神的传播范围,还能够吸引更多年轻人的关注和参与。

综上所述,通过扩充阅读、设计互动活动、利用网络平台等多种方式,我们可以有效地提升观者对《呐喊》等鲁迅作品的接受度和理解度,进一步发掘鲁迅精神的内涵和价值。这些活动不仅能够巩固观者的获益,还能够作为种子播撒鲁迅精神,增广其辐射域,让更多的人受益于鲁迅的智慧和启迪。

注释:

① 孙郁:《经典的诞生及辐射——〈呐喊〉初版百年纪念本导言》,《鲁迅研究月刊》2023年第8期。
② 吴芷婧:《永不褪色的"呐喊精神"——百年视域下的〈呐喊〉及其文学史价值》,《名作欣赏》2024年第5期。
③ 张梦阳:《中国鲁迅学史》,江苏凤凰文艺出版社2021年版,第769、782页。
④ 罗岗、李芸:《阅读鲁迅的当代意义》,《中文自学指导》2004年5月。
⑤ 赵献涛:《民国时期国文课本中的鲁迅作品》,《鲁迅研究月刊》2011年第11期;郭小琴:《民国时期国文课本中的鲁迅作品价值取向研究》,宁波大学2013年硕士论文。
⑥ 王锡荣:《鲁迅与江南文化》,《当代文坛》2021年第2期。
⑦ 李浩:《都市憧憬与乡村羁绊 海派文化视野观照下的鲁迅三十年代文艺活动》,《鲁迅研究月刊》,2004年第7期。
⑧ 王锡荣:《鲁迅与中国共产党》,《群言》,2021年第09期。
⑨ 李莉萌:《"文学鲁迅"的诞生及其语言言说》,山东大学2023年博士论文。

博物馆美育活动的设计与实践
——以"手不释书——《永乐大典》装帧技艺体验活动"为例

朱辛颖

2018年8月30日,习近平总书记在给中央美术学院老教授的回信中指出:"做好美育工作,要坚持立德树人,扎根时代生活,遵循美育特点,弘扬中华美育精神,让祖国青年一代身心都健康成长。"这一重要论述指明了博物馆美育工作在新时期的发展方向。作为文化传播与公众教育的重要场所,博物馆正以其丰富的文化资源和开放的教育理念,积极推进美育工作。

在此背景下,深入探讨博物馆美育活动的设计与实践,有助于提高博物馆的文化传播效能和教育功能,满足公众渴望接受美育的需求。本文以博物馆美育活动为研究对象,以上海鲁迅纪念馆举办的"手不释书——《永乐大典》装帧技艺体验活动"(以下简称《永乐大典》活动)为例,分析其设计理念与实施方法,希望能为博物馆开展美育活动,提供有价值的参考。

一、"手不释书——《永乐大典》装帧技艺体验活动"的实施概况

2024年4月27日—6月9日由国家图书馆(国家典籍博物馆)与上海鲁迅纪念馆共同主办的"珠还合浦 历劫重光——《永乐大典》的回归和再造展"在上海鲁迅纪念馆奔流艺苑展厅展出。为配合此次展览,上海鲁迅纪念馆设计并开展了"手不释书——

《永乐大典》装帧技艺体验活动"。参与者通过参观展览,参加系列讲座,动手制作了一本包背装《永乐大典》。从中参与者了解了《永乐大典》的沧桑历史、无限价值和当下意义,以及鲁迅为《永乐大典》入藏京师图书馆作出的巨大贡献,切身感受到古籍装帧的艺术魅力。

《永乐大典》活动内容如下:

首先,参观"珠还合浦　历劫重光——《永乐大典》的回归和再造展"。参与者通过展览了解《永乐大典》的沧桑历史、无限价值和当下意义,以及鲁迅为《永乐大典》入藏京师图书馆作出的巨大贡献。

其次,参加《永乐大典》系列知识讲座。围绕《永乐大典》进行了四场系列讲座,学习相关背景知识,为下一个环节做好铺垫。

再次,动手制作包背装《永乐大典》。学习古籍装帧技艺包背装的知识,并在老师的指导下,一步步制作一本包背装《永乐大典》。

二、博物馆美育活动设计思路

(一) 调动多感官以提升活动体验感

研究显示,在学习和认知事物的过程中,如果能够调动多个感官系统,包括视觉、听觉、嗅觉等,就能显著提高学习效率,形成深刻的记忆。美育活动中,综合调动多感官能够帮助参与者形成更为完整、更生动、更立体的认知和体验。因此,从调动各感官方面考虑来设计美育活动,能大幅提升参与者的体验感。

《永乐大典》活动从调动多感官出发进行了设计。整体来看,参观展览环节注重视觉刺激,参与讲座环节侧重听觉上的文化熏陶,而动手制作环节则通过触觉让参与者感受传统装帧技艺之美。

再将活动中第三部分动手制作环节单独进行分析,我们从触觉、听觉、嗅觉都进行了设计:

在触觉设计方面,活动选用了三种质地的纸张作为包背装书籍的制作材料：棉料单宣用作书芯，有韧性的皮纸用于制作纸捻和书背纸，细腻、柔软的金黄色绢纸用作书皮。制作过程中，参与者亲手感受到这些材料在质感上的差异，深刻体会到纸张材质对成品的影响。

在听觉设计上，制作环节使用了木版、木槌、锥子、黄铜镇纸等传统工具，敲击过程中发出的"咚咚咚""哐哐哐"的声响，不仅真实地还原了古籍装帧的制作场景，也极大增强了活动的沉浸感，使参与者能够通过声音感受制作的节奏与力量之美。

此外，活动还加入了嗅觉体验。制作过程中特意选用了小麦淀粉熬制的浆糊，这种浆糊散发出的麦香味，贴近传统装帧技艺的要求，为参与者增添了一种独特而难忘的嗅觉感受，也使成品更具年代感。

（二）设计者需学习相关领域的专业知识以确保活动内容的深度

博物馆在设计美育活动时，应重视内容的专业性并且要深挖活动的重要内涵。时下一些美育活动一味追求趣味性而陷入泛娱乐化的陷阱，或者是活动内容过于简单而显得空洞，流于形式，失去美育活动的教育意义。学习相关领域的专业知识，不仅能为活动设计提供理论依据，确保传授知识的正确性，还能保证活动内容的深度。只有深入学习、掌握相关领域的知识，才能策划出内涵丰富、具有教育意义的活动。

《永乐大典》采用的是包背装这种传统的装帧技艺，被视为包背装的代表之作。因此，在设计活动时，我们特别重视对其装帧技艺的学习。我们就学习中遇到的问题，向复旦大学文化遗产保护研究中心主任、文物与博物馆学系教授陈刚进行了咨询，并获得了专业的建议，如：提前折叠并压制好书页，以确保装订质量；书芯内页使用稍厚的单宣纸或棉连纸，以便于对齐；纸钉的位置应距书背1厘米；而纸捻和书背纸则选用韧性较好的薄皮纸等。这些专业的建议,不仅确保了活动内容的准确性和专业性,也使参与者体验到更接近传统包背装的装帧技艺。

(三)向活动参与者普及相关知识,可提升参与兴趣和活动效果

在美育活动中,向参与者传授相关的专业知识是十分必要的。习得一定的专业知识后,参与者便拥有了欣赏的眼光,能够"识货",看懂"门道"。这种知识普及能够让参与者建立起与美育活动的情感连接,激发参与的兴趣。相反,如果参与者对活动相关知识知之甚少,则很难真正接受和领悟活动的内涵。

本次《永乐大典》活动,为了向参与者传授相关领域知识,共举办了四场《永乐大典》系列讲座:

讲座1:典籍渊薮　文献大成——《永乐大典》与展览本地化策划(授课老师:岳小艺)

讲述《永乐大典》的历史与流传,以及依托《永乐大典》收录的宏富史料,同时还提及了鲁迅与《永乐大典》的缘分,最后介绍了结合当地历史文化打造的本地化巡展策划模式。

讲座2:明代书籍用纸的制作工艺(授课老师:陈刚)

结合历史文献和实物材料,在回顾书籍用纸的发展历史之后,重点介绍了明代书籍用纸的种类与特点,以及制造技术的发展特征和造纸工艺。

讲座3:《永乐大典》的上海故事(授课老师:柳向春)

介绍《永乐大典》的形制、贮存及流散,以及与上海相关的《永乐大典》的收藏者及收藏机构的情况。

讲座4:鲁迅与典籍(授课老师:顾音海)

从鲁迅与图书馆、文学史料、地方文献、类书等八个方面介绍鲁迅与典籍之间的故事。

(四)以展品为依托突出美育活动的主题与独特优势

博物馆开展美育活动应充分利用馆内丰富的展品资源,以展品为核心进行设计,发挥其文化资源的优势。展品能够直观地呈现历史与艺术的真实面貌,本次《永乐大典》活动正是以"珠还合浦　历劫重光——《永乐大典》的回归和再造展"中的展品《永乐大典》为依托进行设计的。这种以展品为本的美育活动,是博物馆教育的一大特色,也是其他机构难以复制的,独具的优势。

(五) 建立活动效果的评价与反馈机制,推动美育活动持续优化

美育活动实施后,还需要根据评价与反馈,对活动进行调整和修改,从而实现活动的优化升级,形成一个闭环。因此,美育活动应将评价与反馈机制纳入活动设计中。评价与反馈分为专家评审和参与者体验反馈两种。

首先,邀请专业领域的专家对活动内容、形式等方面进行评价,提出改进建议。例如,在第一场《永乐大典》活动后,专家根据活动内容提出了具体优化建议:调整制作材料中书皮的材质和颜色,更换封面标签纸的颜色,并增加背纸裱贴工艺,以更接近《永乐大典》原版的效果。调整后,活动从最初的 1.0 版本优化为 2.0 版本。我们在第二场活动中向参与者展示了两种版本的成品效果。参与者普遍反馈,2.0 版本的作品更接近原版,且更加精美。

其次,通过收集参与者的实际体验感受,发现活动实施中的问题和不足。收集方式可以多样化,例如通过现场观察记录、口头交流、问卷调查等。在一次活动中,参与者反映看不清楚老师演示制作时的手部动作,建议引入摄像设备进行同步投屏。在《永乐大典》活动 3.0 版本中虽未能做到实时投屏,但我们通过提前录制制作过程的视频,并在活动中配合老师的演示,播放相关视频,成功满足了参与者的需求,并且视频可以反复播放进一步提升了活动的效果。

三、不足之处及改进方向和方法

各年龄段的参与者在认知水平、审美能力以及动手能力上表现各异,因此,设计美育活动时应充分考虑不同年龄人群的特点,进行分龄、分段设计,从而确保每位参与者所参加的美育活动是与自身能力相匹配的,使参与者在活动过程中收获更多。

然而,本次《永乐大典》活动在设计时未能充分考虑参与者的年龄问题。在招募参与者时,未对参与者的年龄进行细分,导致参与者的年龄跨度较大。活动过程中,不同年龄段的参与者表现出明显的差异:中青年人信息接受快,动手能力强,在老师讲解完步骤后即可迅速操作;年长者则需要更多的时间观察和思考,往往需要老师重复演示;而初中生由于专注力和耐心有限,制作的作品细致度不够,完成效果也较普通。这种统一设计美育活动的方式未能充分照顾到不同年龄段参与者的特点,年长者觉得太难,年轻人觉得简单,一定程度上影响了活动的效果。

未来,就同一个美育活动,我们会在横向上进行分龄、分段设计,设计出针对不同年龄的美育活动。针对年长者,可简化制作步骤,也可以降低操作难度,甚至提供部分半成品;针对青少年,应设计时长适中,加入更具趣味性的活动内容,集中其专注力;而针对中青年,可以提高制作的难度和复杂性,使其具备一定挑战性,以提升参与感和成就感。通过这样的分龄、分段设计,可以使活动更匹配每个年龄段参与者的特征,让每个人在活动中都有所收获。

四、结　语

博物馆美育活动是博物馆教育活动的一个重要分支,是拉近观众与文化遗产的距离,发挥博物馆社会教育功能的重要途径之一。其设计应充分挖掘展品资源的独特价值,彰显博物馆教育的专业特点,通过多感官体验激发参与者的兴趣与审美感知。同时,建立科学的评估与反馈机制,将分龄设计考虑其中,持续优化活动内容与形式,不断提升美育活动的质量与影响力。

综述

站在先进文化这一边:陈望道与鲁迅专题学术研讨会综述

卞文娅

陈望道与鲁迅有相知的友谊,有思想的共鸣,更有引领先进文化的共同事业。

2024年11月23日下午,由复旦大学望道研究院、复旦大学档案馆、上海鲁迅纪念馆联合主办的"站在先进文化这一边:陈望道与鲁迅"专题学术研讨会在上海鲁迅纪念馆召开。陈望道先生家属陈振新教授、朱良玉女士、陈晓帆先生,作为特邀嘉宾出席。《解放日报》记者刘璐、《文汇报》记者黄启哲受邀担任点评嘉宾。来自复旦大学、华东政法大学、上海铁路局党校等以及上海鲁迅纪念馆的20余位专家学者们出席了此次会议。上海鲁迅纪念馆副馆长李浩、陈望道先生哲嗣陈振新先后致辞,陈振新曾将陈望道的部分生前遗物捐赠给鲁迅纪念馆,他们共同深情回顾了陈望道与鲁迅之间的深厚友谊和并肩战斗的经历。

此次专题学术研讨会分上下半场。上半场研讨会由上海鲁迅纪念馆李浩副馆长主持。陈望道1962级研究生、复旦大学教授陈光磊深情回忆了陈望道与鲁迅交往的细节,包括两人的书信往来和见面会晤等,重点谈到了两人在大众语运动中并肩作战的经历:鲁迅对陈望道创办《太白》的支持、陈望道对鲁迅《门外文谈》出版的关注,指出陈望道与鲁迅的精神是共通的,两人有着一致的学术理念与思想追求。陈望道对语言文字的态度是革命精神与科学态度的结合,始终反对两个极端,是辩证唯物主义的绝佳体现。遗憾的是,尽管两人有过亲密的交往,陈望道也十分敬佩鲁迅,但因为对历史回忆持有慎重的态度,不愿借鲁迅之名抬高自己,故而陈望道很少留下回忆与鲁迅交往的文字。

复旦大学中文系教授李楠指出,在文学史的叙述中,现代文学作家可以分为从日本留学归来和从欧美留学归来这两类,以现代文学中"留日派"与"欧美派"的两大文学传统为背景,对陈望道与鲁迅的文艺思想展开讨论。"留日派"在20世纪30年代转向左翼,"欧美派"或留在高校,或成为"海派"。陈望道与鲁迅同属于"留日派",共享着同样的思想资源与知识分子立场,这是两人最根本的关联。在发言中,李楠还引申讨论了地域性对文学风格的影响,在更宽阔的视野中重审了陈望道与鲁迅在文艺思想上的共同点。

复旦大学图书馆诗歌资料收藏中心副主任陈丙杰接着陈光磊的发言中关于陈望道很少留下回忆与鲁迅交往的文字这一话题,指出陈望道对鲁迅的纪念是行重于言,将对鲁迅的情感藏在心里,落实于行动中。并以陈望道收藏的1938年初版《鲁迅全集》为例,这套书并非一整套,而是陆续收集齐的,补遗也收录其中,并印有陈望道特殊的藏书印章,足可以展现出他对鲁迅的情感。同时作为一个语言工作者,陈望道更将对鲁迅的纪念落实在行动中,在鲁迅逝世后,他继续在语言学领域将鲁迅的主张加以系统的阐释,例如拉丁化新文字改革、语文文献展览会、发起文法革新讨论,搜集语文文献资料,将对语文的问题上升到民族国家生存的高度。

上海鲁迅纪念馆原副馆长、研究馆员乐融以陈望道创办大江书铺,投身左翼出版事业,促进左翼文化的传播;抗衡林语堂等人的《人间世》《论语》等杂志提倡闲适与幽默的消极思想,击退复古逆流思潮为例,指出陈望道虽然未参加左联,但他以自己独特的方式,积极投身于中国左翼文化运动。陈望道与鲁迅的友谊并非单纯的人际交往,他们共同推动了马克思主义理论在中国的译介以及大众语理论体系的构建。

复旦大学望道研究院副院长、中文系教授霍四通则深入探讨了陈望道与鲁迅在大众语文运动及在《太白》杂志创办中的具体合作。陈望道在创办大江书铺和《大江》月刊时即得到了鲁迅的大力支持。在创办《太白》时,鲁迅作为隐身幕后的战斗者,他的贡献不仅限于为《太白》匿名撰文,同时他还奠定了《太白》的内容基调,发起了对大众语、小品文、方巾气等话题的讨论,吸引了大量左翼青年作家加入,使得《太白》成为当时重要的左翼文化阵地。

《文汇报》记者黄启哲对上半场发言进行了评议,将陈望道与鲁迅的交往总结为三点:陈望道将翻译的《共产党宣言》赠送给鲁迅;鲁迅将陈望道主办的大江书铺作为左翼文化的重要阵地,译介马克思主义文艺理论;两人共同以《太白》为阵地,推动了大众语运动。鲁迅研究与陈望道研究不仅可以互为研究背景,同时也可以为其他研究领域提供视野,帮助我们以一种更开放的视野和姿态来重审过去的问题。

下半场研讨会由复旦大学校史研究室钱益民主任主持。陈望道的学生、华东政法大学法律学院教授潘庆云以鲁迅与陈望道两位革命文化巨匠间的战友友谊为题,指出两位大师有以下共同点:他们分别有弃医、弃法从文的经历,世界观一致;共同为革命文艺而战,译介马克思主义理论;从言文一致的角度出发,为汉语拼音的创制打造了基础。并对陈望道研究提出了期望,希望要努力恢复陈望道的原貌,拓展已有研究深度和广度,做陈望道研究的有心人,做学习陈望道的有志者。

上海鲁迅纪念馆研究室(信息中心)副主任、研究馆员施晓燕综合书信、日记、报刊等资料,对鲁迅、陈望道与《大江》月刊的关系进行了梳理并对这本刊物骤然停刊的缘由进行了总结。鲁迅、陈望道一开始为《大江》月刊提供了稿源,并力图塑造与出版社相契合的、主要介绍马克思主义文艺理论的杂志风格。由于《大江》编辑者的个人因素以及定位模糊、风格变动,稿费紧张,销量不佳,最终导致了停刊的结果。同时,陈望道与鲁迅合作的文艺之路,秉持着文艺大众化的共同理念,值得进行更深的探索。

上海铁路局党校教师韩菁的发言围绕两人在左翼文化运动中的贡献展开。在翻译上,陈望道与鲁迅通过翻译实践共同地检测、淘洗,更新了个人的社会观念和文艺思想;在编辑上,两人对刊物的理念、定位等都有共同之处;在文艺观念上两人对于本民族的文化有着深切的热爱和强烈的文化主体性意识。两人对文化的包容性和与时俱进的特点注定了两人会始终站在先进文化这一边。

复旦大学博士研究生张欣结合新发现的史料,对鲁迅究竟是何时收到陈望道的《共产党宣言》展开了深入而翔实的论述,认为"陈望道向鲁迅赠《共产党宣言》"一事非谣传,陈望道译完《共产党宣言》后确实送给了鲁迅,但不能据孤立的回忆资料论断赠书时间为6月22日或8月后。

《解放日报》记者刘璐对下半场研讨进行总结评议,她指出陈望道与鲁迅的性格看似截然不同,然而两人有一种更深层的相通性,那就是一种始终不惧艰难险阻的浩然正气。时至今日,陈望道与鲁迅的精神始终感召着我们,望历史之道、望先进文化之道、望未来之道。

复旦大学望道研究院常务副院长朱鸿召教授最后做会议总结,认为学术研究要敢于直面问题,强调了陈独秀在陈望道和鲁迅的交往中所起到的关键作用。他指出:陈望道翻译《共产党宣言》首个中文全译本,为中国共产党创建提供了思想理论权威读本。他参与党的筹建工作,并出任中共上海区委第一任书记,一度退出共产党有其复杂的原因。在共产党从早期偏重思想传播和理想倡导阶段转向注重从事实际革命斗争的政治组织过程中,陈望道和其他浙籍知识分子普遍退出,是思想上的徘徊与行动上的退缩。同时,陈望道有其具体实际的家庭生活方面的磨难境遇,他不得已退而求其次,选择学术研究和学校教育的方式,以参与中国近现代社会救亡图存和民族复兴的历史进程。这其实是当时很多知识分子自觉不自觉地选择的人生道路,总体方向上与时代社会文明进步同向同行,没有壮怀激烈,却有静水流深、恪守底线,始终站在进步文化这一边,在自己的专业领域默默耕耘,令人崇敬。

探寻"原色"鲁迅
——"鲁迅如何经典?"学术研讨会暨2024年浙江省鲁迅研究会年会会议综述

关琳琳

2024年3月30—31日,由浙江省鲁迅研究会、温州大学人文学院、绍兴文理学院鲁迅研究院共同协办的"鲁迅如何经典?"学术研讨会暨2024年浙江省鲁迅研究会年会在温州大学岩松堂召开,与会学者50余位。会议开幕式由温州大学教授、浙江省鲁迅研究会副会长彭小燕主持。温州大学人文学院院长、图书馆馆长孙良好教授致辞,他首先对于会议承办方温州大学人文学院的学术成果进行了介绍,并对此次与会的鲁迅研究界的旧雨新知表示欢迎。中国鲁迅研究会副会长、浙江省鲁迅研究会会长、浙江大学黄健教授发表主题演讲,提倡呈现处在历史现场的"原鲁迅",这不仅学术理论意义重大,而且具有非凡的现代性价值。"鲁迅如何经典"研讨会设置了大会报告和分论坛汇报两个环节,来自上海鲁迅纪念馆、浙江大学、同济大学、浙江师范大学、绍兴文理学院与西安翻译学院等单位的鲁迅研究者围绕鲁迅世界的经典价值之探讨、鲁迅研究如何进入现代教育的知识谱系与思想启迪、"留日鲁迅"的经典意义、作为左翼文化经典的"鲁迅左翼"多个话题展开热烈讨论。

一、鲁迅经典作品之再阐释

浙江省鲁迅研究会会长、浙江大学黄健教授指出鲁迅研究历经从宏大性的构建命题转向具体作品的阐释与分析,即"回到鲁迅本体"。绍兴文理学院陈蘅瑾教授的文章以《狂人日记》《故乡》《社戏》三个文本为中心,透过文本中关于"失败""困境""隔阂"的具象化表达,传达出鲁迅对于传统与现代、城市与乡村对照之下的理性反思。区别于传统偏向"礼教吃人"("象征性吃人")的分析理路,金邦一老师探讨《狂人日记》"吃人"的"生物学意义"。论文通过对族群或社群性格、社会的组织样貌的揭示,正是在乡村社群意见领袖赵贵翁吃人指令的下达,以"大哥"为代表的家族社群日常生活相处之道实现"共谋"的发生,从而构成小说对社会秩序的批判。正如马克斯·韦伯《经济与社会》《支配社会学》关于"卡理斯玛"的理论阐释,韦伯指出"卡理斯玛"的四种不同形态:第一种是暴虎之勇型,第二种是"萨满之魔"型,第三种类型的代表者是摩门教的创始人,第四种类型是"文人型"。小说中的赵贵翁作为乡村意见领袖与其乡绅的身份密不可分,其魅力型权威地位的获得与使用本身就彰显着当时社会结构的划分。类似写作路径的还有绍兴文理学院高徐盼的文章《光与梦的围困——试析鲁迅笔下的现代知识分子形象》,该文通过文本内部"月光"与"梦"的意象变化分析,在差异间呈现知识分子群体的觉醒程度。

　　围绕鲁迅困境和突破中完成的文本实践,浙江师范大学黄江苏老师和温州大学陈文辉老师分别从《铸剑》的三种解析模式以及《伤逝》的创作展开分析。黄江苏老师从具体文本《铸剑》的阐释理路论析各种言说有其合理之处,同时也暴露出一些问题,如:"复仇说"对复仇意义的合理性建构的缺失;"爱情说"虽弥合了文本裂隙,但从文本内外的对应关系来看,这种说法更大可能性是一种假设。论文留给我们两个思考维度:其一,三头绞缠相噬的画面,与主体当中"理想/信念""意旨/行动力""欲望/虚无"三个层面形成呼应,文本内部的意义与文本外部鲁迅作为"否定者""反抗者"身份的精神内核构成统一体;其二,文末对阐、诠、释的方法论层面的探究,以及对整个学术话语生态的呼吁,触及"公共阐释论"的评价及其对伽达默尔理论的贡献。陈文辉老师运用诸多佐证材料如许寿裳、郁达夫、孙伏园等人对其创作腹稿进行揭示,从鲁迅创作困境切入,指出作为鲁迅"近代恋爱心理学研究成果"创作《杨贵妃》所产生的文本裂隙,最终将其挪用于小说《伤逝》的创作。从这一维度展开的另有中山大学周楷棋《"大仇斯复"的背后:〈斯巴达之魂〉文本生成考论》,认为清季末革命的"复仇"思潮与绍兴"报仇雪耻"传统构成了话语源流,并且自《斯巴达之魂》开始成为鲁迅一以贯之的文学命题。另有学者钟诚则认为"复仇"主张是作为思想者的鲁迅处于群己关系的尝试。

近些年来,许多学者从风景书写、情感结构等新的角度运用于鲁迅经典文本的分析,具有现代性价值。在具体研究当中,浙江大学教授陈力君《裂变的视觉性:〈夏剑生杂记〉〈辛亥游录〉与〈怀旧〉的风景意识》、上海鲁迅纪念馆馆长李浩《〈呐喊〉的城市与乡村》、河南大学博士生袁昊《荒原中的希望:〈野草〉中形而下的生命痛感书写》、河南大学研究生梁芬《"墓碣""决心自食""答我"——论〈墓碣文〉中的"文本间性"》、浙江工商大学研究生夏宇欣《〈孔乙己〉的时代性与超越性》、温州大学本科生彭希《狼与人:"互啮"的多重三角结构——重释鲁迅〈铸剑〉的一种尝试》等,显示出介入鲁迅经典文本的多重路径。

二、鲁迅作为精神资源与现代教育教学的知识谱系

浙江省鲁迅研究会执行会长、中国鲁迅研究会常务理事曹禧修教授发表了题为《鲁迅生命哲学的"第一原理"》的主旨演讲,此文也是其国家社科基金重点课题的阶段性成果之一。论文借鉴笛卡尔认识论哲学中提出的"第一原理",特别指出鲁迅是把人的生存、温饱和发展看作人世间压倒一切的头等大事的,可谓鲁迅先生生命哲学的"第一原理"。因此,对于鲁迅而言,"一切新的和好的

思想,一切真理,不是要拿来砌造自己的学说,而是要用真理之光,来照彻现实和照明前进的道路,要把一切新的和好的思想用到现实的战斗上去"[①]。绍兴文理学院卓光平副教授《论井上厦话剧〈上海月亮〉中的"鲁迅情结"》一文考察了井上厦创作戏剧《上海月亮》的动机,并借助其间的人物对话对鲁迅"人类最好是彼此不隔膜,相关心"的观念进行了返观和深化。中国计量大学蒋进国老师则探究积极自由与消极自由两种理念的互动与乖离,以及在时代语境之下鲁迅等知识分子的选择。此文是《上海自由主义文学思潮研究(1927—1937)》的一部分。叶中强《上海社会与文人生活(1834—1945)》曾对于知识分子的地缘迁徙现象从如下维度进行了探讨,"从'仕途经济'走向职业空间,从'庙堂知识分子'蜕变为一个近代知识生产体系为存身空间,拥有文化权利的社会阶层的历史过程"[②]。绍兴文理学院研究生王婷《经典的进行——从〈祝福〉"祥林嫂之死"说起》从文本蕴含、症候分析和现实意义等多维度解读,特别指出鲁迅精神是现代文明的价值碑石。

作为"显学",鲁迅研究专著自然始终在更迭中前进。古大勇老师《从〈狂人日记〉'吃人'意象"论争事件说起——论李冬木的鲁迅研究及其"实证研究批评"特色》选取"吃人"论争事件作为小切入口,对鲁迅研究者李冬木的新著《越境:"鲁迅"之诞生》的研究方法做出了辩证批判。该书作为自20世纪60年代有学者提出"原鲁迅"之后开辟新径的研究专著,无论是史实分析还是理论高度层面都令人耳目一新。古老师的论文抓住了该著最为重要的特色——"实证研究批评",即呈现处在历史现场的"原鲁迅",实现个体主体塑造的思想来源和精神历程的呈现。笔者认为此处"越境"包含两重内涵指向:一是从中国越境到日本,时间段集中在1902年到1909年;二是知识的越境,主要指的是明治时代的知识场,比如对"吃人"的域外思想来源的梳理以及对于西方速度的感知。古大勇老师的论文还引入其他学者对李冬木著作的评价观点,对其著作的贡献与缺憾进行了辩证呈现。另一篇围绕鲁迅研究著作探究其思想的学术价值与现实意义的文章是惠州学院崔绍怀的《思想家的鲁迅与〈野草〉论析的思想性》,该文论析的是肖新如教授《〈野草〉论析》。笔者认为这本著作与张洁宇教授《独醒者与他的灯——鲁迅〈野草〉细读与研究》的相同之处在于都将《野草》视为一个"不断生成着的整体",不同点在于前者立足鲁迅的"立人"思想如具备理想人性、推行诚与爱、突出个性的重要性等,后者更着眼于鲁迅主体的特征与找寻。

　　王国维在《古史新证》中提出"二重证据法",阅读史研究也可以采用类似方法,即文本内证与实物搜讨相结合。西安翻译学院张学义老师的论文便以阅读史为切入视角,依据许渊冲《西南联大 1939—1943 求学日记》当中关于鲁迅著述的有关记述,以此作为西南联大学生开展鲁迅阅读的典型例证。不完全是传统目录学意义上的文献整理,而是通过阅读史探究个人思想史。张教授指出对鲁迅的阅读与接受带给许渊冲的影响概括如下:一方面是吸纳鲁迅作品中的批判精神与人生哲学,另一方面在对鲁迅翻译观的质疑与扬弃的过程中形成自己的翻译思想。张教授提出希望以此个案为当代青年的鲁迅阅读提供借鉴。安庆师范大学的蔡洞峰老师讨论的是"晚清鲁迅"文明观与文学形态,晚清时期的现代转型带动相应的文学领域内的转型,与中国社会对西方文明的认知经历一样,鲁迅的"立人"思路也是在这样的"器物—政制—文化思想"探索历程中萌生的。透过对其西方文明偏至论和内部文明复古论的探索和耙梳,尝试以"晚清鲁迅"作为经典鲁迅生成的一个反思性视野。

　　另有老师从对中学鲁迅阅读教学中教师作用的角度展开思考。例如,浙江工商大学范家进教授《"00 后"鲁迅印象管窥——简析一份课堂问卷调查》,以教授《鲁迅与现代人生》《鲁迅研究》专业课程为基础,立足于当今学生对鲁迅作品的阅读和研究者与知识受众各行其是的现状进行了剖析，并提出将寻求共识的问题回归到鲁迅的立人思想上来。北京市三里屯一中的毕于阳老师《素读·研读·导读——对中学鲁迅作品阅读教学中教师作用的一点思考》就从素读、研读、导读三个环节的展开，主张语文教师是读与教的统一体，教学成效取决于语文教师的"读"功。重庆工商大学郑升老师《一代有一代之选文：新时代鲁迅作品入选基础教育论与"鲁迅经典化"》则对鲁迅作品入选基础教育教材的情况及影响进行梳理，将其视为"鲁迅经典化"的重要环节，并主张兼以限选课、通识课教材建设、影视剧改编等方式继续传承鲁迅经典与鲁迅精神。此类论文还有冯志珣老师《当代大学生鲁迅经典认知调查研究》、温州大学江慧敏《〈故乡〉主旨的三重意蕴——兼〈故乡〉教学方法新探》、温州大学李广旭《鲁迅教学在通识课体系中的建构——以"大学语文"为例》等。济南大学编审武卫华发表报告《鲁迅精神与期刊发展》、同济大学教授王晓平《"鲁迅的道路"与"新文化的方向"：胡风、瞿秋白与毛泽东论鲁迅》试图开掘鲁迅精神的不同侧面，推动讨论的深入。

三、鲁迅与同时代人关系研究

许多研究者从鲁迅与其他人的论争作为切入点，重点考察分析鲁迅与左翼文艺诸问题，触及当时的政治文化语境。山东社会科学院曹振华《〈中国小说史略〉抄袭案中的鲁迅与顾颉刚》探究《中国小说史略》"抄袭"案当中长期未被深入研究的问题，论文指出"抄袭案"的发生不仅涉及派别斗争，而且也与鲁迅本人的社会批判有关。浙江鲁迅研究会副会长兼湖州师范学院教授余连祥老师的论文《也谈鲁迅与钱玄同》在陈漱渝、陈子善、侯桂新等学者的基础上，对鲁迅与钱玄同关系中被学界所疏忽的地方进行了相应的补充。诚如《左翼文学的时代——日本"中国三十年代文学研究会"论文选》收录的论文中日本学者佐治俊彦的观点，"关于左翼作家联盟以及 1930 年代文艺之研究,如果能搞清'四·一二'政变以后的混乱局势,和在该局势下展开的革命文学论争,那就可能会给该文学和文学运动的性质、问题点、成果等定下一个可供参照的大基准"[3]。韩山师范学院刘文菊教授汇报了题为《鲁迅与南粤"左联"韩江文学青年》的论文,提出一个新鲜而丰富的学术话题,即鲁迅与左翼韩江青年的关联互动,透过交往与书信等史料的耙梳,既绘制左联韩江地域文学地图,拓宽学界对于左联的认知视野,又丰富了鲁迅研究。浙江农林大学关琳琳老师《1930 年代上海左翼文化空间与"作家群落"运作》也是这一视角的代表性文章。关琳琳老师从城市空间和文化出版等要素探究 20 世纪 30 年代上海左翼文化空间的生成以及鲁迅在"作家群落"当中位置的认定。指出"人与事的共同效用""越界筑路"和"日常多样性"构成了现象形成的外在动因,多伦路和北四川路一带的出版机构、创办刊物、意识形态的灌输与收编,使得文学创作、文艺论争、时事争鸣与期刊杂志之间形成了"交互依存"的关揆,构成群落的内在肌理。新书业在出版空间上的开拓,一方面得益于政权的更迭所提供的宽松的政治文化空间,另一方面则是基于上海租界制度的庇护。正如刘震在《左翼文学运动的兴起与上海新书业(1928—1930)》中指出:"这种'无序'状态反而给各种小书店的经营提供了难得的机遇。"[4]另有济南大学杨旻老师《中医与西医的相遇:鲁迅中医观的学术社群背景》等论文,与会专家围绕掌握的具体史料展开了探讨。

期刊是透视鲁迅思想承接其文学活动的重要渠道。鲁迅参与编辑的刊物众多,他办刊的重要宗旨是培养新生力量,多发表青年作者的文章,"造出大群的新的战士"。上海鲁迅纪念馆副研究员施晓燕老师在《朝花》周刊、《文学》月刊等话题研究方面均发表过相关论文,她在专著《鲁迅及同时代人研究》中亦明确指出鲁迅是在师长、好友等人际网络中成长起来的,关涉到一起创办刊物、处理相关稿件印刷等事务。《鲁迅、陈望道与〈文艺研究〉》一文梳理介绍了鲁迅和陈望道合作出版《文艺研究》的经过,以及这一刊物在当时的文化环境中所起到的扩大左翼战线的作用。概而言之,鲁迅通过引进和翻译文艺理论和作品,试图构建起中国的新兴文学。

版本演变背后往往是意识形态的变迁,学者通常致力于寻找同类项,并在此基础上进行异同分析。浙江工商大学叶吉娜老师《〈鲁迅全集〉杂文注释中的"左联"传统》透过《鲁迅全集》不同版本的注释所呈现的变化例如关于"革命文学"和"两个口号"的注释,可以窥见左联内部的思想分歧,以及文艺理论界对于"左联"传统的不断反思。

四、"中期鲁迅""学者鲁迅"的经典价值

浙江省鲁迅研究会副会长彭小燕教授《"尽吾心力",逼近"鲁迅之本":"王得后鲁迅"在"1978—1981"的结构性呈现》一文指出"王得后鲁迅"有其历时的生成过程,论文直面的是初始高原期"1978—1981"。王得后的创见在于对鲁迅思想的"人之四性"的阐释,具体包括生物性、社会性、民族性与阶级性四个维度,此外还涉及鲁迅对于如何"立人"的认识与实践。上海鲁迅纪念馆研究员乔丽华作了题为《"寂漠"译文中的鲁迅印记——鲁迅对爱伦·坡的接受再考察》的报告,通过梳理"寂漠"译文中与鲁迅的相关度,重点考察鲁迅对美国作家爱伦·坡的接受。论文中涉及从《寂漠》到《默》三个版本的汇校,注重文本文献研究的同时,亦有回归语文学的返璞意味。浙江师范大学蒋永国教授发表报告《鲁迅杂文的政治批判前史——以〈破恶声论〉与"明治青年"的关系为视点》,立足于当前学界没有充分关注到的鲁迅留日时期写作《破恶声论》与其杂文政治批判之间的历史关联,抓住阶段特殊性的基础之上,将其命名为政治批判的"前史"。

此外，温州大学文学院研究生唐洁的《"中期鲁迅"的内在精神博弈》从鲁迅的虚无体验和国民性批判起笔，结合诸多具体文本形象对鲁迅的精神困境与跃迁进行分析。学者邱焕星、杨姿等人将"中期鲁迅"视作一个独立的研究阶段，代表性研究专著有《"中期鲁迅"研究》《"同路人"之上：鲁迅后期思想、文学与托洛茨基》等。对于鲁迅的"左转"问题，不仅语涉鲁迅与中国共产党所领导的革命之间的关系、与同时代人的互动，还与对苏俄、日本等外国文献的阅读与译介有紧密关联。

"鲁迅如何经典"学术研讨会暨 2024 年浙江省鲁迅研究会年会闭幕会上，浙江省鲁迅研究会执行会长、绍兴文理学院鲁迅研究院曹禧修教授进行学术总结。他指出与会专家从具体作品解读及教学问题、鲁迅与革命、鲁迅与其他文学流派之间的关系等主题展开，在史料收集和实证研究方面做出了很大突破，鲁迅研究仍然具有很大的空间与可能性。此次研讨会吸纳期刊社、鲁迅纪念馆、高校学者三方面的旧雨新知，对于鲁迅研究界的意义不言自明。同时，浙江作为鲁迅的故乡，"鲁迅如何经典？"学术研讨会在温州召开十分适宜，期待学者们未来在研究、挖掘与传播鲁迅思想方面做出更多的积极探索。

（浙江农林大学）

注释：

① 冯雪峰：《一九二八至一九三六年的鲁迅：冯雪峰回忆鲁迅全编》，上海文艺出版社 2009 年版，第 82 页。

② 叶中强：《上海社会与文人生活（1843）》，上海辞书出版社 2010 年版，第 4 页。

③ 王风、[日]白井重范编：《左翼文学的时代——日本"中国三十年代文学研究会"论文选》，北京大学出版社 2011 年版，第 7 页。

④ 刘震：《左翼文学运动的兴起与上海新书业（1928—1930）》，人民文学出版社 2008 年版，第 43 页。

编　　后

1930年3月2日,中国共产党领导的第一个革命文学组织——中国左翼作家联盟在上海中华艺术大学成立。以鲁迅为旗手的左翼作家们高擎着"无产阶级革命文学"的旗帜,以文学为武器,直面压迫与不公,他们积极组建革命文化团体,传播马克思主义,探索着中国革命的道路以及无产阶级文化的发展方向。他们冲决网罗,以前驱的血写下了中国无产阶级革命文学历史的第一页,发出了独属于他们的时代强音。

为纪念左联成立95周年,传承和发扬左翼文化精神,本辑特设"左联成立95周年纪念"栏目,以纪念中国现代文学史以及中国革命史上这一可歌可泣的历史篇章。《国际文学》是一本旨在推进中国与国际文化交流的刊物,《从〈国际文学〉谈鲁迅与萧三的跨国革命文缘》从上海鲁迅纪念馆藏两册《国际文学》入手,展示了鲁迅与萧三两位文化先驱在向世界介绍中国左翼文化以及向国内介绍国际进步文学过程中的革命文缘。美联是与左联等左翼文化团体先后成立的一个群众性组织,美联成员与其他各联之间均保持着密切的联系。《枷锁与自由——美联盟员参与的革命活动》对美联与其他革命组织的关系、美联盟员参与的示威游行活动以及美联盟员的被捕牺牲情况进行了详细的梳考,展示了美联盟员在自由与枷锁之间顽强不屈的斗争精神。《隐身幕后的战斗者——鲁迅与〈太白〉半月刊》深入挖掘了鲁迅对《太白》半月刊的影响,在创办《太白》时,鲁迅不仅为《太白》匿名撰文,还奠定了《太白》的内容基调,发起了对大众语、小品文等话题的讨论,《太白》同时也见证了作为隐身幕后的战斗者鲁迅和置身台前的主编陈望道之间的革命友谊。《"我们是同志"——读馆藏胡也频手稿〈无题〉》将馆藏胡也频尚未完成的《无题》手稿与胡也频的代表作《光明在我们的前面》进行比较,是手稿研究的一篇佳作。在左翼文化运动的发轫期,左翼进步人士即体现出了一种对于马克思主义文艺理论的高度自觉,围绕着相关理论由此发生了著名的"革命文学"论争。《左翼文学理论的勃兴之时——读〈革命文学论文集〉》对《革命文学论文集》中所收录的文章进行了摘读,相信读者可以通过这篇文章来管窥革命文学论争的早期情况。

1930年,鲁迅在《萌芽月刊》上发表了《我和〈语丝〉的始终——"我所遇见的六个文学团体"之五》一文,副标题显示这篇文章应是系列文章之一,然而由于鲁迅生前仅完成了这一篇文章,因此便留下了关于其余五个文学社团的疑问,《鲁迅"所遇见的六个文学团体"考》即围绕着这一疑问展开。《论日本狂言对〈故事新编〉的影响》对《故事新编》中的喜剧性与油滑的艺术来源给出了另一种新解,认为其可能来源于日本中古的民间喜剧"狂言",以比较文学的研究方法开拓了鲁迅研究的视野。《手的变形与梦的断片——〈弟兄〉中的自虐倾向与生命能量》结合周氏兄弟之间的种种往事,深入鲁迅幽微的内心世界,认为《弟兄》蕴含了鲁迅排遣忧愤的生命能量以及埋葬过去的创作意图,丰富了文本的内涵。鲁迅的作品除了杂文、小说之外,还有翻译以及辑录的古籍,《鲁迅抄录古籍之〈梦书〉》一文对鲁迅《梦书》手稿和王氏《梦书》刊印本进行对校,并对《梦书》在鲁迅手稿全集中的归类提出了不同的见解。

鲁迅西安之行向教育部请假了吗?是作者的《1924:鲁迅长安行》一书问世后,常被读者和专家问及的问题,作者遂以此为题对当时教育部的请假规则、教育部的欠薪以及部员的请假情况进行了梳考,对相关问题给予了澄清。《鲁迅儿时的玩具》一文结合鲁迅亲友的回忆和鲁迅笔下的玩具书写,对鲁迅儿时的玩具展开了民俗学的考证，鲁迅的儿童观由此可见一斑。

鲁迅是许寿裳的挚友，同时也是其长子许世瑛的开蒙先生，《私人学术偏好与经验传递——解读鲁迅开给许世瑛的书单》一文对《开给许世瑛的书单》这一私人文本展开研究，对了解鲁迅的文学与文学史眼光以及私人学术偏好颇有助益。除了许世瑛之外，鲁迅在文学上给予过指导的青年们不计其数，萧红便是其中一位。《"越轨"的笔致与女体的"寓言"——以萧红〈生死场〉〈呼兰河传〉〈红玻璃的故事〉为言说中心》以文本细读的方式对萧红的三部作品展开研究，挖掘出了民族主义与女性主义之间复杂的权力纠葛。《正解与误读——再谈鲁迅评梅兰芳》指出鲁迅对梅兰芳的批评不应被解读为"骂战"，而是源于两人对戏剧艺术的不同见解，对以往存在的"鲁迅骂梅兰芳"这一误解进行了澄清。

2024年12月，由上海鲁迅纪念馆主持编撰的《鲁迅上海生活志》正式出版，该书从馆藏文物、文献资料出发，通过书房一隅、寻常烟火、休憩时刻、此中甘苦、居于沪上五个方面展示了鲁迅居于沪上的日常生活。本刊特载《晚年鲁迅书画时光——〈鲁迅上海生活志〉撷英》与《日常里的鲁迅先生——〈鲁迅上海生活志〉编辑记》两篇文章，从编辑和读者的不同视角对该书予以了介绍。《在鲁迅的书海里寻珍探宝——何巧云论文选序》体现了北京鲁迅博物馆两代学人之间的学术传承。文学作品需要通过研究进行阐发，同时文学研究也需要研究之研究来进行更为深入的研究与阐释，《〈鲁迅导读：思想与文学〉与鲁迅研究的大众化写作实践》《鲁迅小说叙事研究的多维透视——以王富仁〈鲁迅小说的叙事艺术〉为中心》两篇论文即是研究之研究的代表。

吉田旷二先生是一位坚定的中日友好人士和能够正确看待中日历史问题的正直可贵的日本学者，同时也是内山会的骨干成员，《想起了温文尔雅而又怒目金刚的吉田旷二先生》对吉田旷二先生的仙逝予以了深切的缅怀。《蒋畹精神　薪火相传——关于王琳的几件旧事》不仅是一篇纪念文章，同时也富有史料价值。

《岁末年初》由两篇随笔组成，前者在南国艺术运动百年纪念之际对《南国周刊》所载《列宁致高尔基书》的背景及影响进行了阐发，后者则是作者多年从事编辑工作的一点经验之谈。《秦川旧雨化新霖——〈国立西北大学、陕西教育厅合办暑期学校讲演集〉影印出版始末》从百年前国立西北大学与陕西教育厅合办暑期学校之历史背景谈起，彰显该暑期学校讲演集之珍贵的史料价值以及出版过程中的种种艰辛不易。《回忆浙江省鲁迅研究会成立前后》是浙江省鲁迅研究会成立的亲历者，作为口述史料的一种，是了解20世纪80年代浙江省鲁迅研究会及20世纪对鲁迅的研究、纪念活动的一种有效途径。《鲁迅设计之"花"——鲁迅与"花"之二》是系列文章之二，对鲁迅在书籍装帧设计中所使用的花元素进行了梳考。

鲁迅在设计方面有着独到的眼光，上海鲁迅纪念馆也传承、弘扬鲁迅在设计方面的艺术灵感，历经70余载春秋，馆标几经更迭，始终保持着与时俱进。《上海鲁迅纪念馆2024版馆标设计解析》由2024版馆标设计者从灵感来源、设计风格、适用场景、实际应用四个方面对馆标予以了解析。除了馆标的设计以外，我馆在宣教方面也积极开拓，先后配合展览策划了"纪念鲁迅《呐喊》出版百年诵演""手不释书:《永乐大典》装帧技艺体验活动"等活动，该栏目的后两篇文章的作者即相关活动的策划者，希望借这两篇文章与博物馆行业的从业者们交流开展宣教活动的经验与方法。

综述栏目刊载了站在先进文化这一边:陈望道与鲁迅专题学术研讨会以及"鲁迅如何经典"学术研讨会暨2024年浙江省鲁迅研究会年会的会议综述，对与会学者们的精彩发言进行了总结提炼,以供读者了解相关研究前沿。

编者
2025 年 3 月

地址:上海市甜爱路 200 号　上海鲁迅纪念馆
邮编:200081
电话:021－65402288 转
投稿邮箱:slyj@aliyun.com

《上海鲁迅研究》投稿须知

《上海鲁迅研究》热诚欢迎海内外作者投稿。为保证学术研究成果的原创性和严谨性,倡导良好的学术风气,推进学术规范建设,特拟定《〈上海鲁迅研究〉投稿须知》(以下简称"本须知"),请投稿作者知悉并遵守(**投稿邮箱为:slyj@aliyun.com**):

第一,所投稿件须系作者独立研究完成之作品,充分尊重并保障他人的知识产权,无任何违法和违反学术道德等内容。按学术规范,认真核对引文、注释和文中使用的其他资料,确保准确无误。如使用转引资料,应注明转引出处。《上海鲁迅研究》采用文末注方式,引文出处请遵照"作者:《篇名》,《集名》第×卷,××出版社××××年版,第×页"格式。《上海鲁迅研究》以人民文学出版社 2005 年版《鲁迅全集》(十八卷)作为鲁迅作品引文的标准版本。

第二,凡投稿者,须同时承诺该文未一稿两投或多投,包括局部改动后投寄其他报刊,并保证不会将该文主要观点或基本内容先于《上海鲁迅研究》在其他公开或内部出版物(包括期刊、报纸、专著、论文集、学术网站等)上发表。如未注明非专有许可,视为专有许可。

第三,所投稿件应遵守国家出版物的法律、法规和相关标准,如关于标点符号和数字使用的规范等。

第四,《上海鲁迅研究》编辑部和出版社编辑在不改变文章主旨的情况下,有权对来稿做编辑删改。

第五,《上海鲁迅研究》实施兼职编委集体审稿与专职编辑三级审稿相结合的审稿制度。作者投稿之日起超过一年未采用,可另自行投稿。其间,如需查询用稿情况、撤稿等,请作者及时通知编辑部,编辑部将对该稿的编辑情况了解后答复作者。

第六,来稿论文要求格式规范,项目齐全。投稿文刊出后,将由出版社支付稿酬,按照相关要求,**请提供:作者的真实姓名、联系地址(含邮编)、电子信箱、手机号码、身份证号码、作者在中国大陆地区中资银行的开户银行名并支行名(支行名称请务必提供)**及账号稿酬在当辑《上海鲁迅研究》出版后三个月内由出版社发放至作者银行账户。作者如对稿酬有疑问,敬请直接致电出版社(联系方式见版权页)。

第七,稿件经采用,即于出版后付稿酬(限常住中国大陆地区作者,并提供"本须知"第六条中所要求各项信息)并附寄样本两册。

第八,《上海鲁迅研究》整体版权属《上海鲁迅研究》编辑者所有,未经许可,不得以任何方式复制、选编。经《上海鲁迅研究》编辑部许可,在其他出版物上发表或转载的,须特别注明"本文首发于《上海鲁迅研究》"字样。

第九,《上海鲁迅研究》编辑者拥有《上海鲁迅研究》著作全网数字平台(包括但不限于上海鲁迅纪念馆官网、上海鲁迅纪念馆微信公众号、中国知网、国家哲学社会科学学术期刊数据库和国家哲学社会科学文献中心等)使用权,作者的著作数字使用费与著作初刊稿费一次性给付。

第十,**凡不同意"本须知"各条款者,请勿投稿。谢谢合作!**《上海鲁迅研究》编辑部收到作者投稿,即认定作者知悉并同意"本须知"各条款。

如违背"本须知"各条款,给《上海鲁迅研究》造成任何不良影响,由作者承担全部责任。

顾问名单

　　　王晓明　王锡荣　乐　融　朱　正　陈子善
　　　陈思和　陈福康　陈漱渝　张梦阳　严家炎
　　　吴中杰　吴欢章　杨剑龙　林　非　林贤治
　　　郜元宝　顾音海　黄乐琴　潘颂德

主　　编：钟瑞滨
副主编：李　浩（执行）
编　　委（按姓氏笔画序）：
　　　卞文娅　乔丽华　李　浩　郑　亚
　　　钟瑞滨　施晓燕　郭家玉

责任编委：乔丽华　卞文娅

目录英译：卞文娅
封面设计：李芸辉

图书在版编目(CIP)数据

上海鲁迅研究. 左联成立九十五周年纪念 : 总第106辑 / 上海鲁迅纪念馆编. -- 上海 : 上海社会科学院出版社, 2025. -- ISBN 978-7-5520-4837-7

Ⅰ. K825.6-53

中国国家版本馆CIP数据核字第202554588M号

上海鲁迅研究：左联成立九十五周年纪念（总第106辑）

上海鲁迅纪念馆 编
责任编辑：周 霈
封面设计：李芸辉
出版发行：上海社会科学院出版社
　　　　　上海顺昌路622号 邮编200025
　　　　　电话总机 021-63315947　销售热线 021-53063735
　　　　　https://cbs.sass.org.cn　E-mail：sassp@sassp.cn
照　　排：南京前锦排版服务有限公司
印　　刷：上海新文印刷厂有限公司
开　　本：890毫米×1240毫米　1/32
印　　张：10.625
字　　数：273千
版　　次：2025年7月第1版　2025年7月第1次印刷

ISBN 978-7-5520-4837-7/K·495　　定价：88.00元

版权所有　翻印必究